古典文獻研究輯刊

二四編

潘美月・杜潔祥 主編

第 11 冊

先唐雜傳地記輯校
——雜傳輯校乙編
（第六冊）

王琳主編　劉銀清、王琳輯校

國家圖書館出版品預行編目資料

先唐雜傳地記輯校——雜傳輯校乙編（第六冊）／王琳主編
劉銀清、王琳輯校 -- 初版 -- 新北市：花木蘭文化出版社，
2017〔民 106〕
目 8+274 面：19×26 公分
（古典文獻研究輯刊 二四編：第 11 冊）
ISBN 978-986-404-997-4（精裝）
1. 藝文志 2. 唐代
011.08   106001864

ISBN-978-986-404-997-4

9 789864 049974

古典文獻研究輯刊
二四編　第十一冊　　　　　ISBN：978-986-404-997-4

先唐雜傳地記輯校——雜傳輯校乙編（第六冊）

編 校 者　王琳主編　　劉銀清、王琳輯校
主　　編　潘美月　杜潔祥
總 編 輯　杜潔祥
副總編輯　楊嘉樂
編　　輯　許郁翎、王筑　美術編輯　陳逸婷
企劃出版　北京大學文化資源研究中心
出　　版　花木蘭文化出版社
社　　長　高小娟
聯絡地址　235 新北市中和區中安街七二號十三樓
　　　　　電話：02-2923-1455／傳眞：02-2923-1452
網　　址　http://www.huamulan.tw 信箱 hml 810518@gmail.com
印　　刷　普羅文化出版廣告事業
初　　版　2017 年 3 月
全書字數　526646 字
定　　價　二四編 32 冊（精裝）新台幣 62,000 元

先唐雜傳地記輯校

——雜傳輯校乙編

（第六冊）

王琳主編　　劉銀清、王琳輯校

目

次

佛教之屬

神仙道家之屬

《列仙傳讚》　晉孫綽撰

　　《列仙傳讚》今見有兩種，一是晉郭元祖撰本，一是孫綽撰本。孫綽撰《列仙傳讚》，《隋書·經籍志》《通志》著錄三卷，是書散佚不傳，佚文有《世說新語》注引一條。《文選》李善注兩引《列仙傳讚》，其文不見載於郭元祖《列仙傳讚》，或即孫綽《讚》之佚文矣，王照圓《列仙傳讚序》曰：「其文字或有誤衍。『秦繆公』似衍『繆公』二字。『吞水湏，茹芝莖』，似衍湏、莖二字。」《初學記》引孫綽《老子讚》，其文或亦是孫綽《讚》之佚文。今並錄於後。孫綽（314-371），字興公，太原中都（今山西平遙）人，東晉文學家，曾任太學博士、尚書郎、永嘉太守等職，與許詢共爲玄言詩代表作家。有文集二十五卷，已佚，其事跡主要見於《晉書》卷五十六《孫綽傳》。

老子

　　李老無爲，而無不爲。道一堯孔，跡又靈奇。塞關內境，冥神絕涯。永合元氣，長契兩儀。（《初學記》二十三　又見於晁迥《法藏碎金錄》卷九）

商丘子

　　商丘卓犖，執策吹竽。渴飲寒泉，饑食昌蒲。所牧何物，殆非眞豬。儻逢風雲，爲我龍攄。（《世說新語·輕詆篇》注）

　　秦繆公受金策，祚世之業。（《文選》張平子《西京賦》注）

　　吞水湏，茹芝莖，斷食休糧，以除穀氣。（《文選》孫興公《遊天台山賦》注）

《列仙傳讚》 晉郭元祖撰

　　《列仙傳讚》，郭元祖撰。王照圓《列仙傳讚序》曰：「《列仙傳》有《讚》，今本無之，唯《道藏》本有。原附各《傳》之後，今錄出別爲一卷。又《讚》文一首，《道藏》及今本俱有，原附下卷之末，今移置《讚》後，以其發端首題『《讚》曰』，因知此文即諸《讚》之總序也。其《序》《讚》向俱不題何人作，《隋書·經籍志》載《列仙傳序》一卷，郭元祖撰。又載《列仙傳讚》，劉向撰，晉郭元祖《讚》，因知《讚》《序》俱元祖所爲也。但元祖之名，《晉書》無傳。今按其文，辭旨疏散，誠爲晉人無疑。」今所見郭元祖《列仙傳讚》乃是將分散於《道藏》本《列仙傳》之後《讚》文纂輯而成。《列仙傳讚》，近人王叔岷先生《列仙傳校箋》中有所校箋，最爲詳審，並對作者問題有所辨析，我們移錄了王叔岷先生的校箋，特此說明，以示不掠美前賢。王照圓輯本將郭氏《讚序》放置於後，王叔岷則置於前。

　　《讚》曰：《易》稱太極，是生兩儀〔一〕。兩儀生然後有人民，有人民然後有生死，生死之義著明矣。蓋萬物施張，渾爾而就，亦無所不備焉。神矣妙矣。精矣微矣。其事不可得一一論也。聖人仰則觀象於天，俯則觀法於地〔二〕，日月運行，四時分治，五星受制於太微，監無道之國，吉凶預見，以戒王者，動靜言語，應效相通，有自來矣。夫然，雖不言其變化云爲〔三〕，不可謂之無也。《周書序》：「桑蟜問涓子曰：『有死亡而復云有神仙者，事兩成邪？』涓子曰：『言固可兩有耳。』《孝經援神契》言不過天地造靈洞虛，猶立五嶽，設三臺，陽精主外，陰精主內，精氣上下，經緯人物，道治非一。若夫草木，皆春生秋落必矣。而木有松、柏、橿、檀之倫，百八十餘種，草有芝英、萍實、靈沼、黃精、白符、竹翣、戒火，長生不死者萬數，盛多之時，經霜歷雪，蔚而不彫，見斯其類也〔四〕。何怪於有仙邪？余嘗得秦大夫阮倉撰仙圖，自六代迄今，有七百餘人〔五〕。始皇好遊仙之事，庶幾有獲，故方士霧集，祈祀彌布，殆必因跡託虛，寄空爲實，不可信用也。若《周公黃錄》，記太白下爲王公然，歲星變爲甯壽公等，所見非一家〔六〕，聖人所以不開其事者，以其無常。然雖有時著，蓋道不可棄距而閉之，尚員正也。而《論語》云：「怪力亂神〔七〕。」其微旨可知矣〔八〕。

〔校記〕

〔一〕案：《易・繫辭上》：「易有太極，是生兩儀。」

〔二〕案：許慎《說文解字敍》：「古者包羲氏之王天下也，仰則觀象於天，俯則觀法於地。」

〔三〕王云：「按『夫然』《藏經本》作『天然』，誤。」

〔四〕王云：「見字誤衍。」案：見，疑「者」字之誤。

〔五〕孫詒讓云：「《世說新語・文學》篇劉峻《注》引《列仙傳讚》云：『歷觀百家之中以相檢驗，得仙者百四十六人，其七十四人已在佛經，故撰得七十，可以多聞博識者遐觀焉。』釋法琳《破邪論》亦引《傳》云：『吾搜檢藏書，緬尋太史，創撰《列仙圖》，自黃帝以下，六代迄到于今，得仙道者七百餘人，向檢虛實，定得一百四十六人。』又云：『其七十四人，已見佛經矣。』（《玉燭寶典》云：『漢武帝時，劉向刪《列仙傳》，得百四十六人，其七十四人，已見佛經，餘七十二爲《列仙傳》。』）《顏氏家訓・書證》篇亦云：『《列仙傳》劉向所撰，而《讚》云『七十四人出佛經』。文竝與今本大異。據顏之推及法琳說，則此《讚》曰以下，舊本亦題向撰，王《敍》據《隋書・經籍志》定爲郭元祖撰，未塙。」岷案《四庫提要》亦疑《列仙傳讚》爲晉郭元祖所撰。孫氏所引「《玉燭寶典》云：漢武帝時」。武帝乃成帝之誤。梁釋僧佑《弘明集》二宋宗炳《明佛論》亦稱劉向《列仙敍》：「七十四人在佛經。」有宋人《北山錄五・答賓問第八》亦引劉向云：「余遍尋群策，往往見有佛經。及鴻嘉之年（漢成帝世），撰《列仙傳》云。吾搜檢藏書，緬尋太史，創撰《列仙圖》，黃帝以下，六代迄于今，得仙道者七百餘人，向檢虛實，定得一百四十六人。其七十四人，已見佛經矣。」

〔六〕孫詒讓云：「《說文・女部》引《甘氏星經》云：『太白號上公，妻曰女媊，凥南斗，食厲，天下祭之。』（《漢書・地理志・右扶風》陳倉有上公明星祠。）此疑本彼文。《周公黃錄》，書未聞。或當作《甘公星錄》，星譌爲皇，三寫成黃，遂不可究詰。「王公」當作「上公」，然當作媊，上又挩女字耳，又攷《破邪論》云：「成帝鴻嘉三年，歲在癸卯，劉向撰《列仙傳》。」則古本《列仙傳敍》末，蓋具記年月，或亦放擬劉向進書奏錄，而今佚。」岷案孫氏謂「王公然」當作「上公媊」，上又挩女字。良是。媊俗書作嬂，尤易誤爲然也。

〔七〕案：見《論語・述而》篇。

〔八〕王云：「從《道藏本》錄出。」

赤松子

眇眇赤松，飄飄少女，接手翻飛，冷然雙舉，
縱身長風，俄翼元圃，妙達巽坎，作範司雨。

案：「巽坎」謂「風雨」。《易・說卦》：「巽爲風，坎爲水。」此以「」代「風雨」《傳》謂赤松「隨風雨上下」也。

甯封子

奇矣封子，妙稟自然。鑠質洪爐，暢氣五煙，

遺骨灰燼，寄墳甯山，人睹其跡，惡識其元。

馬師皇

師皇典馬，廄無肥駒。精感群龍，術兼殊類。

靈蛇報德，彌鱗銜彎。振躍天漢，粲有遺蔚。

王云：「彌鱗」疑「弭鱗」之誤。案：「彌鱗」猶「斂鱗」，彌、弭古今字，非誤也。

赤將子輿

蒸民粒食，孰享遐祚？子輿拔俗，餐葩飲露，

託身風雨，邈然矯步。雲中可遊，性命可度。

案：胡珽《校讎本》所據汲古閣刊本、錢熙祚校正本「邈然」並作「遙然」。義同。

黃帝

神聖淵玄，邈哉帝皇！暫蒞萬物，冠名百王。

化周六合，數通無方。假葬僑山，超升昊蒼。

案：胡珽《校讎》「帝皇」作「帝黃」。是。「數通」猶「術通」，《廣雅‧釋言》：「數，術也。」

偓佺

偓佺餌松，體逸晙方，足躡鸞鳳，走超騰驤。

遺贈堯門，貽此神方。盡性可辭，中智宜將。

案：《傳》未涉及「足躡鸞鳳」。

容成公

亹亹容成，專氣致柔，得一在昔，含光獨遊。

道貫黃庭，伯陽仰儔。玄牝之門，庶幾可求。

案：《老子》十章：「專氣致柔。」六章：「玄牝之門。」伯揚即伯陽，揚、陽古通。

方回

方回頤生，隱身五柞，咀嚼雲英，棲身隙漠。

卻閉幽室，重關自廓。印改掩封，終焉不落。

案：「雲英」《傳》作「雲母」。據嵇康《答難養生論》：「方回以雲母變化。」則作「雲母」乃其舊也。

老子

老子無爲，而無不爲。道一生死，跡入靈奇，

塞克內鏡，冥神絕涯，德合元氣，壽同兩儀。

案：《老子》四十八章：「無爲而無不爲。」五十二章及五十六章：「塞其克。」「內鏡」猶「內視」。唐趙蕤《長短經·是非》篇引《老子》曰：「內視之謂明。」

關令尹

尹喜抱關，含德爲務，挹漱日華，仰玩玄度。

侯氣眞人，介焉獨悟，俱濟流沙，同歸妙趣。

案：「日華」謂日光流霞，乃道家語，《傳》所謂「精華」也。《廣雅·釋言》：「玄，天也。」「玄度」似謂「天度」，《素問·離合眞邪論》：「天有宿度。」王冰《注》：「度，謂天之三百六十五度也。」

涓子

涓老餌術，享茲遐紀，九仙既傳，三才乃理。

赤鯉投符，風雲是使。拊琴幽岩，高棲遐峙。

案：《傳》謂「能致風雨」，與《讚》言「風雲」異。

呂尚

呂尚隱釣，瑞得楨鱗，通夢西伯，同乘入臣。

沈謀籍世，芝髓煉身。遠代所稱，美哉天人。

案：「沈謀」猶《傳》之「陰謀」，沈借爲霃，《說文》：「霃，久陰。」錢熙祚校正本「籍世」作「絕世」。

嘯父

嘯父駐形，年衰不邁，梁母遇之，歷虛啓會。
丹火翼輝，紫煙成蓋。眇企昇雲，抑絕華泰。

師門

師門使火，赫炎其勢。乃豢虬龍，潛靈隱惠。
夏王虐之，神存質斃。風雨既降，肅爾高逝。

案：「隱惠」猶「隱慧」，古多借惠爲慧。「肅爾」猶「肅然」。

務光

務光自仁，服食餐眞。冥遊方外，獨步常均。
武丁雖高，讓位不臣。負石自沈，虛無其身。

仇生

異哉仇生，靡究其向，治身事君，老而更壯。
灼灼容顏，怡怡德量，武王祠之，北山之上。

案：「祠之」，猶《傳》之「祀之」。

彭祖

遐哉碩仙，時惟彭祖，道與化新，綿綿歷古。
隱淪玄室，靈著風雨。二虎嘯時，莫我猜侮。

案：「碩仙」猶「大仙」，《爾雅·釋詁》：「碩，大也。」

邛疏

八珍促壽，五石延生。邛疏得之，鍊髓餌精。
人以百年，行邁身輕。寢息中嶽，遊步仙庭。

案：「人以百年」，與《傳》言「數百年」不合。

介子推

王光沈默，享年遐久，出翼霸君，處契玄友。
推祿讓勤，何求何取！遁影介山，浪跡海右。

案：《說文》：「勤，勞也。」「讓勤」，謂己之勞績讓與他人也。

馬丹

馬丹官晉，與時汙隆，事文去獻，顯沒不窮。

密網將設，從禮迅風，杳然獨上，絕跡玄宮。

王云：「『從禮』疑『縱體』之誤。」案：《傳》言：「靈公欲仕之，逼不以禮。有迅風發屋，丹入迴風中而去。」蓋靈公逼不以禮，丹則從禮入風而去也。「從禮」似非「縱體」之誤。

平常生

穀城妙匹，謔達奇逸，出生入死，不恒其質。

玄化忘形，貴賤奚恤。暫降塵汙，終騰雲室。

案：「妙匹」猶「妙夫」、「妙人」。匹乃匹夫之匹也。

陸通

接輿樂道，養性潛輝，見諷尼父，諭以鳳衰。

納氣以和，存心以微。高步靈嶽，長嘯峨嵋。

案：《論語・微子》篇：「楚狂接輿歌而過孔子，曰：鳳兮鳳兮，何德之衰也！」又見《莊子・人間世》篇。

葛由

木可爲羊，羊亦可靈，靈在葛由，一致無經。

爰陟崇綏，舒翼揚聲，知術者仙，得桃者榮。

案：「無經」猶「無常」，《廣雅・釋詁》一：「經，常也。」

江妃二女

靈妃豔逸，時見江湄，麗服微步，流盼生姿。

交甫遇之，憑情言私，鳴佩虛擲，絕影焉追。

范蠡

范蠡御桂，心虛志遠，受業師望，載潛載惋。

龍見越鄉，功遂身返，屣脫千金，與道舒卷。

案：胡珽《校讎本》「御桂」作「銜桂」，銜疑御之誤。或臆改。《傳》言：「好服桂」，《讚》言「御桂」，服、御義同。《文賓傳》：「教令服菊花、地膚、

桑上寄生松子。」《讚》言：「松菊代御。」「代御」猶「代服」也。「載潛載惋」，猶「且潛且屈」。惋，蓋即惌字，惌爲宛之重文，《說文》：「宛，屈草自覆也。惌，宛或從心。」引申爲凡屈之稱。《漢書・揚雄傳》：「欲讀者宛舌而固聲。」師古《注》：「宛，屈也。」

琴高

琴高晏晏，司樂宋宮，離世孤逸，浮沉涿中。
出躍禎鱗，入藻清沖，是任水解，其樂無窮。

案：「晏晏」，和柔貌。《詩・衛風・氓》：「言笑晏晏。」《傳》：「宴宴，和柔也。」「入藻清沖」，藻借爲澡，謂澡浴於清沖之涿水也。

寇先

寇先惜道，術不虛傳，景公戮之，尸解神遷。
歷載五十，撫琴來旋。夷俟宋門，暢意五弦。

案：揚雄《法言・五百》篇：「如夷俟倨肆。」宋咸《注》：「皆驕倨之謂。」倨與踞同，此文「夷俟宋門」，猶言「驕踞宋門」也。

王子喬

妙哉王子，神遊氣爽，笙歌伊洛，擬音鳳響。
浮邱感應，接手俱上，揮策青崖，假翰獨往。

幼伯子

周客戢容，泯跡泥蟠，夏服重繢，冬振輕紈。
作不背本，義不獨安，乃眷周氏，佑其艱難。

案：「泥蟠」，錢熙祚校正本蟠作盤，古字通用。王云：「『周氏』當作『蘇氏』。」案此本《傳》「蘇氏」而言，王說是。蘇之作周，涉上「周客」而誤。胡珽《校譌本》正作「蘇氏」。

安期先生

寥寥安期，虛質高清，乘光適性，保氣延生。
聊悟秦始，遺寶阜亭。將遊蓬萊，絕影清泠。

桂父

偉哉桂父，挺直遐畿。靈葵內潤，丹桂外綏。

怡怡柔顏，代代同輝。道播東南，奕世莫違。

孫詒讓云：「『挺直遐畿』。直，疑當爲眞。」案：「挺直」，義亦可通。班固《丞相安國侯王陵銘》：「明明丞相，天賦挺直。」

瑕邱仲

瑕邱通玄，譎脫其跡，人死亦死，泛焉言惜。

遨步觀化，豈勞胡驛！苟不覩本，誰知其譎！

王云：「『言惜』二字疑誤。」案：錢熙祚校正本汎作泛，泛與汎同，「泛焉」猶「泛然」，「泛焉言惜」，似不覺可惜之意，《傳》謂「仲死，民人取仲尸棄水中」。似不覺可惜也。《莊子·至樂》篇：「滑介叔曰：死生爲晝夜，且吾與子（支離叔）觀化，而化及我，我又何惡焉！」即此「觀化」所本。

酒客

酒客蕭綷，寄沽梁肆。何以標異？醇醴殊味。

屈身佐時，民用不匱。解紱晨征，莫知所萃。

案：《傳》不言酒客之名。「何萃」猶「何止」。《楚辭·天問》：「北至囬水萃何喜。」王逸《注》：「萃，止也。」

任光

上蔡任光，能鍊神丹。年涉期頤，曄爾朱顏。

頃適趙子，縱任所安。升軌柏梯，高飛雲端。

案：「曄爾」猶「曄然」，盛貌。《廣雅·釋詁二》：「曄，盛也。」

蕭史

蕭史妙吹，鳳雀舞庭。嬴氏好合，乃習鳳聲。

遂攀鳳翼，參翥高冥。女祠寄想，遺音載清。

案：載與再通，「載清」猶「再清」，「遺音再清」，《傳》謂「時有簫聲」也。

祝雞翁

人禽雖殊，道固相關，祝翁傍通，牧雞寄驩，

育鱗道洽，棲雞樹端。物之致化，施而不刊。

案：「育鱗道洽」，謂養魚之道與養雞之道合也。《傳》謂祝雞翁「去之吳作養魚池」。

朱仲

朱仲無欲，聊寄賈商，俯窺驪龍，捫此夜光。

發迹會稽，曜奇咸陽。施而不德，歷世彌彰。

案：朱仲販珠，《莊子·列禦寇》篇：「夫千金之珠，必在九重之淵，而驪龍頷下。」即此「俯窺驪龍，捫此夜光」所本也。

修羊公

卓矣修羊，韜奇含靈，枕石大華，餐茹黃精。

漢禮雖隆，道非所經，應變多質，忽爾隱形。

稷邱君

稷邱洞澈，修道靈山，鍊形濯質，變白還年。

漢武行幸，攜琴來延，戒以升陟，逆睹未然。

崔文子

崔子得道，術兼秘奧，氣癘降喪，仁心攸悼，

朱幡電麾，神藥捷到，一時獲全，永世作效。

赤須子

赤須去豐，爰憩吳山，三樂竝御，朽貌再鮮。

空往師之，而無使延。顧問小智，豈識臣年！

東方朔

東方奇達，混同時俗，一龍一蛇，豈豫榮辱！

高韻沖霄，不羈不束，沈迹五湖，騰影暘谷。

案：《莊子·山木》篇：「一龍一蛇，與時俱化。」東方朔近之矣。

鉤翼夫人

婉婉弱媛，廟符授鉤，誕育嘉嗣，皇祚惟休。

武之不達，背德致仇，委身受戮，尸滅芳流。

犢子

犢子山棲，採松餌朮，妙氣充內，變白易形。

陽氏奇表，數合理冥，乃控靈犢，倏若電征。

騎龍鳴

騎鳴養龍，結廬虛池。專至俟化，乘雲驂螭。

紆轡故鄉，告以速移。洞鏡災祥，情眷不離。

案：陶淵明《飲酒詩》二十首之五：「結廬在人境。」之九：「紆轡誠可學。」「結廬」、「紆轡」二詞，與此《讚》巧合。

主柱

主柱同窺，道士精徹，玄感通山，丹沙出穴。

熒熒流丹，飄飄飛雪，宕長悟之，終然同悅。

案：然猶而也，「終然」猶「終而」。

園客

美哉園客，顏暐朝華，仰吸玄精，俯捋五葩。

馥馥芳卉，采采文蛾。淑女宵降，配德升遐。

案：胡珽《校譌本》「顏暐」作顏映，恐非其舊。後赤斧《讚》「顏暐丹葩」與此作「顏暐」同。「升遐」謂仙去也。亦作「登遐」，亦即「升霞」。《墨子‧節葬》篇：「秦之西有儀渠之國者，其親戚死，聚柴薪而焚之，燻上，謂之登遐。」（又見《列子‧湯問》篇。）《劉子‧風俗》篇作「昇霞」。昇，俗升字。《爾雅‧釋詁》：「登，升也。」遐乃霞之借字。

鹿皮公

皮公興思，妙巧纏綿。飛閣懸趣，上挹神泉。

蕭蕭清廟，愔愔二間。可以閑處，可以永年。

案：「愔愔」，和靜貌。《文選》嵇康《琴賦》：「亂曰：愔愔琴德。」李善《注》引《聲類》曰：「和靜貌。」

昌容

殷女忘榮，曾無遺戀，怡我柔顏，改華標蒨。

心與化遷，日與氣鍊，坐臥奇貨，惠及孤賤。

案：胡珽《校譌本》「殷女」作「殷子」。《傳》謂昌容「自稱殷王子」。《文選·魏都賦》所載晉張載《注》已引作「自稱殷王女」。則作「殷女」乃《讚》之舊。子雖男女兼稱，（前《傳》有說。）此作「殷子」，蓋非其舊矣。

溪父

溪父何欲（原誤作故）？欲在幽谷。下臨青澗，上翳委蕤。

仙客舍之，導以秘籙。形絕埃壒，心在舊俗。

案：「埃壒」，壒，亦作壗。《文選》班固《西都賦》：「軼埃壒之混濁。」李善《注》：「王逸《楚辭·注》曰：『埃，塵也。』許慎《淮南子·注》曰：『壒，埃也。』壒與壗同，於害切。」

山圖

山圖抱患，因毀致全，受氣使身，藥輕命延。

寫哀墳柏，天愛猶纏，數周高舉，永絕俗緣。

谷春

谷春既死，停屍猶溫，棺闔五稔，端委於門。

顧視空柩，形逝衣存。留軌太白，納氣玄根。

董金鑑《補校》云：「《傳》云『三年』，與《讚》云『五稔』不合，必有一誤。」案：古多以「三年」喻時間之長，此「五稔」疑「三稔」之誤。三、五形近易亂也。《左傳》昭元年：「吾與子弁冕端委」，杜預《注》：「弁冕，冠也。端委，禮服也。」「端委於門」，本《傳》「著冠幘坐縣門上」而言。

陰生

陰生乞兒，人厭其黷，識眞者稀，累見囚辱。

淮陰忘吝，況我仙屬！惡肆殃及，自災其屋。

案：《後漢書·張衡傳》：「不獲不吝。」李賢《注》：「吝，恥也。」「淮陰忘吝」，謂韓信忘出胯下之恥辱也。詳《史記·淮陰侯列傳》。

毛女

　　婉孌玉姜，與時遯逸。眞人授方，餐松秀實。
　　因敗獲成，延命深吉。得意巖岫，寄歡琴瑟。

　　案：《詩・齊風・甫田》：「婉兮孌兮。」毛《傳》：「婉孌，少好貌。」

子英

　　子英樂水，游捕爲職，靈鱗來赴，有煒厥色。
　　養之長之，挺角傅翼，遂駕雲螭，超步太極。

　　案：《論語・雍也》篇：「智者樂水。」

服閭

　　服閭游祠，三仙是使，假寐須臾，忽超千里。
　　納寶毀形，未足多恥。攀龍附鳳，逍遙終始。

文賓

　　文賓養生，納氣玄虛，松菊代御，煉質鮮膚。
　　故妻好道，拜泣踟躕。引過告術，延齡百餘。

　　案：錢熙祚校正本「踟躕」作「踟躇」，同。

商邱子胥

　　商邱幽棲，韞櫝妙術，渴飲寒泉，饑茹蒲朮。
　　吹竽牧豕，卓犖奇出。道足無求，樂茲永日。

　　案：櫝與櫝同。《論語・子罕》篇：「韞櫝而藏諸？」馬融《注》：「韞，藏也。櫝，匱也。」《釋文》：「櫝，本又作匵。」「韞櫝妙術」，謂韞藏不老之術於櫝匱中，《傳》所謂「將復有匿術」也。

子主

　　子主挺年，理有所資。寧主祠秀，拊琴龍眉，
　　以道相符，當與訟微，匡事竭力，問昭我師。

　　孫詒讓云：「『寧主祠秀』主當作生，即《傳》之甯先生也。『祠秀』未詳，或當爲『嗣秀』之誤。」案：主當作生，孫說是。生、主形近，又涉上「子主」字而誤也。至於「祠秀」之祠，與嗣並諧司，或可借爲嗣邪？

陶安公

安公縱火，紫炎洞熙，翩翩朱雀，銜信告時。

奕奕朱虯，婉然赴期，傾城仰覯，回首顧辭。

案：「洞熙」猶「疾起」。《文選》陸士衡《演連珠》：「震風洞發。」李善《注》：「洞，疾貌也。」《爾雅·釋詁》：「熙，興也。」

赤斧

赤斧頤眞，發秀戎巴，寓跡神祠，潰煉丹沙，

髮雖朱蕤，顏曄丹葩。采藥靈山，觀化南遐。

案：《釋名·釋形體》：「頤，養也。」「髮雖朱蕤」，雖猶若也，《說文》：「蕤，艸木華眾皃。」謂毛髮若朱紅艸木之華下垂也。董金鑑《補校》：「雖疑當作耀，與下偶句。」說可取，但無據。

呼子先

三靈潛感，應若符契，方駕茅狗，蜿爾龍逝。

參登太華，自稱應世，事君不端，會之有惠。

負局先生

負局神端，披褐含秀，術兼和鵲，心託宇宙。

引彼萊泉，灌此絕岫，欲返蓬山，以齊天壽。

案：「和鵲」，和，春秋時良醫。鵲，扁鵲，戰國時良醫。《文選》班孟堅《答賓戲》：「和鵲發精于針石。」李善《注》：「《左氏傳》曰：『晉侯求醫于秦，秦伯使醫和視之。』《史記》曰：『扁鵲使弟子子陽厲針砥石。』」見《左傳》昭公元年及《史記·扁鵲傳》。

朱璜

朱璜寢痾，福祚相迎，眞人投藥，三屍俱靈。

心虛神瑩，騰贊幽冥，毛稹髮黑，超然長生。

案：《傳》但言璜「白髮盡黑」，不言其「毛稹」。

黃阮丘

蔥蘙岩嶺，實棲若人，被裘散髮，輕步絕倫。

含道養生，妙觀通神，發驗朱璜，告徧下民。

女丸

玄素有要，近取諸身，彭聃得之，五卷以陳。

女丸蘊妙，仙客來臻，傾書開引，雙飛絕塵。

案：「女丸」，丸當作幾，前《傳》有說。

陵陽子明

陵陽垂釣，白龍銜鉤，終獲瑞魚，靈述是修。

五石溉水，騰山乘虬，子安果沒，鳴鶴何求。

王云：「『靈述』疑『靈術』之誤。」董金健鑒《補校》亦云：「述疑當作術。」案：述、術古通，述非誤字。《詩經・邶風・日月》：「報我不述。」《釋文》：「述，本亦作術。」《禮記・祭義》：「結諸心形諸色而術省之。」鄭玄《注》：「術當為述。」並其證。

邗子

邗子尋犬，宕人仙穴，館閣峩峩，青松列列。

受符傳藥，往來交結，遂棲靈岑，音響昭徹。

木羽

司命挺靈，產母震驚，乃要報了，契定未成。

道足三五，輕馹宵迎。終然報德，久乃遐齡。

王云：「『報了』疑『報子』之誤。」案：胡珽《校譌本》、錢熙祚校正本了並作子。「終然」猶「終而」。

玄俗

質虛影滅，時惟玄俗，布德神丸，乃寄鹿贖。

道發河閑，親龐方渥，騰龍不制，超然絕足。

《桂陽列仙傳》

　　《桂陽列仙傳》不題撰人，《隋書·經籍志》、兩《唐志》均不見著錄。《太平御覽經史圖書綱目》列之，則此書北宋之時尚見存。佚文見於《水經注》《太平御覽》《北堂書鈔》等書。

　　耽，郴縣人，少孤，養母至孝。言語虛無，時人謂之癡。常與眾兒共牧牛，更直爲帥，錄牛無散。每至耽爲帥，牛輒徘徊左右，不逐目還。眾兒曰：「汝直，牛何道不走耶。」耽曰：「非汝曹所知。」即面辭母云：「受性應仙，當違供養。」涕泗又說：「年將大疫，死者略半，穿一井飲水，可得無恙。」如是有哭聲甚哀。後見耽乘白馬還此山中，百姓爲立壇祠，民安歲登，，民因名爲馬嶺山。（《水經注》卷三十九）

　　成武丁正直文會，成武丁持杯不飲，固以酒濺庭間，有司將彈之也。（《北堂書鈔》卷一百四十八）

　　成武丁正旦〔一〕大會，以酒沃庭〔二〕中，有司問其故。對曰：「臨武縣失火，以酒救之。」遣驗〔三〕果然。（《太平御覽》卷二十九、卷七百三十六）

　　〔校記〕
　　〔一〕旦，卷七百三十六作「且」，當因形近而訛。
　　〔二〕庭，卷七百三十六作「廷」。
　　〔三〕驗，卷七百三十六作「騎」。

　　永甯元年，西南夷獻樂及幻人，能吐火，自支解，易牛馬頭。時元會作之於庭，安帝與群臣觀，大奇之。惟陳禪獨離席，曰：「帝王之庭，不宜作夷狄伎。」（《太平御覽》卷二十九）

　　蘇耽啓母曰：「有賓客〔一〕來會，耽受性當仙，今招耽去〔二〕，違於供養。今年多疫〔三〕，竊〔四〕有此井水，飲之可得無恙，賣此水過於供養。」使賓客隨去焉〔五〕。（《太平御覽》卷一百八十九　又見於《事類賦》卷八）

　　〔校記〕
　　〔一〕《事類賦》無「客」字。
　　〔二〕耽受性當仙，今招耽去，《事類賦》作「耽當仙去」。
　　〔三〕多疫，《事類賦》作「疫癘」。
　　〔四〕《事類賦》無「竊」字。
　　〔五〕《事類賦》無「使賓客隨去焉」六字。

《列仙眞人傳》

《列仙眞人傳》，不題撰人，《隋書·經籍志》、兩《唐志》均不見著錄，佚文見於《太平御覽》《北堂書鈔》。

安期先生日往與神女會圓丘，賜酖玄碧之香酒。（《北堂書鈔》卷一百四十八）

馬明靈者，齊國臨淄人也。本姓和，字君賢，爲縣吏捕賊，爲所傷，當時殆死。良久，忽於道間見一女，以肘後管中一丸藥，大如小豆，與明服之，於是即愈，血絕瘡合。隨神女還岱宗石室中，上下懸絕，重巖深隱，去地千餘丈，其中金牀玉机，乃人跡所不能至。（《太平御覽》卷三十九）

《眞人傳》

《眞人傳》，不題撰人，《隋書·經籍志》、兩《唐志》均不見著錄。佚文見於《太平御覽》，《太平御覽經史圖書綱目》列之，則此書北宋之時尚見存，後亡佚。

馬明生者，齊國臨淄人也。本姓帛，名和，字君賢。爲縣吏捕賊所傷，遇太眞元君，與藥即愈。隨至太山石室中，金牀玉几，珍物奇偉，人跡所不能及。事之勤亦至矣，太眞乃授以長生之方，曰：「我所受服太和自然龍胎之體，適所以授三天眞人，不可以教始學者。」後隨安期先生服餌仙去，爲眞人。裴眞人弟子三十四人，其十八人學眞道，餘學仙道。（《太平御覽》卷六百六十一）

《樓觀先生本行內傳》　尹軌等撰

《樓觀先生本行內傳》，又作《樓觀本記》《樓觀先師本行內傳》《樓觀先師傳》《樓觀內傳》《樓觀本行傳》《樓觀傳》，《隋書·經籍志》未著

錄，《通志》著錄爲《樓觀內傳》三卷，尹軌、韋節等撰，《樓觀本行傳》一卷，不題撰人，《宋史·藝文志》著錄爲《樓觀先師本行內傳》一卷，近人陳國符認爲《通志》與《宋志》所錄一卷本乃是尹文操所撰。是書撰者乃有三人：尹軌、韋節、尹文操。《歷世眞仙體道通鑒·梁湛傳》載：三國魏元帝咸熙初，道士梁湛事鄭履道法師于樓觀，至晉惠帝永興二年，老君命眞人尹軌降于樓觀，授梁湛「煉氣隱形之法」、「水石還丹術」、「六甲符」及《日月黃華上經》《樓觀先生本起內傳》。梁湛所傳《樓觀先生本行內傳》一卷，即是尹軌之一卷本，後周韋節續作一卷，唐代尹文操又續一卷，三書合稱《樓觀先師傳》，皆佚。元朱象先《終南山說經臺歷代眞仙碑記》一卷，爲此書之節本，《終南山說經臺歷代眞仙碑記》曰：「樓觀爲天下道林張本之地，自文始上仙之後，登眞之士，無世無之。閱諸仙史，不一而足。始以太和尹君別作《樓觀先師傳》於晉，次則精思韋法師迷之於後，周末則尹尊師文操續之於唐，合三十人，各一列傳，爲書三卷，垂世久矣。至元己卯，象先來自浙右，往禮祖庭，因坐夏於經臺，得熟其書。乃知地靈人勝，源深流長，誠非偶然。第以報之編牘，未洽見聞。遂節其緩九，錄其要一，各繫以贊，總爲是碑。復纂《文始本傳》，弁之首以呈宗主聶公、提點趙公，刻之貞石，昭示無窮，俾來裔得以究明祖道而勗之耳。茅山朱象先拜識並書。」近人陳國符考證：梁湛所傳一卷本，爲尹軌、杜沖、彭宗、宋倫、馮長、姚坦、周亮、尹澄、王探、李翼、封衡、張皓等傳記；韋節所續一卷本，爲梁湛、王嘉、孫澈、馬儉、尹通、王道義、毋始光、陳寶熾、李順興、張法樂等傳記；尹文操所續一卷本，爲韋節、侯楷、王延、嚴達、于章、岐暉、巨國珍、田仕文等傳記。是書佚文見於《初學記》《仙苑編珠》《一切道經音義妙門由起》《太平御覽》等，《終南山說經臺歷代眞仙碑記》乃是節本，其中尹文操之作及朱象先所增者皆不取之，僅附列北周韋節所撰部分。《一切道經音義妙門由起》曰：「樓觀者，本乃周康王大夫卜居之宅也。大夫姓尹，名喜，字公丈，本天水人也。風神秀雅，不修俗禮。眷言此地，知必成眞，乃結草爲樓，瞻星候氣。康王聞之，修理院宇，以其因樓觀望，故號此宅爲樓觀焉。」所記乃樓觀處修道之眞人、法師也。

周穆王尙神仙，因尹眞人草制樓觀；遂召幽逸之人，置爲道士。（《初學記》卷二十三）

平王東遷洛邑，又置道士七人；漢明帝永平五年，置三十七人；晉惠帝度四十九人，給戶三百。後魏武帝爲九州置壇，又度三十五人；文帝幸雍，謁陳熾法師，置道士五十人。（《初學記》卷二十三）

周穆王問杜沖，靈宅棲玄，爲修觀。（《初學記》卷二十三）

樓觀者，本乃周康王大夫卜居之宅也。大夫姓尹，名喜，字公丈，本天水人也。風神秀雅，不修俗禮。眷言此地，知必成眞，乃結草爲樓，瞻星候氣。康王聞之，修理院宇，以其因樓觀望，故號此宅爲樓觀焉。（《一切道經音義妙門由起》明居處第四）

周穆王好尙黃老，聞仙師杜沖有至德高行，遂師之。因追抑遺迹，崇構靈壇，仍招四方幽人逸士，以紹玄業，並道均巢許德爲物範。故天子揖之而不臣，諸侯禮之而不爵，朝野以其弘脩道事，故以道士爲號焉。周平王東遷洛邑，度道士七人；秦昭、秦莊二王度道士七人。漢文帝尤尊道德，屢招幽逸之人，度爲道士，常使滿二七人。漢武帝亦好神仙，置道士二十一員。晉武帝特致崇仰，乃度道士四十九人。（《一切道經音義妙門由起》明開度第五）

婁元綱服靈飛散得道，容成公行玄素之道延壽無極。（《仙苑編珠》卷下）

桑子林、張虛並服雄黃，巢父、許由並服石桂英，得道。（《仙苑編珠》卷下）

尹喜

尹喜宅南山阜上，先館舍即大夫觀望之臺也。昔老君於此山騰空，時人因號曰老子陵，蓋非墳墓也。故《爾雅》云「大陸曰阜，大阜曰陵」，此之謂矣。（《太平御覽》卷一百七十七）

尹喜遇老君，老君拜喜爲無上眞人，號曰文始先生，方遠觀四海八紘之外。又上升九天，謁太上玉晨大道君焉。道君令下化西域，條支、安息、昆吾、大秦、罽賓、天竺，周流八十一國，作浮屠之術，以化胡人。一切道經音義妙門由起。（《一切道經音義妙門由起》明道化第一）

焦曠

茅山道士焦曠字大度，周武欽仰，拜爲帝師。於華陰造宮，巖問湧土，用足乃盡。以石甕貯油，油盡而自滿。每有外人來謁，常有青鳥二頭來報。山靈守護，猛獸衛門也。（《仙苑編珠》卷下）

董仲君

董仲君者，臨淮人也，服氣鍊形，二百餘歲不老。曾被誣繫獄，乃佯死，須臾蟲出，獄吏乃舁出之，忽失所在。（《仙苑編珠》卷下）

倩平

倩平者，沛人也，漢高衛卒也。得道，至光武時不老。後託形尸假，百餘年卻還鄉里也。（《仙苑編珠》卷下）

王仲都

王仲都者，漢中人也。漢元帝常以盛暑時暴之，繞以十餘爐火而不熱，亦無汗。凝冬之月，令仲都單衣，無寒色，身上氣蒸如炊。後不知所在。（《仙苑編珠》卷下）

程偉妻

程偉妻者，能通神變化。偉當從駕，無時衣，甚憂。妻乃置繪兩匹，從空而至偉前。偉好作黃白，經年不成。妻乃出囊中藥少許投之，食頃，汞乃成銀。（《仙苑編珠》卷下）

杜陽宮太和尹真人

真人名軌，字公度，即文始先生從第也。夤事先生，親傳道妙。道成，太上召登太和，下統仙僚，於杜陽宮參校《真仙圖錄》，檢閱神司鬼官，威制千靈，風清萬鬼。或周覽海嶽，或上朝玉京。晉永興中，復降斯觀，道士梁諶遇之，授以丹書而去。贊曰：修仙人已擢仙魁，松下丹鑪老碧苔。誰料肉飛千載後，授書又到故家來。（《終南山說經臺歷代真仙碑記》）

王屋山太極杜真人

杜君諱沖，字玄逸，聞尹真人得道，後乃居其宅舍二十五。於此修行二十餘載，感展真人降於寢室，授以仙方。合而服之，身生玉光。周穆王時年一百二十歲昇天，為太極真人者也。（《仙苑編珠》卷中　案：「二十五」下疑缺一「年」字。）

杜沖字玄逸，年二十五，學道析真，靜神守一。二十餘載，感展真人降授九華丹方，告曰：「老君與尹真人於東海八停山召太帝集群真，有地司舉子之勤，故勑我付爾仙方。」沖服之，身生玉光，以周穆王時年一百二十歲，授書為太極真人。（《仙苑編珠》卷下）

　　眞人名沖，鎬京人。年甫冠，聞文始得道，來師事之。文始適蜀，依止草樓眞宅。穆王追慕仙躅，命駕詣焉，爲建觀宇，延沖等七人爲道士。鍊養既成，身生玉光，五藏充實，僅容氣息，復解胞釋結，洞觀眾妙矣。以懿王己亥年升舉。任王屋仙主。贊曰：玄強解去謝塵寰，物裏光陰指一彈。復向洞天觀眾妙，高鞭黃鶴上天壇。（《終南山說經臺歷代眞仙碑記》）

赤城會彭眞人

　　彭宗字法先，年二十，師於杜君，授丹經《五千言》、雌一之道。修之有應。常有神燈數枝，浮空照室。能三日三夜通爲一息，能一氣誦《五千言》兩遍。年一百五十歲，屬王時昇天，爲太清眞人。（《仙苑編珠》卷中）

　　眞人名宗，字法先，彭城人。周穆王崇尚黃老，招致英賢，眞人應聘而至，師事太極眞人，授雌一之道。乃鍊神入妙，洞達靈源，能三日三夜通爲一息，或沒水底，竟日方出；或僵外及月，人疑，已隕起復輕強。以屬王丙申歲沖舉。受秩赤城仙伯。贊曰：眞人以蹻眾人喉，其息深兮道日休。盡道蒙莊發幽祕，焉知其說有蹤由。（《終南山說經臺歷代眞仙碑記》）

太清宋眞人

　　宋倫字德玄，年二十二，日誦《五千文》，服黃精白朮，感老君降授中景之道、通眞之經、倫行之望、巖申步，日行三千里，凌波陟險，不由津路也。（《仙苑編珠》卷上）

　　宋倫字德玄，年二十二，以周屬王時學道，誦《五千文》，服黃精白朮，積二十年，感老君降授靈飛六甲、素奏丹符。倫行之通感如神，言無不驗，望巖申步，日行三千里，凌波陟崎，不由津路。年九十餘，以景王時昇仙，下司嵩山。（《仙苑編珠》卷下）

　　眞人名倫，字德玄，維陽人。早佩眞訣，棲心玄域，究通塞之源，得形神合並之道。每凌波涉險，不由津路。故能東觀暘谷，西極閬風，南邁長離，北適玄壟，周覽八極，冥觀天運。或居靈嶽，或在閶闔，或託物以遊戲，人莫識之。以景王乙巳年沖舉。贊曰：太清仙客道中龍，虛實雙融到大通。萬水千山遮不住，自南自北自西東。（《終南山說經臺歷代眞仙碑記》）

西嶽馮眞人

　　馮長字延壽，周宣王辟爲杜下史。年四十一，退官入道，誦《五千文》，

服天門冬。居終南山，遇彭眞人駕白虎降於道室，授以《太上隱書》。以平王時昇天，爲西嶽眞人。（《仙苑編珠》卷中）

眞人名長，字延壽，驪山人。明大易，宣王召爲柱下史。年四十，退官入道，遇鄧仙君受《黃庭》奧旨。遂入終南山，就巖作室以居，靜以思道，安以養恬內，寶既充，復能周物，如救民瘕，止凶燚，正狂恚，皆意到便驗，非有作也。以平王庚寅歲沖舉。贊曰：棄卻周宣柱下官，便拖華杖入終南。黃庭誦徹無人見，一枕清風睡正酣。（《終南山說經臺歷代眞仙碑記》）

白水宮姚眞人

姚坦字元泰，平陽人，年十九，以平王元年學道，說《五千文》。有驚風崩山，大張口，終無怖懼。服鍊松脂，有神人授玄白回形之道、天關三圖飛行之經，坦行之，目有神光，開如飛電。年二百一十歲，以簡王時五月風雨晦冥，雷電激揚，天雨銀花，繽紛滿地，受書爲玄洲眞人。（《仙苑編珠》卷下）

眞人名坦，字元泰，汾水人。注心上玄，澹泊高抗。襄公歸岐日，北面稱師。餐風味道，縉紳敬尚，儼若神明，請謁日素，遠引而去。嘗行雨中，衣袂不濡。目有神光，開如電爍，行必合目，慮驚於物，或請小開，即流光迅發。以簡王壬戌年沖舉。司白水宮。贊曰：巖壑風姿古逸民，瀟然野服屈時君。高情不作紅塵夢，拂袖幽巖外白雲。（《終南山說經臺歷代眞仙碑記》）

秦隴宮周眞人

周亮字太宜，母孕，經十五月而生。年十九，身長八尺。師姚坦得道衛。王子晉召與鼓琴吹笙，同遊伊洛，響金振玉，百禽率舞。年一百九十周烈王時昇天。（《仙苑編珠》卷中）

眞人名亮，字泰宜，太丘人。師姚仙君得法，號爲入室。嘗與周靈王太子晉鼓瑟吹笙，同遊商洛。能以子絃孤彈，八音諧暢，鏗金振玉，百禽率舞，或周旋名嶽，問示神變。時方少年，且即皓首，人皆莫測。以烈王己卯年仲舉。受書爲秦隴宮仙官。贊曰：吹笙太子約同遊，閑舭商顏笑世浮。瀟灑仙姿春正好，明朝底事雪盈頭。（《終南山說經臺歷代眞仙碑記》）

清尹仙人

仙人名澄，字初默，汾陰人。年二十八入道。初隱南山，汲流切柏，若將終身焉。恪意焚誦，匯中香盡，靈黑自生，燈乏明膏，神光空映。嘗投符

於川水，乃逆流。始皇詣觀祠謁，詔東向建殿，給灑掃戶。召澄問玄，規以我無爲而民自化。言匪契，翩然?而去。贊曰：逝川試著小符投，滾滾洪濤忽倒流。秦始饞勞虛席問，舉頭一劍已橫秋。（《終南山說經臺歷代眞仙碑記》）

大有宮王眞人

王探字養伯，漢文帝稱爲逸人。時年三十六，恒誦《五千文》。每散金帛拯濟飢寒，投財要路。預是舍生，皆沾惠潤。感趙眞人化作狂人累歲求乞，心無厭怠。眞人哀之，授以神方。又於終南遇太玄仙女授以藏景化形之術，遂能與日月同光，雲霞合變。有故人謂曰：聞法師善於變化，試爲一戲乎？乃化身爲一樹，其人乃持斧斫。又化爲一石，復以火燒之。又化爲波水，復以土壅之。又化爲火，復以水沃之。又化爲一鳥，復以網罩之。又化爲猛虎，復以刃擊之。又化爲死人，故人懼而走。至數里閒，復見探如舊，乃禮謝之。復化爲浮雲高昇，莫測其道也。（《仙苑編珠》卷中）

眞人名探，字養伯，太原人。呂后朝嘗任中常之職，後乃投簪入道。遇西靈子都，受藏景化形之法，能隱形滅影，雲霞合變。逢故人，心疑之，乃變爲樹，又爲火，復爲水、蟲、獸、異物，無有定體，故人自失而走。須臾，復見眞人於道左。元朔六年沖舉。贊曰：變形爲火復爲泉，回首衣冠鬱儼然。饞殺故人空吐舌，神機元在手中旋。（《終南山說經臺歷代眞仙碑記》）

西嶽仙卿李眞人

眞人名翼，字中輔，潁川人。弱齡企道，神閑器遠。時漢武帝依觀建望仙宮，增置道員，眞人應選入道，常居眞靖，棲空養元，後遇太和眞人，挈至杜陽宮，令事王仙君，復遣出還，遂沿風邇景，出入無恆。以靈帝光和二年沖舉。領命西嶽仙卿。贊曰：緘芥師資異代逢，相從直到杜陽宮。雙亮一去無消息，幾度咸陽夕照紅。（《終南山說經臺歷代眞仙碑記》）

上清封眞人

眞人名衡，字君達，隴西人，通老莊學。漢明帝永平中，應賢明之選，度爲道士遇。眞人魯君，授以上道並《五嶽眞形符圖》。常跨青牛，遊行五嶽，凶祇怪鬼，遁邇千里。然性多慈，救遇暴死者，出腰問竹莞中藥與之，應手立愈。後入玄丘山，不復見。贊曰：袖裏神符射斗牛，天魁嶽鬼見還愁。卻嫌天上多官府，直跨青牛汗漫遊。（《終南山說經臺歷代眞仙碑記》）

太清高仙張真人

真人名皓，字文明，汝南人。漢永初中披度。禮謁封君，求啓未悟。封君逆知其來，三試皆過，遂授空黑金胎之道。已而，目能徹視，耳能洞聽，雲霞絡體，日月凝華。或化飛雲，或爲白鶴，昇虛隱景，變化莫測。以魏太和年沖舉。受命太清高仙。贊曰：鼎中丹熟與天并，白鶴飛雲信手成。徹視八絃無一物，倒騎箕尾上瑤京。（《終南山說經臺歷代真仙碑記》）

附：

梁考成真人

梁諶字考誠，年十七，師鄭法師受道。視地而行，恐傷含氣。有鳥獸當路，常下路避之。年七十七，忽見雲氣彌林，乃練身入雲而去。（《仙苑編珠》卷中）

真人名諶，扶風人。魏咸熙初來事鄭法師。履道有年，志尚高邈，精忱遐感。以晉惠帝永興二年，遇太和真人降其庭，授《日月黃華上經》、水石丹法，並授《本起內傳》。三年丹成，身輕如羽，顏若童兒，目見地中，耳聞霄漢。以束晉太興二年沖舉。贊曰：異世逢師豈偶然，神丹親遇太和傳。胎仙舞出朝元法，太極光陰不記年。（《終南山說經臺歷代真仙碑記》）

王子年真人

真人名嘉，隴西人。晉建興中披度。靈明照徹，事多先見，知人驗物，咸以爲神。厥後，朔南分裂，列國競以禮聘，遂隱于山，然猶咨訪不絕。年八十七，自言小責未了。姚萇訪以國事，乃力詆之，遂爲所害。當日友人隴右見之，有《拾遺記》等書行于世。贊曰：小責懸懸尚未終，須教白刃斬春風。隴西若不逢知友，誰識先生是脫空。（《終南山說經臺歷代真仙碑記》）

孫仲宣真人

孫徹字仲宣，年十八，師王先生。或宿空樹，或坐幽房。編葛爲席，時有問者，但觀其顏色，即知吉凶，不又更陳言語。年七十，忽告弟子曰：「吾須暫行。」乃拂衣而出，莫知所之。同道思之，乃取其葛席置靜室中，每聞席邊有人語聲。友人聞之，又分其席也。（《仙苑編珠》卷中）

真人名徹，不知何許人。前趙光初中來事王先生。訥言敏行，衣布飲水，機智不張，惟事韜晦。先生賢之，待之如友人。有所叩，不以言語告人，但

觀其顏色，則識吉凶。常獨潔一室，終日危坐，澹然與神明。居人望見之，心容俱肅。年七十解化。贊曰：饒舌誰能惹是非，叩之弗應亦相違。正容悟物無瑕謫，要使當人自見機。（《終南山說經臺歷代真仙碑記》）

馬元約法師

馬法師名儉，字元約，師孫君受五符真文、三皇大字。能命召萬靈，制御群邪。凡所施用，立皆有驗。忽降天神告曰：「法師宿有功德，名在仙錄，何煩祈禱，役使神靈？」法師乃祕諸法術，抱一凝玄。年九十八，忽有白雲從西北來，直赴寢室。弟子往看，已見白雲南舉漸遠，不知所詣。（《仙苑編珠》卷中）

法師名儉，扶風人。未冠入道，出於孫君之門，受五千真文，三百祕字兼學風角鳥情之訣。能召命萬靈，御制旱鬼，由是四方翕然傾慕。孫君誡之曰：夫法術滋廣，風聲外扇擅，能引醠，翻累明真。俄姚萇遣使來聘，法師稱疾不起，閟諸法入山。贊曰：相招何事不相從，朝野如何著得公。袖卻天書深隱去，終南好處聽松風。（《終南山說經臺歷代真仙碑記》）

尹靈鑒真人

尹通字靈鑒，年二十六，師馬先生受道，服黃精、天門冬，餌雄黃丸。由是賢愚慕其至德，車馬駢闐，道俗揖其清風，冠蓋相望。荷恩之輩，皆厚禮之。通悉用修諸功德，廣濟飢寒，一無所積。年一百一歲仙化，常有神燈照室也。（《仙苑編珠》卷中）

真人名通，太和真人之裔也。幼欽祖道，觀光福庭，遂禮馬法師，密受微旨，內充外暢，聞望日隆。魏太武遣使致禮，請謁不絕，高人勝士，朝野縉紳，車騎填門，冠蓋溢路，求玄問道，虛往實歸。年一百解化，每夜有神燈數枝，懸映冢上，值齋日則多。贊曰：高門奕世產仙材，垂手紅塵應化來。黃素一時歸有道，簪星珮玉照樓臺。（《終南山說經臺歷代真仙碑記》）

王道義法師

王法師字道義，凝神白雲之外，注心丹柱之下，重興觀宇，再啓玄門，精誠所致，遂多洞感。曾降天卹，倉庫自滿，隨取隨盈，終無耗竭。常以施人，兼營功德，遠近貧病，皆沾惠潤。年六十三，忽一旦白鹿入其庭院，或隱或見，由是而蛻。（《仙苑編珠》卷中）

法師並州人，魏太和中，師牛文侯。先生道隆行擴，事多玄感。嘗修觀宇，徒倡盛集，倉凜所積，隨取隨盈，終無耗竭。門人怪而候之，見數青衣小童，以萹負米潛溢其困。人以攀梯躡瞪爲艱辛，與作階級，使其便益，法師叱不許。貧悍者咸來食焉。贊曰：負糧添凜見青衣，此事傳來也甚奇。贏得充齋兼施眾，銜華百鳥是徒爲。（《終南山説經臺歷代眞仙碑記》）

毋始光法師

毋法師名始光，年十一，師牛先生受道，朝野英賢咸慕其德。所得信施，皆訪貧老密放其家，不告姓名。又冬月常冷地一畝，布撒穀米，以救禽鳥，鳥皆群聚於庭。（《仙苑編珠》卷中）

法師琦氏人，幼業墳籍，旁求象緯，既而歎曰：高蹈物表，非世教所及也。遂禮牛文侯先生，問五千要旨。先生曰：迎之無首，隨之無後，果何物邪？子能默識，道在是矣。法師忽釋然如去闌膺之物，自此口誦身行，事符理順，執古御今，六通四闢矣。贊曰：混然一物果何名，左右逢原本見成。不是先生輕點破，一生紙上錯銓評。（《終南山説經臺歷代眞仙碑記》）

貞懿先生陳真人

陳先生字寶熾，年二十一，能琴，善棋。初事王法師，後於華陰師陸景眞先生，以授玄祕。每清晨朝禮，怛有白虎馴其左右，隨逐往來。後有群虎來擊樹以警惡人，有暴虎來，亦擊樹。時人號爲考虎樹也。（《仙苑編珠》卷中）

先生名寶熾，穎川人。抱負弘闊，人莫能窺。出入山間，時見白虎馴逐。魏文帝大統中，招致便殿，訪以治道，及問馴虎之術，對曰：撫我則厚，虎猶民也；虐我則怨，民猶虎也。何術之有？帝悅，後謚貞懿先生。觀左右槐名考虎樹者，即當時物，今猶存。贊曰：跨虎閑來市上遊，神通妙用駭時流。文皇饅把閑名挽，貞懿先生未肯留。（《終南山説經臺歷代眞仙碑記》）

李順興真人

李先生字順興，京兆人。年九歲知道，師陳先生備受道要。既得眞訣，遂奉經入南山太平谷修行。忽有雲車羽蓋翳天而下，見三大仙授《金眞玉光經》、《七變併天經》。行之，年十七道成，年三十八昇仙。（《仙苑編珠》卷下）

眞人京兆人。夙稟靈慧，受業貞懿之門。入山遇三大仙，授以丹寶。復鍊養六年，變化莫測。名聞魏文，召試諸難，使之蹈火赴湯而無損。諸郡命齋，同日畢赴。或礫死復出，或預指叛逆。末後雖示羽化，發視唯見空棺。詔於其處立祠像奉香火焉。贊曰：仙家妙用本無方，遊戲人間笑幾場。散氣聚形無不可，有無元不屬存亡。（《終南山說經臺歷代眞仙碑記》）

張法樂先生

張先生字法樂，南陽人，卅歲師尹法師，眞文寶訣咸得付受。傳受之夕，乃感神燈慶雲之瑞。自此精思，凡經三十餘載，以其雲生樑棟，故時人號爲雲居觀焉。（《仙苑編珠》卷下）

先生南陽人，幼侍巾鉼於尹君，眞士念其勤苦不退，遂付道要。露盟之夕，神燈爲之四輝。後魏廢帝時，隱居於耿谷，人邇莫及，風亭月榭，樂道忘懷。嘗有猛虎造室，恬然不顧，亦不加害。養奇禽千計，呼皆就掌取食，了無驚猜，樸全之驗也。贊曰：樂道居山坐復行，忘機獸鳥不猜驚。熙熙人在華胥世，一段淳風畫不成。（《終南山說經臺歷代眞仙碑記》）

《道學傳》　　陳馬樞撰

《道學傳》，馬樞撰。《隋書·經籍志》、《通志》著錄有二十卷，兩《唐志》作《學道傳》，亦有二十卷。《陳書》卷十九《馬樞傳》載曰「《道覺論》二十卷「，乃同書異名。馬樞，字要理，扶風郿（今陝西眉縣）人。博通經史子，尤善佛典。曾爲梁邵陵王、南徐州刺史蕭綸學士，侯景之亂舉兵入援，留書兩萬卷與樞，樞周覽殆遍、入陳，與陰鏗、張正見等爲文會之友。今人陳國符先生作《道學傳輯佚》，附於先生所撰《道藏源流考》一書中。本書輯校，多參考陳國符先生輯本，特此說明。

道學傳第二卷

張天師

張天師棄家學道，負經而行，入嵩高山石室，隱齋九年，周流五嶽，〔一〕精思積感，眞降道成，號曰天師。（《三洞珠囊》卷五長齋品　又見於卷五坐忘精

思品　案：陳國符輯本「張天師」條下又據《太平御覽》卷六百六十六列「張陵博學」條，檢《御覽》，實乃引《太平經》之文，非《道學傳》。）

〔校記〕

〔一〕周流五嶽，《三洞珠囊》卷五坐忘精思品上有「張天師」三字，且引文始於此。

許邁

許邁，字叔玄，小時名映，後自改名。遠遊入新成道山，服菖藤穀，常服氣，一氣千餘息。晉永和二年，移入臨安西山也。（《三洞珠囊》卷三服食品　案：引文中姓名表字爵里重出，實乃諸家徵引節錄所致，原文必不如是，今保持引文原貌，不做綴連。下同。）

許邁，字遠遊。少與高陽許詢並治高節，同志齊名。詢能清言，兼有詞藻；邁博學，亦善屬文。（《太平御覽》卷四百九）

許邁，字叔玄，少名映，後改名遠遊，與王羲之父子爲世外之交。羲之亦辭榮養生，每造遠，彌日忘歸。詩書往復，多論服餌。（《太平御覽》卷六百六十九　案：陳國符輯本又有《太平御覽》卷四百一十引文，内容與此條大體相類，然《御覽》卷四百一十所引錄之文乃《道學論》，極有可能是《道學傳》之訛，不敢輕斷，存疑爲上，附列於後：許邁，字叔玄。清虛接真，遐棲世表，志在往而不返，故自改名「遠遊」。與王右軍父子爲世外之交。王亦辭榮，好養生之事，每造遠遊，未嘗不彌日忘返。又，陳國符據《太平御覽》卷六百六十六列「許邁爲書遣妻」條，檢《御覽》，實乃引《太平經》之文，非《道學傳》。）

志在往而不返，故自改名遠遊。弱冠詣郭璞，筮告曰：君元吉自天，宜學昇遐之道。乃師鮑靚。後與同志東遊名山，餌朮斷穀，能閉氣千息。初止桐廬新城臨安，所在作樓閣，開後門，上山采藥，經月不返。每言：映好山林，猶魚得水也。（《仙苑編珠》卷中）

高平闔玄之，琅邪彭初，皆就遠遊受業。遠遊曰：闔君可服氣以斷穀。彭君宜須藥以益氣，遂教彭以餌朮，並委質。伏事三年，遠遊曰：君以解此，但當勤修之耳。專修矣，心如死灰，形如委骸，可各索清靜處以自精妙。於是玄之往於潛餌朮爲務也。（《三洞珠囊》卷三服食品）

無石飴餅，以鍾乳代之。此二物，皆石上之津所生。（《三洞珠囊》卷三服食品）

許道育

許黃民女道育，宋孝建元年甲午歲於埭山亡，世謂之許大娘。臥尸石上，尸壞不殯，常有香氣也。（《雲笈七籤》卷八十七）

道學傳第三卷

云名正

戴甘露有惡疾，流諸海裔。云名正見曰：可治也。爲治數日便愈。（《三洞珠囊》卷一救導品）

治中抗侯大富，女病經年，千醫百道，靡不畢祈，增而不損，云名正詣門云：能使女差。抗侯傲然，未之接也。凡諸言術而不驗者既多，又見正之弊衣徒跣，意以爲狂而弗信。正狀謂能治固疾，請女出。侯大怒，且女病積久，無能出理。女忽問家人誰欲見我，便著衣履整飾而出，侯大驚。正曰：女郎已差，便可還內，於是舉家始服，其神驗也。（《三洞珠囊》卷一救導品）

燕濟

燕濟，字仲微，漢明帝末時人也。少好道德，亦不仕於世矣。初入華陰山，服木及大黃精、種雲母、雄黃、丹沙、芝草也。（《三洞珠囊》卷三服食品）

燕濟，字仲微，漢明帝時人也。少好道德，不仕，周遊名山。後居武當山，寢息無常所。或因積石，或倚大樹，四時衣服不變。恒散髮。亦有練巾。（《太平御覽》卷六百六十六）

王嘉

王嘉，字子年，隴西人，在東陽谷口鑿岸爲穴而自居，不食五穀，不衣華麗，清虛服氣，不與世交，姚長慕容，迎之不應也。（《三洞珠囊》卷三服食品）

王嘉，字子年，隴西人也，在東陽谷口鑿岸穴居，其徒數百，各自穴處，爲爲人兒短陋，而聰察滑稽。有問世事善惡，終不直說，過率有驗。（《太平御覽》卷六百六十六）

道學傳第四卷

任敦

任敦，字尚能，博昌人。永嘉中投雲陽山。雲陽山者，即茅山也。服赤石脂，時復出入人間，皆手執經科，教示愚民。於是遠近穆然從化。敦竊歎曰：眾人雖云慕善，皆外好耳，未見眞心可與斷金者。（《三洞珠囊》卷一救導品）

任敦，字尚〔一〕，能治病。人有極惡之病，人理所棄者，得敦救治，莫不蒙濟，如此有數。少語言，或時說將來吉凶，咸如所言。人有病問之者，答云無所苦，必不危亡，默而不言，則皆不救。（《三洞珠囊》卷一救導品）

〔校記〕

〔一〕尚，下脫一「能」字，實傳寫之誤。

左敦字尚隱，雲陽人。〔一〕雲陽山即茅山也。敦所居山舍西五十里，有一石室，西南二里，復有一石室，皆容數十人。西南室，父老傳云，有銅牛出，皆銅靷銅卷，相傳號爲銅室，曲入至深，立北通潢池，而洞崑崙。每三元齋戒之日，敦往二室祈禱，皆能髣髴眞形。（《太平御覽》卷六百六十七）

〔校記〕

〔一〕《雲笈七籤》卷一百一十有傳曰：「任敦，博昌人也。少在羅浮山學道，後居茅山南洞。修步斗之道及《洞玄五符》。能役鬼召神，隱身分形。玄居山舍，虎狼不敢犯。」與《三洞珠囊》所記相符，《御覽》「左敦字尚隱，雲陽人」，實乃訛誤，當據《三洞珠囊》改。《三洞群仙錄》卷三「任敦字子尚」，亦當據改。

任敦字子尚，永嘉初，天下擾攘，棄官南渡，遂抗志俗外，居於山林。忽有一人長丈許，敦問之，此人自稱是阿那窟老君見使來問訊，敦問：老君常在何許。答曰：常在天上，復遊世間。又恒經過而去，復有所止，答云：時往大治及仙圖中。敦後逆知孫恩之禍，乃屍解於木沼山。（《三洞群仙錄》卷三）

杜炅

杜炅，字子恭，及壯，識信精勤，宗事正一。少參天師治籙，以之化導，接濟周普，行己精潔，虛心拯物，不求信施。遂立治靜，廣宣救護，莫不立驗也。（《三洞珠囊》卷一救導品）

杜炅，字子恭，爲人善治病，人間善惡皆能預覩。上虞龍稚、錢唐斯神，並爲巫覡，嫉炅道王，常相誘毀。人以告炅，炅曰：非毀正法，尋招冥考。

俄而稚妻暴卒，神抱隱疾，並思過歸誠，炅爲解謝，應時皆愈。神晚更病，炅語曰：汝藏鬼物，故氣祟耳。神即首謝，曰：實藏好衣一箱。登取於治燒之，豁然都差。（《三洞珠囊》卷一救導品）

王羲之有疾，請杜炅。炅謂弟子曰：王右軍病不差，何用吾爲？十餘日而卒。（《三洞珠囊》卷一救導品）

陸納爲尚書令時，年四十，患瘡告炅云：弈世短壽，臨終皆患此瘡。炅爲奏章，又與靈飛散。謂曰：君厄命已過，可至七十。果如其言也。（《三洞珠囊》卷一救導品）

吳猛

吳猛，字世雲，登山詩曰〔一〕：「仰瞻列仙館，俯察玉神宅。」（《上清道類事相》卷一仙觀品、卷四宅宇靈廟品）

〔校記〕
〔一〕曰，卷四宅宇靈廟品作「云」。

吳猛字雲世〔一〕，有道術。庾亮聞其神異，厚禮迎之來武昌。尋求歸，辭以算盡，請具棺。庾公閔然，即日發遣。未達家五十里而終，形狀如生。（《太平御覽》卷六百六十四）

〔校記〕
〔一〕雲世，《上清道類事相》所引皆作「世雲」。

屬大疫癘，競造吳猛乞水。猛患其煩，乃纂江水方百步，隨意取之，病者得水皆愈也。（《三洞珠囊》卷一救導品）

道士舒道雲病瘻三年，治不差，吳猛授以三皇詩，使諷之，上口，所疾頓愈也。（《三洞珠囊》卷一救導品）

范豺

范豺者，巴西閬中人也，或作儕字。容止都雅，不言先見，不說機祥，閑恬無欲，終日默然，結絡敗布，以繩爲網，披苫纏得蔽形，冬夏徒跣，腳不皴裂，四時無寢，肌（原注音肌）若處子，美姿顏，應接恒笑，眾咸敬而安之。又以宋太元十四年到荊州，居於南郡枝江縣之富城洲尾巴芒中，亦有屋宇，不障風霜，以桑柴爲床，束藁插其間，有一空簞。一瓦瓶，裝擔枕倚以臥，或有十日荷擔乞食，口絕粳粱醪醴滋味果實，唯粗粟飯菜羹，食一升許便過旬日也。行甚駛，語甚急，自非精意聽受，略不可解。恒小坐恭敬，不

以高卑易心，不與俗中榮貴人語，恒閉眼不聽聲樂，恒臥而獨語。人問之，輒云王建武來。俄又作，餘端應對，不可尋檢也。（《三洞珠囊》卷二貧儉品）

范豺，巴西閬中人也。白皙而美髮，秀眉明目，容止都雅，不言先見，不說機祥，閑恬無欲，終日默然，結絡敗布以繩爲網，披苦才得蔽形，冬夏徒跣，腳不皴裂，四時無寢。太元十四年到荊州，居於南郡枝江縣之富城洲尾巴芒中，亦有屋宇，不障風霜，以桑柴爲牀，東薰插其間，有一空簞，一瓦瓶，裝簪枕倚以臥，或有十日，荷檐乞食，口絕粳梁醪醴滋味果實，唯麤粟飯菜羹食一升許，便過旬日也。（《三洞珠囊》卷五長齋品　又卷八相好品節引作：范材者，白皙而美髮，秀眉明目也。「范材」，當爲「范豺」之誤。范豺，《雲笈七籤》卷八十六有傳。）

生資一毫悉無，簞瓶悉空也。（《三洞珠囊》卷二貧儉品）

遙視其衣服雜色，敗布帽，又數十年故物，殊覺不淨，既至甚香潔也。（《三洞珠囊》卷二貧儉品）

辛玄子

辛玄子，字延期，隴西定谷人也，漢明帝時人也。少好有道，遵奉法戒，至心苦行，日中菜食，鍊形守精，不遘外物，或遊山林，屏棄風塵，志願憑子晉於緱岑，侶陵陽以步玄，故改名爲玄子，而自字爲延期矣。（《三洞珠囊》卷五長齋品）

佚名

交址出葛洪之探者。（《三洞珠囊》卷四神丹仙藥名品）

道學傳第五卷

東方朔

東方朔，字曼蒨，平原厭次人也。潔其道而穢其跡，清其質而濁其文。若乃遠心廣度，宏才麗辯，惆儻博物，觸類多能也。（《三洞珠囊》卷二韜光品）

嚴君平

嚴君平者，名遵，蜀郡人也。非其服弗服，非其食弗食。常賣卜成都市，日得百錢，足以自養則閉肆門，下簾修道，沈深不作苟見，不治苟德，久幽而不改其操，未嘗仕，年九十餘終于家。（《三洞珠囊》卷二韜光品）

嚴君平者，名遵，蜀都人也。修道自保，與人子言依於孝，與人臣言依
於忠，與人弟言依於順，〔一〕各因其發，導之以善。〔二〕蜀中化之，從其言者
過半也。（《三洞珠囊》卷一救導品　又見於《太平御覽》卷六百六十六）

〔校記〕

〔一〕以上三句，《太平御覽》皆無「依於」二字。

〔二〕《太平御覽》引文止此。

安丘望之

安丘望之，字仲都，成帝時，京兆長陵人也。病篤，弟子云沙都輿安丘
於庭樹下，安丘曉然有痊，時冬月鼻聞李香，開目則見雙赤李著枯枝，都仰
手承李，李自墮掌中，安丘食李，所苦盡除，身輕目明，遂隨都去，莫知何
在也。（《三洞珠囊》卷一救導品）

劉凝之

劉凝之，字志安，小名長年，南郡枝江人也。少抱尪病，風眩迷謬，累
載彌增也。（《三洞珠囊》卷一救導品）

劉凝之，字志安，小名長年，南郡枝江人也。居衡山之陽，采藥服食，
受天師化民之道，夫妻並共佩帶，救物災危，亟有神驗也。（《三洞珠囊》卷一
救導品）

《集仙記》云：劉凝之，字志安，小名長年，南郡枝江人也。奉道精進，
元嘉十四年於精思所忽覺額上慘痛，搔之得寶珠九枚，即汜以清水，輝耀竟室。
于時臨川王鎮江陵，求看寶珠，即分三枚付信也。（《三洞珠囊》卷五坐忘精思品）

劉凝之，字志安，小名長年，南郡枝江人也。王公贈遺，一無所受，家
財事業，悉分與弟姪，出於蒿萊之中，而爲環堵之室，非力作不取也。夫妻
齊操，能以苦節自安，不拘小節，常與妻共取茭車入市門，隨物貴賤而賣之，
周食餘便以乞人，雖復荒年絕粒，不革其操。妻梁州刺史郭詮女，遣送豐華，
凝之悉分贍親屬，以盡爲限，婦亦無吝心也。性好山水，乃攜妻子跨崖越嶺
爲小蓬室，妻子皆從不知所終也。（《三洞珠囊》卷二貧儉品）

郭文

郭文，字文舉，河內人也。得疫病厄困，不服藥，云：命不在於藥也。
不食二十餘日，亦不消瘦。後卒，殯于餘杭臨安縣。（《三洞珠囊》卷一救導
品）

道學傳第六卷

諸慧開

諸慧開，字智遠，吳興烏程人也。每以戒行自修拯濟爲務。齊大明八年，天下饑饉，慧開薄有穀實，乃悉分䘏窮匱，鄉邑賴之。有三人積饑食飽而致死，其家訴縣，稱慧開飼殺饑人，苦相誣謗。縣令笑曰：乞食飽死，反怨主人，法無此科。而遣不問也。（《三洞珠囊》卷一救導品　又《太平御覽》卷六百六十六引《太平經》與此條同　按：「諸慧開」，陳國符據《浙江通志》卷一百八十八引嘉靖《烏程縣志》「褚慧開，字智遠」，認爲「諸慧開」乃「褚慧開」之誤，誠是。）

諸慧開，字智遠，吳興烏程人也。性處幽靜，常習閑寂，精思內修，每絕遊往，或問何能幽悒如此？答曰：論動則六合未曠，語靜則環堵有餘。（《三洞珠囊》卷二韜光品）

褚伯玉

褚伯玉，字元璩，吳郡錢塘人也。隱霍山煉液餐霞，積年絕粒也。（《三洞珠囊》卷三絕粒品）

褚伯玉，字元璩，吳郡錢塘人也。隱南嶽瀑布山，妙該術解，深覽圖祕，採鍊納御，靡不畢爲。齊高祖詔吳會二郡以禮資迎，又辭以疾。俄而高逝，高祖追悼，乃語於瀑布山下立太平館。初，〔一〕伯玉好讀《太平經》，兼修其道，故爲館名也。（《上清道類事相》卷一仙觀品）

〔校記〕

〔一〕陳田夫《南嶽總勝集》亦引此條，「初」作「以」，審其前後，當以「以」字爲上。

道學傳第七卷

陸修靜

簡寂先生陸修靜，字元德，吳興東遷人，吳丞相凱之後也。母姚氏懷之，有一老姥告之曰：生子當爲人天師。及生，足有釁踝，掌有大字。〔一〕家本奧室，早涉婚宦，嘗謂同僚曰：時難再得。乃遺棄妻子，脫落營務，專精教法，不捨寤寐。卜居廬嶽，召赴金陵。一旦謂門人曰：吾將還舊隱。俄偃然解化，膚色暉映，異香芬馥。山中諸徒悉見先生還山，儀服鮮華，眾皆驚異，俄失其所。（《三洞群仙錄》卷二　又略見於《三洞珠囊》卷八相好品）

〔校記〕
〔一〕「及生」以下三句，《三洞珠囊》作「及生之日，蹠（原注音隻）有重輪，足有雙踝，掌有大字，身有斗文也」。

　　陸修靜，字元德，宋時吳興東遷人也。隱雲夢山修道，暫下尋藥，進過故鄉，停家數日，女忽暴病，命在晷刻，家人固請救治。先生歎曰：我本委絕妻子，託身玄極，今之過家，事同逆旅，豈復有愛著之心？於是拂衣而出，直逝不顧，去後一日，女病即愈也。（《三洞珠囊》卷一救導品）

　　陸修靜，字元德，吳興東遷人也。於廬山東南瀑布岩下，起觀名曰簡寂，處所幽深，構造壯異，見者蕭然，興昆閬之想，後人因以修靜號曰簡寂先生。（《上清道類事相》卷一）

　　陸修靜，字元德，吳興東遷人也。宋大始七年四月，明帝不豫，先生率眾建三元露齋，爲國祈請，至二十日雲陰風急，輕雨灑塵，二更再唱，堂前忽有黃氣狀如寶蓋，從下而昇，高十丈許，彌覆階墀數刻之頃，備成五色，映曖檐楹，徘徊良久，忽復迴轉至經臺上，散漫乃歇，預觀齋者百有餘人，莫不皆見，事奏天子疾瘳，以爲嘉祥。（《三洞珠囊》卷一救導品）

　　修靜素有氣疾，齎藥入山，別處一室，俄而爲火所燔，弟子欲撲滅之，先生曰：不須救，此是冥道不許吾持藥耳。吾病行當自差，少日而瘳也。（《三洞珠囊》卷一救導品）

　　陸修靜，字元德，吳興東遷人也。雖外混世務，內守貞樸，少已習斷穀，別牀獨處也。（《三洞珠囊》卷三服食品）

　　陸修靜字元德，吳興人。太始七年，率眾建三元露齋。（《太平御覽》卷六百六十七）

　　陸修靜，字元德，吳興東遷人也，隱廬山瀑布山修道。宋明帝思弘道教，廣求名德，悅先生之風，遣招引。太始三年三月乃詔江州刺史王景宗以禮敦勸，發遣下都。先生辭之以疾，頻奉詔。帝未能致，彌增欽佇，中使相望，其在必至。先生乃曰：主上聰明，遠覽至不肖，猥見採拾，仰惟洪春，俯深慚惕，老子尚委王官以輔周室，仙公替金錫佐吳朝，得道高眞猶且屈己，余亦何人，寧可獨善乎？即命弟子陳飄之出都也。初至九江，九江王問道佛得失同異，先生答在佛爲留秦，在道爲玉皇，斯亦殊途一致耳。王公稱善，至都勑主書計林子宣旨，令住後堂，先生不樂，權住驃騎航扈客子精舍，勞問相望，朝野欣屬。天子乃命司徒建安王尚書令袁粲設廣譙之禮，置招賢座，

盛延朝彥，廣集時英，會于莊嚴佛寺。時玄言之士飛辯河注，碩學沙門抗論鋒出，椅角李釋，競相詰難。先生標理約辭，解紛挫銳。王公嗟忭，遐邇悅服。坐畢，奏議於人主。旬日間，又請會於華林延賢之館。帝親臨幸，王公畢集。先生鹿巾謁帝而昇，天子肅然增敬，躬自問道，諮求宗極。先生標闡玄門，敷釋流統，並詣希微，莫非妙範。帝心悅焉。王公又問，都不聞道家說二世？先生答經云：吾不知誰之子，象帝之先。既已有先，居然有後。既有先後，居然有中。莊子云：方生方死，此並明三世。但言約理玄，世未能悟耳！朝廷欲要之以榮，先生眇然不顧。宋帝乃於北郊築崇虛館以禮之，盛興造構，廣延勝侶。先生乃大敞法門，深弘典奧，朝野注意，道俗歸心。道教之興，於斯為盛也。（《三洞珠囊》卷二勅追召道士品）

　　陸先生，宋文帝召之於內，講理說法，不捨晨夜，孜孜誘勸，無倦於時也。（《三洞珠囊》卷一救導品）

孟景翼

　　梁武帝天監二年，置大小道正。平昌孟景翼，字道輔，時為大正，屢為國講說。四年，建安王偉於座問曰：「道家經教，科禁甚重，《老子》二篇，盟誓乃授，豈先聖之旨，非凡所說耶？」景翼曰：「崇祕嚴科，正宗妙化。理在相成，事非乖越。」（《太平御覽》卷六百六十六）

　　孟景翼，字輔明，平昌安丘人也。梁竟陵王遇《靈寶經》一部，看便以擲地，少日便手發疽瘡，痛楚特甚，遂遣馮先生首謝，先生為作悔辭，備加慊疑，雖蒙少差，終為此疾而亡也。（《三洞珠囊》卷一救導品）

　　孟景翼，字輔明，軻之後也，性至孝。齊竟陵王盛洪釋典，廣集群僧，與景翼對辯二教邪正，景翼隨事剖析，辭理無滯，雖藺生拒嬴，來公折魄，蔑以加焉。（《三洞群仙錄》卷十六）

　　孟景翼，字輔明。義嘉構難，景翼星夜往赴，經行失道。時一人黃衣黃冠，在其前引路。既得道，乃失所在。（《太平御覽》卷六百七十五）

道學傳第八卷

陶弘景

　　陶弘景，字通明，魏郡平陽人也。神儀端潔，形長七尺二寸，頭聳耳高，

兩耳各有十余長毛，右股內有數十黑子，多作七星文，眼中見有奇異光象也。
（《三洞珠囊》卷八相好品）

　　陶弘景，字通明，魏郡平陽人也。篤好黃老，備參道法，自稱華陽隱居。初憩句容縣之句曲山，登巖告靜。及齊明帝踐祚，恐幽祇未協，固請隱居詣諸名嶽，望袟展敬。遂周旋五郡，經歷三年。事訖迎還，令憩鍾嶺，使人往來，月有數四，餉賜重疊，隨意所求。朝野書疏，交為煩黷也。（《三洞珠囊》卷二勑追召道士品）

　　陶弘景，字通明，魏郡平陽人也。自號華陽隱居，好行陰德，拯濟困窮，恒合諸驗。藥給施疾者，遠近賴之也。（《三洞珠囊》卷一救導品）

　　陶弘景，字通明，魏郡平陽人也。明帝時，樓憩鍾嶺，隱居更造樓，深自潛匿也。（《三洞珠囊》卷二韜光品）

　　陶弘景，字通明，魏郡人也。明帝時樓憩鍾嶺隱居，更造樓，深自潛匿，以修道也。（《上清道類事相》卷二仙觀品）

　　陶貞白以《三真寶經》封以錫函，投諸巖穴。又以真金鵲尾香爐隨經供養之（《三洞珠囊》卷四丹灶香爐品）

　　齊建武二年，陶受勑束祈名山，困尋經典也。（《三洞珠囊》卷二勑追召道士品）梁天監十五年，為陶隱居建太清玄壇，以均明法教也。（《上清道類事相》卷一仙觀品）

顧歡

　　顧歡，字玄平，一字景怡，吳郡吳人也。白山村多邪病，村人告訴求哀，歡往村中為講《老子》，纂地獄，有頃，見狐狸黿鼉自入獄中者甚眾，疾者皆愈也。（《三洞珠囊》卷一救導品）

　　宋顧歡善道術，弟子鮑雲綬門前有一株木，大十餘圍，上有精魅，歡印木，木即枯死。又有病邪者問歡，歡曰：家有何書？答曰：唯有《孝經》。歡曰：可取《仲尼居》置病人枕邊恭禮之，自差。而後病者果愈。（《三洞群仙錄》卷二十）

道學傳第九卷

潘洪

　　潘洪，字文盛，會稽山陰人也。為性好賑施，一冬數過作寒服，為施貧乏，隨捨更營也。（《三洞珠囊》卷一救導品）

潘洪，字文盛，山陰人。幼辭家入山，修稟上法。陶貞白見而悅之，遂與投分，共遊諸處，尋求真書。（《太平御覽》卷四百九）

薛彪之

薛彪之，晉陵人也。服御眾藥，年高色少，鬚髮緇潤也。（《三洞珠囊》卷八相好品）

薛彪之，晉陵人。齊高帝時，往茅山結宇，松餐澗飲，彌歷年歲。齊高帝時革命，訪求道逸，知彪之守志丘壑，不顧榮位，乃敕於此山爲金陵館主也。（《上清道類事相》卷一仙觀品）

薛彪之，晉陵人也。齊建武二年，停東川，採訪真祕，三年乃反，啟敕於大茅山東嶺，立洞天館也。（《上清道類事相》卷一仙觀品）

薛彪之聞陶隱居，委紱架石室，與蔣負蒭鄰居接宇。彪歎曰：彼二人者，可爲道友，何爲久滯東川？於是命棹來歸，便相就共住，日夕講習。（《太平御覽》卷四百九　案：「蔣負蒭」，當依下文作「蔣負芻」。）

蔣負芻

蔣負芻，義興人也。去來茅山，有志棲託，齊高皇帝於山造館，建元二年敕請於宗陽館行道也。〔一〕負芻又於許長史舊宅立陪真館，應接劬勞，乃以館事付第二息弘素，專修上法也。（《上清道類事相》卷一　又見於《三洞珠囊》卷二勅追召道士品）

〔校記〕

〔一〕宗陽館，《三洞珠囊》作「崇陽觀」，誤。《三洞珠囊》引文止此。

道學傳第十卷

東鄉宗超

東鄉超宗，字逸倫，高密黔陬人也。幼而離俗，不涉婚宦，立行精懇，人所不堪。日中而餐，餐止麻麥。門人眷屬皆慕蔬肴，所處精廬鮭味不進也。住希玄館，梁武帝三教兼弘，制皆菜食。雖有詔敕，罕能遵用。逸倫奉行，於是館中法眾莫不菜蔬，私有犯觸即加斥遣，乃至廚醯不血味，遠近嗟稱，獨爲清素也。（《三洞珠囊》卷五長齋品）

　　東鄉宗超，字逸倫，高密黔陬人也。亟經凶年，常大施食，遠近投集，日中甚眾。每至冬天輒多作襦襖，隨緣寄人，使爲佈施也。（《三洞珠囊》卷一救導品）

　　東鄉宗超，字逸倫，高密黔陬人也。梁〔一〕盧陵威王爲〔二〕起造房宇廊廡，莫不華壯，供養法具，咸悉精奇，唯先生所居茅茨不改，衣服牀帷務存簡率，常坐一圓枯柎〔三〕，移檢遂有膝痕，卉冠莞席穿缺〔四〕不換也。（《三洞珠囊》卷二貧儉品　又見於《上清道類事相》卷一仙觀品）

　　〔校記〕
　　〔一〕梁，《上清道類事相》作「梁簡文時」。
　　〔二〕爲，《上清道類事相》作「在鎮大爲」。
　　〔三〕柎，《上清道類事相》無。
　　〔四〕莞席穿缺，《上清道類事相》作「菅席穿決」。

　　東鄉宗超，字逸倫，高密黔陬人也。嘗露壇行道，廞（原注音廉）〔一〕中香盡，自然滿溢。又爐中無火而煙〔二〕氣自生，氛氳周〔三〕遍，久之不歇也。（《三洞珠囊》卷四丹竈香爐品　又見於《太平御覽》卷六百六十六）

　　〔校記〕
　　〔一〕廞，《太平御覽》作「奩」。
　　〔二〕煙，《太平御覽》作「烟」。
　　〔三〕周，《太平御覽》作「週」。

　　東鄉宗超，字逸倫，高密黔陬人也。乃捨所居舊宅爲希玄道觀，乃薙草結庵，編蓬捶槿，躬與門徒自運筋力，雖未雕削，不日而就也。（《上清道類事相》卷一仙觀品）

嚴寄之

　　嚴寄之，字靜處，丹陽句容人也。捨家入道，菜食布衣，體無寸帛也。（《三洞珠囊》卷二貧儉品）

　　嚴寄之，字靜處，丹陽句容人也。輕財好施，拯濟困窮，知識道義，有縣官疾惱，輒潛爲禮貺，事效私辦，酬賽至時也。（《三洞珠囊》卷一救導品）

　　梁帝於石渚館，令嚴寄之於其中，廚醮悉以菜也。（《上清道類事相》卷一仙觀品）

方謙之

方謙之，字道沖，冀州趙郡柏縣人也。入於潛天目山，化被鄉村，改惡行善，請業依仁，迴向大法。掩骼（原注音格）埋枯，周窮濟急也。邵陵王屢遣延請，謙之不與相見。行人至館，嘗或相值而厚加賂遺也。（《三洞珠囊》卷一救導品　案：「柏縣」，《三洞珠囊》亦引作「栢縣」，「栢」乃「柏」之俗字。）

方謙之，字道沖，冀州趙郡栢縣人也。弱齡斷酒，終老手不執杯，雖有疾病，不服湯藥，未嘗鍼灸，任命安危，外身濟物也。（《三洞珠囊》卷一救導品）

方謙之，字道沖，冀州趙郡栢縣人也。外身濟物，齋則六時。六時必十方懺，世中罕能隨者，乃多獨而行道。臨當壽終，廢齋七日而亡也。（《三洞珠囊》卷五長齋品）

張玄徹

張玄徹，字文舉，義陽郡人也。與鄉人張貴孫講說，貴孫忽感風病，不能起居，屏棄學事，躬自料理，出入穢器，瞻視飲食，涉於三年，不以爲累，時人服其義烈也。（《三洞珠囊》卷一救導品）

張玄徹，字文舉，司州義陽郡人也。梁末大亂，相隨入東緣糊口，略存性命，而恒與諸饑人共器煮食。徹性仁讓，不處他先，常推鐺火使人前用，雖有升合熟食，每居後，日日如此，轉就困弊，因之羸瘰，一旦而終，由其後已先物故，遂再其生也。（《三洞珠囊》卷一救導品）

褚雅

褚雅，字玄通，吳郡錢塘人也。梁末時隱句曲山，重施輕財，拯物無厭，營田若熟，以乞貧者。與人共居，常早起灑掃，取水遍以周給，覓樵薪乞人。或夏月種瓜，恣人來取也。（《三洞珠囊》卷一救導品）

章旻

章旻，字高明，宣城人也。手植松檟，他有遺助，一無所留，特好賑施，不畜財產，法赴所收，隨得隨散，每出險難之所，或他有禁物，或同行有礙公私事緣，不能自扶者，旻輒方便負荷，必使過度也。又升壇之夜，祁寒酷烈，旻露左手執燭，至曉不懈。每赴人法事，躬親下役，掃除穢濁，盡其力用。暑必讓帷帳，寒則推衣被也。（《三洞珠囊》卷一救導品）

　　章旻，字高明，宣城人也，乃斥遣妻挐，出家受道，蔬食長齋，常以七尺虛幻，無勞愛惜，隱安吳山靜處，絕根二十餘日，凶人猛獸依其所止，氣命羸微，親賓固請進食，乃暫許之，粗已平復。陳大建元年，更絕飲食，云將護此身，會非長達，無益群生，不營久住，修道立行，何必在此？欲有更勸請者，拒而不納也。(《三洞珠囊》卷五長齋品)

道學傳第十一卷

張澤

　　張澤，字士和，吳郡吳人也。專心道法，沈浮世也。隨時語默，居貧守約，處之無悶也。(《三洞珠囊》卷二貧儉品)

道學傳第十二卷

賈棱

　　賈棱，字玄邈，蜀郡成都人也。少為沙門，值寇還俗，晚來服道，與諸道士亟相是非。暮年抱疾，脣齒不斂，言語謇妨。於妙門法座歎曰：我今此病，必由觸道所招，所撰諸義，多有遺亡也。(《三洞珠囊》卷一救導品)

張法猛

　　道士張法猛。黿潭石渚之陽，立石渚館，請賈棱於館，三年講說。(《上清道類事相》卷一仙觀品)

孟智周

　　孟智周，梁武帝時人也，多所該通。梁靜惠王撫臨神怾，請智周講光宅寺，僧法雲來，赴發講法雲淵解獨步，甚相淩忽，及交往復盛其詞辯，智周敷釋煥然，僧眾歎伏之也。(《三洞珠囊》卷二勒追召道士品)

　　孟智周，丹陽建業人也。宋朝於崇虛館講說，作《十方懺文》。(《上清道類事相》卷一)

道學傳第十三卷

庾承仙

庾承仙，字崇光，潁川鄢陵人也。明《老》、《莊》，至行清儉，布衣莞席，長齋蔬食四十餘年，恒以講說爲務也。（《三洞珠囊》卷二貧儉品）

庾承仙字崇光，潁川人。明《老》、《莊》，隱文江縣白水臺。立廬舍講肆，儒士釋老受其學。隱居江南，累詔不出。後來始興講《道德經》，剖析凝滯。（《太平御覽》卷六百六十六　案：《太平御覽》卷六百七十九引《三洞珠囊》文列有「庾承仙」條，《珠囊》引文多據《道學傳》，似應從《道學傳》中引出，不敢妄斷，姑存疑，附列於後。）

附：

庾承仙字崇光，潁川鄢陵人也。幼聰悟，博極群書。時處士劉弘碩學，尤明《老》、《莊》，隱於荊州之沙州。承仙師之，講習多所該究。家貧無書，每事假借，一覽便誦。（《太平御覽》卷六百七十九）

庾承仙，字崇光，潁川人也。再徵爲本州主簿，不出，又遣就拜，乃閉門幽遁，使者不得前也。（《三洞珠囊》卷二韜光品）

孟道養

孟道養，字孝元，外名援，平昌人也。立性慈仁，全以賑施爲務。饑年多餓死，常作食餉之，每恨貧乏，施與不得稱心也。（《三洞珠囊》卷一救導品）

孟道養，字孝元，外名援，平昌人也。爲性慈仁，布衣周身，蔬食充口，此外蕭然，執行精勤，未嘗殆倦，行道禮拜，不避寒暑也。（《三洞珠囊》卷二貧儉品）

道學傳第十四卷

孫遊嶽

孫遊嶽，字玄達，東陽永康人也。卻粒，餌麻屑、松與木。齊永明三年，敕徵爲興世觀主也。（《三洞珠囊》卷二勅追召道士品）

孫嶽〔一〕，字玄達，東陽永康人也。齊永明三年，〔二〕敕徵爲興世館主，遂密修至道，殷勤誘接，伏膺受業者，常數百人〔三〕。（《上清道類事相》卷一仙觀品　又見於《三洞珠囊》卷一救導品）

〔校記〕

〔一〕孫嶽，《三洞珠囊》作「孫遊嶽」，當據改。

〔二〕「齊永明三年」以下三句，《三洞珠囊》無。

〔三〕人，《三洞珠囊》下有「也」字。

雙子辯

雙子辯者，梁時人也。斷穀休糧，長齋苦行，出廣州布化，南海稱爲主人也。(《三洞珠囊》卷一救導品)

許明業

許明業，扶風赤岡人，梁太清時人。少年出家，長齋蔬食，周行山水，拯濟爲務。是時饑荒人民困乏，明業恒行賑救，來者必給飲食，身率門人作田播種，稻粟微熟，自往遠近，要呼貧者任力收穫。行見寒凍，即解衣以施。隆冬之月，自服單布。每進城中功德，所獲贖物即於主人處散，未曾將出城門。若有病者，諸營功德，方便不赴，命必不全。若至人家，忽匆匆去，此處必有殃禍也。(《三洞珠囊》卷一救導品)

許明業，扶風赤崗人也。少年出家，長齋蔬食。梁太清中爲州刺史南平王請出城北神王館供養，值亂，因入武昌青溪山立館，遠近崇仰之也。(《上清道類事相》卷一仙觀品)

雙襲祖

雙襲祖，字仲遠，梁時人也。初斷穀羸瘦，有富人范欣請爲辯名藥，並給僕使，採之，俄更復常。范氏所給水牛，在山耕積年也。(《三洞珠囊》卷三服食品)

雙襲祖，字仲遠，梁時人也。好讀經，手不釋卷，臨汝侯任郢州經塗要清使，左右以香爐匲一具置襲祖前，更無所言而去。(《三洞珠囊》卷四丹灶香爐品)

雙襲祖，字仲遠，梁天監十四年自往武陵尋丹砂，雜藥公私，施與數十金，皆以賑救窮乏也。(《三洞珠囊》卷四神丹仙藥名品)

道學傳第十五卷

戴勝

戴勝，字世榮，晉陵曲阿人也。少而出家，貧盡，嘗爲鄉人劉表署作。表是將士，好田獵，勝乃棄之，入茅山也。(《三洞珠囊》卷二貧儉品)

陸逸沖

陸逸沖，字敬遊，海鹽陽灄人也。少篤道法，接物則貴賤均意，善於撫眾，爲遠近所依也。(《三洞珠囊》卷一救導品)

鄒榮

鄒榮，字文繪，臨海章安人也。少而出家，爲人幹事，接物不偏也。(《三洞珠囊》卷一救導品)

桓闓

桓闓，字彥舒，〔一〕，東海丹徒人也。梁初，崑崙山渚平沙中有三古漆笥，內有黃素寫干君所出《太平經》三部。村人驚異，廣於經所起靜供養，闓因就村人求分一部，還都供養，〔二〕先呈陶君〔三〕，陶君〔四〕云：此眞干君古本。聞將經至都，便苦勞癙，諸治不愈。陶貞白〔五〕聞云：此病非餘，恐取經爲咎，何不送經還本處。即依旨送，病乃得差耳。〔六〕(《三洞珠囊》卷一救導品　又見於《太平御覽》卷六百六十六)

〔校記〕
〔一〕彥舒，《太平御覽》作「音舒」，《三洞群仙錄》卷十五謂「字清遠」，《太平廣記》則曰「不知何許人也」，未知孰是。
〔二〕「闓因就村人求分一部」以下二句，《太平御覽》無。
〔三〕陶君，《太平御覽》作「陶隱居」，即陶弘景也。
〔四〕陶君，《太平御覽》作「隱居」。
〔五〕陶貞白，《太平御覽》作「陶隱居」。
〔六〕「即依旨送」以下二句，《太平御覽》作「即依，二日送，尋愈」。

道學傳第十六卷

陶炎

陶炎，字愛靜，廬江潯陽人也。年十五六，服食絕穀，初猶食麵，後唯食棗也。(《三洞珠囊》卷三服食品)

殷仲堪

殷仲堪者，陳郡人也。爲太子中庶子，少奉天師道，受治及正一，精心事法，不吝財賄。家有疾病，躬爲章符，往往有應。鄉人及左右或請爲之，時行周救，弘益不少也。(《三洞珠囊》卷一救導品)

孔靈產

孔靈產，字靈產，會稽山陰人也。遭母憂，居喪，以孝聞，〔一〕讌酌珍羞自此而絕，飦蔬布素，志畢終身〔二〕。父在京師，未之知也。後出都定省，見有毀瘠，父惻然，命廚精饌，賜與同味，即奉慈訓，勉彊進口而嚥，遂以成疾。父以仁也，天性不可移，不復逼也。（《三洞珠囊》卷一救導品 又略見於卷二貧儉品）

〔校記〕
〔一〕居喪，以孝聞，《三洞珠囊》卷二貧儉品無。
〔二〕終身，《三洞珠囊》卷二貧儉品下有「也」字，且引文止此。

孔靈產，會稽山陰人也。深研道要，遍覽仙籍。宋明帝於禹穴之側立懷仙觀，詔使居焉。〔一〕遷太中大夫，加給事高皇，賜以鹿巾猨裘竹素之器。手詔曰：君有古人之風，賜以林下之服，登凡之日可以相存之也。（《三洞珠囊》卷二勅追召道士品 又略見於《上清道類事相》卷一）

〔校記〕
〔一〕懷仙觀，《上清道類事相》作「懷仙館」。

道學傳第十八卷

鄧郁之

鄧郁之，字玄達，南陽新野人也。隱南嶽，行則獨往，居無常室，寒暑唯著弊衲，喪不結髮，髮長則剪之，齊永明時人也。（《三洞珠囊》卷二貧儉品）

鄧郁之，字玄達，南陽新野人也。嘗夢一鳥吐印以與之，自是民間有疾，輒以印治救，不爲章符，病者自愈也。（《三洞珠囊》卷一救導品）

諸葛綝

諸葛綝，字茂倫，琅琊人也。奉道清潔，每絕穀。救他人疾及與自治，皆不服藥餌，唯飲勅水，莫不蒙差。太元中，綝眼瞼上忽生瘤贅，便就道門請水澡濯，少日稍差也。（《三洞珠囊》卷一救導品）

濮陽

濮陽，不知何許人也。事道專心，祈請即驗。鄭鮹（原注音啼）女脚患跛

覽，就陽請水濯足，餘以灌庭中枯棗樹，棗樹即生，腳亦隨差。晉簡文既廢世子，而後無息，陽時在第，密爲祈請，三更中有黃氣，起自西南。徑墮室爾，夜李太后即懷孝武，冥道之力。（《三洞珠囊》卷一救導品）

婁安樂

婁安樂，譙國人也。妻傅氏，患風瘡十餘年，治之百方不差，唯專道門，願得濟免。宋元嘉七年六月，天暴風雨，安樂兄屋崩倒，傅懼己室方壞，將致頹壓，忽走出中庭，忘己腳疾，於是復常，由其信法故也，豈醫藥之足賴哉！（《三洞珠囊》卷一救導品）

沈法義

沈法義，字世貞，吳興武康人也，住崟崿山。大弘道士每以正月十五日招集道俗，建邑齋，繞山續明也。（《三洞珠囊》卷五長齋品）

倪道存

宋長沙王爲東海丹徒人倪道存起淳栢經臺也。（《上清道類事相》卷三）

道學傳第十九卷

嚴智明

齊明帝有疾〔一〕每引法眾於內殿行道，聞晉陵道士嚴智明，字慧識，在眾中詠經，〔二〕甚懷賞悅，云疾爲之愈，及法席既解，智明還外，帝夜中每處不得安寢，〔三〕勅呼智明對御轉誦，即覺歡怡〔四〕，降長勅給傳詔車牛，出則施贖，道俗榮之也。（《三洞珠囊》卷一救導品　又見於《太平御覽》卷六百六十六）

〔校記〕

〔一〕明帝有疾，《太平御覽》上有「嚴智明字惠識，晉陵人也。授性有善聲，幼工誦詠聲。」數句。「惠識」，《三洞珠囊》作「慧識」。

〔二〕「聞晉陵道士嚴智明」以下三句，《太平御覽》無。

〔三〕帝夜中每處不得安寢，《太平御覽》作「帝中夜不安寢」。

〔四〕歡怡，《太平御覽》作「歡」，當有脫漏，且《御覽》引文止此。

徐師子

徐師子，字德威，東海人也。出家蔬食，〔一〕陳武帝立宗虛大觀〔二〕，引師子以爲觀主〔三〕。後六七年卒于館，〔四〕文皇勅賫祕器，〔五〕並無常與。凡

厥喪事皆取給臺焉。(《三洞珠囊》卷二勅追召道士品　又見於《上清道類事相》卷一仙觀品《太平御覽》卷六百六十六)

〔校記〕

〔一〕出家蔬食，據《上清道類事相》補入。

〔二〕宗虛大觀，《上清道類事相》作「宗虛大館」，《太平御覽》作「宗靈大觀」。

〔三〕師子，《太平御覽》作「德威」；「以爲」，《上清道類事相》作「爲其」，且引文止此句，《太平御覽》作「爲」。

〔四〕此句，《太平御覽》作「後卒」。

〔五〕文皇勅賷祕器，《太平御覽》作「文皇救賷秘器葬焉」，且引文止此。

道學傳第二十卷

傅禮和

傅禮和北地人，漢桓帝外甥侍中傅建之女也。得道度入易遷宮中，爲含眞臺之主也。(《上清道類事相》卷三寶臺品)

李令稱

李令稱者，廬陵女人也。少出家離俗，入廬山，於千福鄉延靜里造精舍，名曰華館。(《上清道類事相》卷一仙觀品)

梁元帝世子方等疾篤，徐妃攝心潔己，遣人到女官李令稱華林館作功德。妃夜夢見二青衣童子，容服異凡，稱華林侍童，被使相告：疾者，爲取觀壇石，宜送乃瘥。覺即問世子。世子云：近造山池取用。遣送還，並遣侍讀王孝祀入山，更建齋懺謝，世子即愈之也。(《三洞珠囊》卷一救導品)

暨慧琰

暨慧琰，吳興餘杭人也。幼出家，爲比丘尼，後捨尼爲女道士，遂入居天目山，斷穀服食。人有疾，急施一符，莫不立愈也。(《三洞珠囊》卷一救導品)

暨慧琰居於潛天目山學道，蟬蛻之後，依俗禮葬之。數年中，忽有聞山蓋山，訇然如雷霆之聲。鄉人往看，見棺版飛空，上片落南村，今爲上片村，底版落北村，今爲下版村。兩邊版同在一處，今爲版同村。因此昇天也。(《仙苑編珠》卷上)

張元妃

張元妃，字淨明，居曲阿蔡坡村，〔一〕後出都造至德館於東府城北。梁武時也，又請以後屏跡茅山，復於南洞造玄明館，絕穀休根，專事吐納也。以永定三年往海虞山，於南沙丘館告化，還葬茅山也。（《上清道類事相》卷一仙觀品　又見於《三洞珠囊》卷八相好品）

〔校記〕

〔一〕居曲阿蔡坡村，《三洞珠囊》上有「寓」字，下有「年十一便能長齋也」一句，且《三洞珠囊》引文至此。

宋玉賢

女冠宋玉賢，會稽山陰人也。既稟女質，厥志不自專，年及將笄，父母將歸，許氏密具法服，登車既至夫門時，及六禮，更著黃布裙褐，手執鵲尾香爐，不親婦禮，賓主駭愕，夫家力不能曲，棄放還本家，遂成出家也。（《三洞珠囊》卷四丹灶香爐品）

蕭貞

女官蕭貞，東海丹徒人也。少離家入遺山學道，唯餌柏葉也。（《三洞珠囊》卷之四絕粒品　案：蕭貞，又名蕭廉貞）

蕭廉貞入遺山學道，年四十，唯餌栢葉，採諸花爲丸。又取桑葉，雜黃精木煎等服。年八十，白髮黑，落齒生。常誦《黃庭經》，每有虎伏在牀前，欲起，先以杖子驅虎，如犬前行。（《仙苑編珠》卷中）

錢妙真

女眞錢妙眞幼而學道，居句曲洞山，年八十三，誦《黃庭經》數滿，乃與親友告別，服黃白色藥了，乃入燕洞，經宿。明晨，女冠道士競往候之，忽聞洞有雷霆之聲，見龍鳳之車，自西北而來，載以昇天也。（《仙苑編珠》卷上　案：「燕洞」，《御覽》皆作「鷰口洞「。）

昔晉陵人錢妙眞，於茅山鷰口洞得道，門人立碑于茅山。劭陵王爲觀序，今具存焉。（《太平御覽》卷六百六十六）

茅山鷰口洞，女冠錢妙眞登壇處也。（《太平御覽》卷六百七十四）

王道憐

王道憐，彭城女人也，志願出家，乃入龍山貨貿衣資，自造館宇，名曰

玄曜重閣，連房不日而就，壯而甚速，有若神助也。(《上清道類事相》卷二樓閣品《初學記》卷二十三略有節引。)

女眞王道憐，七歲知道，市香油供養。甘蔬素，不衣繒綵。受《三洞經》，晝夜習誦。初入龍山造宮宇，號曰玄曜，有若神。三壇東南忽生一樹，狀如籠蓋，周蔭一壇，五葉相對。時人莫識，呼爲貝葉。又有玉函，降於壇上，有光。誦經滿萬，有雲輿來迎，迅雷烈風，香氣滿空也。(《仙苑編珠》卷下)

不知卷數者

黃帝

黃帝，少典之子，姓公孫，號常鴻氏，一號歸藏氏，又有縉雲之瑞，亦號縉雲氏赤多白少曰縉，又有土德之瑞，故號曰黃帝。弱而能言，聖而預知，好道希妙，故爲道家之宗也。(《皇帝錄》卷一)

夏禹

夏禹撰眞靈之玄要，集天官之寶書，以南和繪。〔一〕封以金英涵〔二〕，檢以元都印〔三〕。原禹之先，得玄女之法，標其二五九跡之術，承舜命，鑿龍門，開九江，遇巨石則施之。一鳴其術，石立銷金。呼禹步，修神仙之術，開鑿洞天，盡立五嶽名山，形撰《靈寶文》。(《路史》卷二十二后紀十三　又見於《文選》卷三十一江文通《雜體詩》三十首注　案：陳國符置於第二卷，未知何據。)

〔校記〕
〔一〕以南和繪，《文選》作「書以南和丹繪」。
〔二〕金英涵，《文選》作「金英之函」。
〔三〕元都印，《文選》作「玄都之印」，「元都」，應爲玄度，宋人因避諱而改字。《文選》引文止此。

禹封五符以金英之函，檢以玄都之印。(《太平御覽》卷六百七十六)

顓頊高陽氏　堯　舜

顓頊高陽氏，乘結元之輦，北巡幽陵，南巡交阯，西巡遊沙，東巡蟠木。山水之神，動植之類，日月所照，莫不屬焉。周旋八卦，諸有洞臺之山、陰宮之丘，帝召四海神，使運安息國天市山寶玉，封而鎮之。鑄羽山銅爲寶鼎，各獻一所於有洞之山。(《仙苑編珠》卷上)

堯爲太微眞君，舜爲太極眞君。（《道德眞經廣聖義》卷八）

吳王闔閭

吳王闔閭得眞文不解，封以黃金之檢，印以玉皇之章，以問魯大夫孔子。（《太平御覽》卷六百七十六）

漢武帝

王母，二玉女侍王母上殿，戴火眞晨纓之冠，履玄瓊鳳文之舃。（《太平御覽》卷六百七十五）

西母結大華之髻，戴太眞晨纓之冠，履玄瓊鳳文之舃。（《太平御覽》卷六百七十五）

王母云：此《靈光生經》聽四千年得傳一人。無其人，聽八千年頓傳二人。授非其人，是爲泄天道。可傳而不授，是爲閉天寶。不計限而妄授之，是爲輕天老。授而不敬，是爲慢天藻。泄、閉、輕、慢四者，延禍之事也。同道謂之天親，同心謂之地愛，傳授當相親愛，共均榮辱。（《太平御覽》卷六百七十九）

漢武帝自撰西王母所說，集爲一卷，及所與經圖之屬，盛以黃金之幾，封以白玉之函，安著柏梁臺上。（《太平御覽》卷六百七十九）

司馬季主

司馬季主賣卜於長安市，時宋忠、賈誼爲中大夫，見之，謂曰：先生業何卑乎？對曰：夫內無飢寒之累，外無劫奪之憂，處上無殺，居下無害，斯君子之道也。鳳凰不與燕雀爲羣，公等何知？後宋忠抵罪，賈誼感結也。竟不知季主所在。（《仙苑編珠》卷中）

茅濛

茅濛，字初成，即三茅君之高祖也。師鬼谷先生，以秦始皇三十一年，於華山乘雲駕龍，白日昇天也。（《仙苑編珠》卷中）

鮑靚

鮑靚乃葛洪妻父，於羅浮山俱得道。（《仙苑編珠》卷下）

鮑靚字太玄，上黨人也。漢司隸鮑宣之後，稟性清惠，學通經史，修身養性，蠕而兗切。動不犯。聞人之惡，如犯家諱，人多從授業。楊道化物，號曰儒林。（《太平御覽》卷六百六十六）

鮑靚字太玄，乙太興元年八月二十日步道上京。行達龍山，見前有一少年，姿容整茂，徒行甚徐，而去殊疾。靚垂名馬，密逐數里，終不能及，意甚異之。及，問曰：視君似有道者。少年答曰：我中山陰長生也。(《太平御覽》卷六百六十三）

介像

介像字元則，會稽人也。學通五經，能屬文。後學道，聞有《還丹經》，周疑天下求之，不得其師。乃入山精思，遇一人，授以《還丹經》，告曰：得此便仙，勿復他爲也。乃辭歸。像嘗往弟子駱延雅舍，帷下平床中，有諸生論左氏義不平，像旁聞爲辨正。諸生知非常人，密表薦于吳主。像欲去，吳主詔至武昌，甚尊異之，稱爲介君。爲賜弟供帳，黃金千斤。像後告病，須臾便死。詔葬之，爲立廟。先生時躬祭，常有白鶴集座上，徘徊而去。(《太平御覽》卷六百六十三　案：陳國符謂此節錄《神仙傳》，見《廣記》卷十三。）

李根

李根，字子側，許昌人也。昔往壽春吳太文家，弟子知根有道術，竊窺視其器，見《素書》一卷，自記學道、服藥時日。又太文說根目瞳子方，根乃地仙耳。(《太平御覽》卷六百六十三）

伯山甫

伯山甫者，雍州人也。入華山中二百年，不到人家，即言人先世以來善惡功過，有如臨見。又知方來吉凶。(《太平御覽》卷六百六十三）

劉政

劉政，沛人也，高才博物，尋考異聞。苟勝己，雖隸奴，必師事之。求養生之術，餌丹，年四百餘歲。(《太平御覽》卷六百六十三）

王烈

王烈，字長休，邯鄲人也。常黃精及鉛，二百餘歲，行步若飛。博極群書，嵇甚重之。數數就學，共入太行山，見山裂，有青石髓流出。烈取髓，丸之成石，氣如米飯，嚼之亦然。烈因攜少歸，欲遺康。康取而視之，已成青石，擊之錚錚。康即與往視斷山，山已如故。烈入河東抱犢山，見一石室，室中有石架，架上有素書二卷，莫識其字。暗記數十字以示康，康盡識之。烈喜，乃與康共往讀之。至其所，失其石室。烈私語弟子曰：叔夜來，合得

道故也。按《神仙經》云：神仙五百年，山輒一開，其中石髓出，得而服之壽老。烈後莫知所之。（《太平御覽》卷六百六十三）

步正

步正者，字玄眞，巴東人也。說秦始皇時事，了如目前。漢末，將數十弟子入吳，授以服氣及石髓方小丹法，年四百歲。（《太平御覽》卷六百六十三）

焦光

焦光字孝然，河東人也。常食白石，賣如芋。每入山伐薪，負之與人。魏授禪，與人別去，不知所適。（《太平御覽》卷六百六十三）

孫登

孫登，不知何許人，常止山門，穴地而坐，彈琴讀《易》。多單衣，天大寒，人視之，被髮丈餘，自覆薯。歷世見之，顏色如故。更無餘資，亦不食。時楊駿爲太傅，使迎，問之不答，駿遺布袍，登出門借刀斷袍，上下異處，置駿門下，知駿當服誅。時曾稽、嵇康曾詣登，登不與語。康乃扣難之，登彈琴自若。久之，康退。登曰：康才高識寡，劣於保身。（《太平御覽》卷六百六十三）

帛和

帛和字仲理，遼東人也。入地肺山，事董奉。奉以行氣服術法授之，告和曰：吾道盡此，不能得神丹金沙，周遊天下，無山不往。汝今少壯，廣求索之。和乃到西城山事王君。君語和《大道訣》曰：此山石室中，當熟視北壁。當見壁有文字，則得道矣。視壁三年，方見文字，乃古人之所刻，刻《太清中經神丹方》及三皇天文大字《五嶽眞形圖》，皆著石壁。和諷誦其萬言，義有所不解，王君乃授之訣曰：作地仙在林慮山。（《太平御覽》卷六百六十三）

宮嵩

宮嵩，琅邪人也，能文，著道書二百卷，服雲母爲地仙。（《太平御覽》卷六百六十三）

李常在

李常在，蜀郡人也，少治道術，世常見之在虎壽山下。（《太平御覽》卷六百六十三）

王遠

　　王遠字方平，常降蔡經家。須臾，麻姑至，騎從半於方平。麻姑手爪如鳥，經私心曰：時背癢，得搔之佳也。方平曰：姑神人，汝何遽此？遂鞭之。經願從方平學道，方平使背立，從後觀之曰：心邪，不可教之仙道。乃與度世術。（《太平御覽》卷六百六十六）

葛洪

　　葛洪，字稚川。讀書萬卷。求勾漏令，意在丹砂。著內外篇，凡一百一十六篇，碑、誄、詩、賦百卷，檄、章、牋、表三十卷，《神仙傳》十卷，《良史傳》十卷，《隱逸傳》十卷，《集異傳》十卷，抄五經史百家之言方雜事三百一十卷，《金匱藥方》百卷，《肘後要方》四卷。年八十一，兀然若睡而蛻。（《仙苑編珠》卷上）

鄭思遠

　　鄭思遠，葛洪之師也。嘗於山巖間收得虎子兩頭，其母已死，君餧飼之。長大，俄有一雄虎來菴前，乃二虎之父也。三虎出入相隨，駝藥囊經書。隱於括蒼山，仙去。（《仙苑編珠》卷上）

張允之

　　張允之，吳郡嘉興人也。少而出家，依隨師友，五年被敕爲茅山南洞崇元館主，後館前別地爲金陵館，靜隔人物，修習至道焉。（《上清道類事相》卷一仙觀品）

　　茅山南洞，有崇元觀，道士張允之觀前別地爲金陵觀。（《初學記》卷二十三）

成童孫

　　成童孫，字安仁，義興國山縣人也。性識沉敏，獨立不羣，少年出家，長齋蔬食，遠近賞揖，莫不增信。梁天監十六年，敕爲靜心館上座，儀軌一眾，甚有風德也。（《上清道類事相》卷一仙觀品）

殷法仁

　　殷法仁，字茲道，陳郡陽夏人也。少而出家，勤習誦，長齋茶食。有陳文訶，京師富室，起義仙館，請法仁居焉。（《上清道類事相》卷一仙觀品）

王靈璵

九眞館，晉陵曲阿人王靈璵字善寶之所住，專修上道也。敕給館民二百，館戶金繒香藥，事事豐多。（《上清道類事相》卷一仙觀品）

謝暄

謝暄，字元映，陳郡陽夏人也。長齋荣食專務修道。上虞山剪棘開路，成立山館，有若神功也。（《上清道類事相》卷一仙觀品）

苲定

苲定，字叔安，信義南沙人也。好神仙，弱年入海虞山，師謝暄。暄見其有志，令住元陽館，看視朱公經也。又於元腸館右別立精舍，絕人行也。（《上清道類事相》卷一仙觀品）

王僧鎮

王僧鎮，梁州晉壽人也。乃於判州安陸起福堂館，還過郢州，又起神王館，並極華整。又於衡嶽起九眞館。（《上清道類事相》卷一仙觀品）

荆州長史柳悅啓，割城西棲霞樓下羅含章臺爲國家造館，留梁州晉壽人王僧鎮爲館主也。宋世宗明皇帝開嶽以禮眞命，築館以招幽逸，乃鑽峰構宇，刊石裁基，聳桂樹於霞巘，架椒樓於煙壑，風闈竮鳳，月戶懷仙，求道望於海隅，簡素德以居之也。（《上清道類事相》卷二樓閣品）

薛玉寶

薛玉寶字延世，沛國人也。梁時師玄圃先生，以文章見美。善書翰，嘗書一章於崇靈觀道正省壁上，見者翫之也。（《太平御覽》卷六百六十六）

李景遊

太守王亮、縣令顧撝，永明中啓臺於郊，爲晉陵人李景遊字慧觀立樓眞館，將欲締構之夕，夢見淹成王施柱二十，助立道場，尋至城中水處，即見枏柱滿水，取既滿數便沒。俗言他淹成王是戰國時人也。（《上清道類事相》卷一仙觀品）

楊超

楊超，字超遠，東海人。梁時入吳包山爲林屋館主，門徒盈千人。又爲華陽館主，於華陽之東別立招眞館焉。（《上清道類事相》卷一仙觀品）

馮法先

馮法先，字法遠，晉陵曲阿人也。陳時茅山起崇元館，莫不壯麗。陳武帝初，晉陵有一僧，死得七日，云天堂有一處正構立大堂，云擬茅山馮先生。此僧更活，欲來山中訪覓，驗其所見於山下見山中人出，訪問知有此公，猶在世也。(《上清道類事相》卷一仙觀品)

張裕

張裕，天師之十二世孫，少小出家，梁天監中於虞山起招眞館居之，能致仙道也。(《上清道類事相》卷一仙觀品)

張裕，天師十二世孫，起招眞觀植名果，盡山棲之趣。梁簡文爲製碑。(《太平御覽》卷六百六十六)

杜京產

杜京產，建武初徵之。產曰：莊周持釣，豈爲白璧所回避！不就。會稽孔道徵亦守志，產與友善。(《太平御覽》卷四百九)

劉法先

劉法先，彭城人也。時顧歡著道經義，于孔德璋多有與奪。法先與書討論同異。顧遂屈服，乃答曰：吾自古之遺狂，水火不避。得足下此箋，始覺醒悟。既往狂言，不足在怪。又云法先每見道釋二眾，亟相是非，乃著息爭之論。顧歡又作《夷夏辯》，或及三科，論明釋老同異。(《太平御覽》卷六百六十六)

宋文帝爲陸先生置崇虛館，劉法先爲館主，封國師。董率法，彭城人也。宋明帝徵爲崇虛館主。(《上清道類事相》卷一仙觀品)

張詵

張詵，吳郡嘉興人也。善玄言，屢講老子，修行上道，討論上經，人自遠來集也。詵尋求眞祕，甚識宗尚。(《太平御覽》卷六百六十六)

陳景尚

陳景尚，吳人也。善講誦，道釋中皆不能及。製《靈書經》，大行於世。梁劭陵王甚重之，召景尚隨王之郢，終於江夏。(《太平御覽》卷六百六十六)

曹寶

曹寶字世珍，丹陽人。善爲步虛兩京冠，絕貴，遊見者皆稱賞焉。（《太平御覽》卷六百六十六）

史襲先

史襲先，字繼道，吳人也。捨妻長齋，起館。梁武帝嘉之，賜名曰大通玄館也。（《上清道類事相》卷一仙觀品）

王遠起

王遠起，太原人也。善禮懺，領集眞館主。三周行道也。（《上清道類事相》卷一）

淳于普洽

淳于普洽，字法洞，吳郡人也，少出家。市北有石名生，捨宅爲館，名爲崇信，以普洽爲館主也。（《上清道類事相》卷一仙觀品）

許靈眞

許玉斧玄孫靈眞，梁代在茅山敕爲立嗣眞館，以褒遠祖之德也。陶隱居所住朱陽館，即是許長史舊宅也。（《上清道類事相》卷一仙觀品）

宋初長沙景王就許長史宅地之東，起道士精舍。梁天監十三年，敕貿此精舍立爲朱陽館也。宋明帝召陸先生權住驃騎航䞵，客子精舍，勞問相望，是知精舍通在三教稱之也。（《上清道類事相》卷一仙觀品）

蕭子禕

陳高祖於義仙館發講。蘭陵人蕭子禕，字虔華，被褐起座，捨所造織成經巾，以充供養。禕後卒，法式經書，悉入公家安國館，經巾至今猶存也。（《上清道類事相》卷一仙觀品）

梁世祖於天目山立太清館，招諸道眾同來憩止也。（《上清道類事相》卷一仙觀品　案：陳國符謂此條附於蕭子禕條後，故錄此。）

黃觀子

上清左卿黃觀子學道，服金丹，讀《太洞經》得道。東府左卿白玉生有煮石方，文德右仙監張叔隱授青精方。太清右公李抱祖，岷山人，授青精餾飯方。（《太平御覽》卷六百六十九）

陳尼公

陳尼公者，蓬萊仙人也。服磁母石、銀蜚通、千秋耳。有弟子十二人，皆得其方而仙度也。（《仙苑編珠》卷中）

樂鉅公

樂鉅公者，宋人。獨好黃老，恬靜不慕榮貴，號曰安丘丈人。（《太平御覽》卷五百一十　案：陳國符引《太平御覽》卷五百七引皇甫謐《高士傳》列於樂鉅公條後，未知何據，姑存疑，列於後：樂臣公者，宋人也。其先宋公族，其後別從趙趙其族樂毅顯名於諸侯，而臣公獨好黃老，恬靜不仕。及趙為秦昭王滅，臣公東之齊，以《老子》顯名，齊人尊之，號稱賢師。趙人田叔等皆師事之。）

謝允當

歷陽謝允當見餓虎閉在檻弈，允當愍虎之窮，關而出之，虎伏地良久乃去。（《三洞群仙錄》卷十九）

孔總

孔總，會稽山陰人，逸操不群，惟有一奴自隨。奴善吹笙，總為洛生詠，與之相對而已。（《太平御覽》卷五百一十）

宋文同

宋文同字文明，吳郡人也。梁簡文時，文明以道家諸經莫不敷釋，撰《靈寶經義疏》，題曰謂之通門。又作大義，名曰《義淵》，學者宗賴，四方延請。長於著撰，訥於口辭。（《太平御覽》卷六百六十六）

庚承仙

荊州有始興館，穎州庚承仙講道經於其中。（《上清道類事相》卷一）

梁元帝時人律曰安靖，治於天德。天德者，甲乙丙丁之地也。民家曰靖也，師家曰治也。長一丈八尺，廣一丈六尺。凡佩仙靈符籙治職，皆須安治法座也。（《上清道類事相》卷一）

項託

萬流屋者，乃項託之所居。（《上清道類事相》卷四）

王元規

金簡有王元規之筆跡。(《太平御覽》卷六百七十六)

佚名

若六行未通，宿植市少，則入中品，以爲屍解遁變也。降此以下，是正服御。功行淺劣，則入階下階。勝者則滅度更生，更生之後，修道隨功多少，方始得道。(《太平御覽》卷六百六十四)

張元始復于茅山南洞，造玄明觀。(《初學記》卷二十三)

洞室中有金城玉屋，眞文所在也。(《上清道類事相》卷四　又見於《太平御覽》卷六百七十三)

四方有玉柱，題曰九泉洞庭之墟。(《上清道類事相》卷四)

沿室中有太陰堂，龍威丈人所見眞文之所處也。(《太平御覽》卷六百七十四)

《高上老子內傳》　周尹喜撰

《高上老子內傳》，《三洞奉道科戒營始》卷四著錄一卷，《隋書·經籍志》未著錄，《舊唐書·經籍志》著錄爲《高士老君內傳》三卷，尹喜、張林亭撰，《新唐書·藝文志》著錄爲尹喜《高士老君內傳》三卷，《冊府元龜》著錄文尹喜爲函谷令撰《高士老君內傳》三卷，《崇文總目》著錄爲《老子內傳》三卷，《通志》則著錄《老君內傳》三卷，尹喜撰，元釋祥邁《大元至元辨僞錄》卷二亦有著錄，不題卷數、作者。「高士」，近人陳國符認爲乃是「高上」之誤，誠是。《高上老子內傳》，或作《老子本記》《老君本記》，有一卷本與三卷本之別，三卷本乃是唐人張林亭據一卷本擴編而成，今所見佚文《初學記》、一切道經音義妙口由起》徵引可以確定爲唐之前一卷本內容，敍老子出生、學道等神異之事。

太上老君姓李氏，名耳，字伯陽。其母曾見日精下落，如流星飛入口中，因有娠，七十二歲而生。常有五色雲繞其形，五行之獸衛其堂，於陳國渦水李樹下，剖左腋而生。(《初學記》卷二十三)

鶴髮龍顏，廣頓長耳，大目疏齒，方口厚脣。額有參牛達理，日角月懸，鼻純骨有雙柱。耳豎大三門，頂有日光。身滋白血，面凝金色，舌絡錦文。形長一丈二尺，齒有四十八。受元君神圖寶章變化之方，及還丹伏火水汞液金之術，凡七十二篇。(《初學記》卷二十三)

老君從李母左腋而生。初李母晝寢，夢太陽流光入口，因而吞之，遂覺有娠，屯十二年於李樹下生。老君指樹曰：「此爲我姓也。」至幽王時，老君從十二玉女、二十四仙人，並與鬼谷等俱乘白鹿，出西關，北之昆侖矣。(《道藏》太平部《一切道經音義妙口由起》)

《關令尹喜內傳》　周鬼谷先生撰

《關令尹喜內傳》，又作《尹喜內傳》《眞人關令尹喜內傳》《關令傳》《關令尹喜傳》《文始先生無上眞人關令內傳》《關令內傳》，《隋書‧經籍志》著錄有《關令內傳》一卷，題爲鬼谷先生撰，兩《唐志》著錄《關令尹喜傳》一卷，鬼谷先生撰、四皓注。鬼谷先生有《鬼穀子》，見《隋書‧經籍志》三子部縱橫家。四皓，《漢書‧張良傳》顏師古注：「謂園公、綺里季、夏黃公、角里先生。」《通志》卷六十七亦著錄爲《關令尹喜內傳》一卷，鬼谷先生撰。《關令尹喜內傳》所述乃尹喜降生神異、函谷關師事老子以及從老子西遊西王母處等事，以《三洞珠囊》所述之事最爲詳備，與《老子化胡經》相表裏，蓋爲僞書，且風格不類先秦與，或爲六朝小說家言，疑非是鬼谷先生撰，今不能定，姑存之，以備一說。又《終南山說經臺歷代眞仙碑記》中有《九天仙伯文始先生無上眞人傳》即是尹喜傳，《碑記》乃是《樓觀先師傳》之節錄本，或即三國梁湛所傳之《樓觀先生本行內傳》中傳記，所記諸事，皆不見於史文，故附列於後。《歷世眞仙體道通鑒》卷八所記《尹喜傳》，所記諸事，亦不見於史文記載，又晚出與元末明初，或非漢魏六朝之文，今只述其出處，不再附列原文。

關令尹喜，周之大夫也。母氏嘗晝寢，夢天下絳綃，流繞其身，見長人語，令咽之，既覺，口有盈味。及眞人生時，有雙光若日，飛遊其側，室內

皆明，良久不知所在，〔一〕其家陸地自生蓮華〔二〕，光色鮮盛。〔三〕眼有日精，姿形長雅，垂臂下膝，堂堂有天人之貌，少好學墳素，善於天文秘緯，仰看俯察，莫不洞徹，雖鬼神無以匿其真狀，老子感焉。未至九十日，關令登樓四望，見東極有紫氣西邁，喜曰：「夫陽氣盡九，星宿值合，歲月並王，復九十日之外，法應有聖人經過京邑。」至期，乃齋戒，其日果見老子。（《藝文類聚》卷七十八　又略見於《太平御覽》卷八、卷五十六《事類備要》前集卷五十八《事文類聚》前集卷四十四《記纂淵海》卷一百七十五）

〔校記〕

〔一〕「母氏嘗晝寢」以下十二句，《太平御覽》卷八作「當喜在胎之始，其母夢絳霄，流繞其身，有長人謂曰：『汝咽之。』既覺，口盈味，屋生雙光，若日，飛流滿堂，良久不知所在」，引文僅此十二句。

〔二〕「其家陸地」句，《太平御覽》卷五十六、《事類備要》前集、《事文類聚》前集、《記纂淵海》上皆「有關令尹喜生時」一句，且引文始於此。其家，《太平御覽》卷五十六下有「堂」字；自生蓮華，《事類備要》前集作「自生花」。

〔三〕《太平御覽》卷五十六、《事類備要》前集、《事文類聚》前集、《記纂淵海》引文止於此。

周無極元年，歲在癸丑冬十有二月二十五日，老子之度關也。關令尹喜勑門吏曰：「若有老公從東來，乘青牛薄板車者，勿聽過關。」在後果見老公如是，求度關。關吏不許，以關吏之言白之。老公曰：「吾家在關東而田在關西，欲往採樵，幸聽度之。」關吏再不許入，白關令。令即出迎，設弟子之禮。老公故辭欲去，關令殷勤北面事之。老子許之，住也。老子時有賃客，姓徐名甲，日雇錢一百。老子先與約語，當頓還卿直，然須吾行達西海大秦安息國，歸以黃金頓備錢限。甲既見老子方欲遠遊，疑遂不還其直。爾時有美色女人聞甲應得多錢，蜜語甲曰：「何不急訟，求其直，吾當為子妻。」甲惡意因成，即舉詞詣關令，訴老子求錢。關令以甲詞呈老子。老子曰：「吾祿貧薄，無僕役，前借此人，先語至西海大秦安息國，歸頓還黃金備直限，其何負約，見訟耶？」甲隨老子二百餘歲，應還七百萬。老子謂甲曰：「吾昔語汝，至西海大秦安息國，歸頓以黃金相還云，何不能忍辱，今便興詞訟我，汝隨我已二百餘歲，汝命早應死，賴我太玄長生符在爾身耳。」言畢，見太玄長生符飛從甲口出，還在老子前，文字新明，甲已成一聚白骨。喜既見甲違心便死，意復欲觀老子起死人。因曰：「喜當代還此直，即具錢來，伏願赦甲往罪，賜其更生。」老子潛之，曰：「善！此本非吾曠甲，甲負先心，道自去之。」老

子復以向符投其枯骨，甲即還生如故。喜具爲說之，甲方叩頭謝罪。老子令
還汝直，謝遣之也。老子以上皇元年歲在丁卯正月十二日丙午下爲周師也。
周道將衰，王不修德，弗能以口道德治民，此淫亂之俗不可復，師故微服而
行，吾將遠遊矣！喜復作禮曰：願大人爲我著書，說大道之意，喜得奉而修
焉。老子以無極元年歲在癸丑十二月二十八日日中作《道德經》上下二篇，
以授喜。老子辭別欲行。喜曰：「願從大人遠遊，觀化天地間可乎？」老子曰：
「我行無常處，或上天，或入地，或登山，或入海，或在戎狄蠻貊非人之鄉、
鬼神之邦、嶮難之中，觀化十方，出入無間，坐在立亡，子以始受道諸穢未
盡，焉得隨吾遠行耶！子且止誦此二卷經萬遍，道成乃可從吾遠遊。子道欲
成時，自當相迎，今未得去也。」老子臨去則告曰：「子千日以後於成都市門
青羊之肆，尋吾乃可得矣。」喜奉教誦經萬遍，千日之後身乃飛行，入水蹈
火並不熱溺，今道已成，乃往成都市門青羊之肆尋老子，經日不見，盡夜感
念，到九日見一人來買青羊，由是乃悟，問使人曰：「子何故日日買此青羊耶？」
人答曰：「吾家有貴客，好畜青羊，故使我買之也。」喜曰：「吾昔與彼客有
舊，因期於此，子能爲我達之不？」因以珍寶獻之。使人曰：「諾，君但體我
去，當爲具白此意。」喜曰：「若然，白客言關令尹喜在外。」使人如其言白
之。老子曰：「令前。」拂衣而起，登自然蓮華之座，問喜曰：「別後三年之
中，子讀經何得何失？」喜拜而自陳曰：「奉教誦經，令喜得常存不死也。」
老子曰：「子昔願從吾遠遊，道已成可以遊觀大地八紘之外也。」喜曰：「弟
子宿願始申矣，無復所恨。」老子於是命駕遠遊天地之間，變化諸國也。後
入嚴賓國闍崛之山精舍中行道。廚賓王出遊，問曰：「此何等人？」侍者曰：
「道士耳。」王曰：「道士乃幽隱在此乎？」後日復遊見之，王曰：「何修也？
可以致福。」老子曰：「齋戒中食，讀經行道，上可得至眞，不死不生，教化
出入在意也；下可安國隆家，亦可從轉身得道，度世入無爲。」王曰：「善哉！
後日出遊，復見之。」王曰：「道士道法最何爲貴耶？」道士曰：「吾道貴自
然，清靜無爲，及齋戒行中食，燒香可從生天可從生王侯家得可從道度世以
此爲上。」王曰：「善！寡人欲請道士中食行道，可乎？」道士曰「爲欲請幾
人耶？」王曰：「悉請也。」道士曰：「徒眾多，難可悉供也。」王笑曰：「寡
人大國，何求不得，而云不能供耶？道士曰：吾道士固曰貧道，依附國王，
致有珍寶，盡是王物。今先欲請王國人中食，以爲百姓祈福，可乎？王曰：
善！但恐道士無以供。道士曰：足有供之，願王枉駕。王曰：刻日當到。

道士遂先請及群臣國人也，皆使仙童玉女及四方飛天人請男女一十四日，都畢，王歎曰：貧道士尙能作大福如此，我大國王何所乏無而言不能供之耶？刻日請道士徒眾，大會道士，到皆引諸天聖眾九品仙人，四十餘日，人來不盡，後方日日異類，或胡或傖，或吳或楚，或長或短，王倉庫已半，人猶未止。王曰：如道士言，此人眾何其多吾？誠恥中殆，令無供具，忽生惡念。曰：吾恐此老公是鬼魅，非賢人。道士可速收縛，積薪市中，燒殺之，以示百姓。於是遂縛老子徒眾等。老子爾時任其所作，聚薪都市。老子語喜及諸從眞人：卿但隨我上此薪上，傾國人悉·來視之，終不能害我等也。如是國人視之，其善心者皆難吒我王。何故？強請道士而中道燒之，可憐可念！火起衝天，國人因見，老子亦放身光滿天下，老子與喜及諸眞人在炭煙之中，坐蓮華之上，執《道德經》詠之。及火勢盛，猶在炭上，坐不去。王問老公已死耶？使者曰：老公故在炭上誦經。王又令沉老公深淵。後隨王入淵，入淵不溺。國人見老子放光，神龍負之，龍光亦照淵，方誦經並不能爲害。王問：道士等已死乎？使者曰：投之深淵，龍王出負之，老公放光，照滿國內，復不死不溺，當如之何？王曰：燒之不死，沉之不溺，吾末如之何？王顧謂群臣曰：恐彼老子將天師聖人乎？今欲事之，何如？群臣曰：善！恐老公徒嗔，將亡國也，願王卑詞謝之。王曰：正爾。自詣卻說前事，謝罪云云。老公曰：前我語王，恐王不能供之云云，而反燒我師徒，何逆天無道耶？上天不許王之橫殺無辜，此乃天見我無罪，故得度險難也。天將滅王國，不久當至也。王大謝·罪，願舉國事師，不敢中怠。老子曰：王前有惡心，今雖叩頭千下，猶未可保信，恐後有悔，當何以爲誓耶？王曰：今以舉國男女一世不娶妻，髡鬢鬚髮以爲盟誓，約不中悔，中悔當死爲證，何如？老子曰：善！爾時推尹喜爲師，令王及國人事之。王當以國事付太子伊梨，我當修道，捨家國，求道度世。老子曰：善！既欲棄國學道，吾留王之師，號爲佛佛，事無上正眞之道。道有大法，若王居國學道，但奉五戒十善，自足致福，去卻不祥，常生人道，尊榮富貴，亦可因此得道度世，何必捨家也。王及群臣一時稽首師前，男女同日奉道焉。爲作三法衣，守攝其心，錫杖以驚蛇蟲，乞中食爲節。老子復爲造九萬品經戒，今日就誦之。老子曰：授子道既備，吾欲速遊八方，遂還東遊，幽演大道自然之氣，爲三法：第一曰太上無極大道，第二曰無上正眞之道，第三曰太平清約之道也。（《三洞珠囊》卷九 原云出鬼谷先生撰《文始先生無上眞人關令內傳》。）

　　關令尹喜，周大夫也，善於天文。登樓四望，見東極有紫氣，喜曰：「應有聖人經過。」果有老子過。〔一〕喜設坐，行弟子之禮，老子時貧，謂徐甲曰：「雇錢一百。」與約，須達安息國，以黃金頓備錢還。甲既見老子方欲遠遊，疑遂不還，乃作辭詣關令就老子求直。關令以辭呈老子，老子語甲曰：「前與汝約，至安息國頓以黃金相還。云何不能忍辱，便興辭訟乎？汝隨我已三百餘歲，汝命早應死，賴我太玄生符在汝身耳！」言畢，見符從甲口出，甲已成一聚白骨矣。尹喜爲請，老子以符投之，甲立更生。喜即以見錢二百萬與甲，遣之。(《太平御覽》卷八百三十六　又見於《初學記》卷二十五《山谷內集詩注》內集卷五《太平御覽》卷七百七十三《事類賦》卷十六《施注蘇詩》卷二十六)

　　〔校記〕

〔一〕「登樓四望」以下五句，諸書引文意同而辭異，條列於後：《初學記》作「尹嘗登樓四望，見東極有紫氣西邁，喜曰：『應有聖人經過京邑。』果見老君乘青牛車來」；《山谷內集詩注》內集作「尹喜嘗登樓，望東極有紫氣，曰：『應有聖人過京邑。』果見老君乘青牛車來過」；《太平御覽》卷七百七十三作「尹喜常登樓，望見東極有紫氣西邁，喜曰：『應有聖人過京邑！』果見老君乘青牛車來過」；《事類賦》作「尹喜嘗登樓，望東極有紫氣西邁，曰：『應有聖人過京邑。』果見老君乘青牛車來過」；《施注蘇詩》作「關令尹喜登樓四望，見東極有紫氣西邁，曰：『應有聖人經過。』至期齋戒守關，果見老子」。上列諸書引文僅此五句。

　　周無極元年，老子度關，關令尹喜先敕門吏曰：「若有老翁從東來，乘青牛薄板車者，忽聽過關。」其日果見老翁乘青牛車求度關。關吏入白，喜曰：「諾，道今來矣，我見聖人矣。」即帶印綬出迎，設弟子之禮。(《初學記》卷二十九)

　　周元極元年，歲在癸丑，冬十有二月二十五日，老子度函谷關。關令尹喜先敕門吏曰：「若有老翁從東來，乘青牛薄板車，勿聽過關。」其日果見老翁乘青牛車求度關，授喜《道德經》五千。(《初學記》卷七)

　　老子出關，爲尹喜說《道德》上下經二篇。(《北堂書鈔》卷九十九)

　　老子與喜別，曰：「尋吾於成都市青羊之肆。」喜後求而得之。(《太平御覽》卷九百二《事類賦》卷二十二)

　　老子西遊之流沙，尹喜望紫煙而嘆曰：「此眞人之氣也。」(《編珠》卷一)

　　須彌山東南有山曰崑崙，在八海內。(《初學記》卷六)

　　老子與尹喜，登崑崙上。金臺玉樓，七寶宮殿，晝夜光明，乃天帝四王之所遊處，有珠玉七寶之牀。(《初學記》卷二十七　又見於《太平御覽》卷八百一十一《施注蘇詩》補遺卷上)

老子〔一〕西遊，省太眞、王母，〔二〕共食碧桃紫梨。〔三〕（《藝文類聚》卷八十六　又見於《藝文類聚》卷八十六《初學記》卷二十八《白氏六帖事類集》卷三十《太平御覽》卷九百六十七、卷九百六十九《事類賦》卷二十六、卷二十七《事文類聚》後集卷二十六《全芳備祖》前集卷八《全芳備祖》後集卷六《事類備要》別集卷四十五）

〔校記〕

〔一〕「老子」上《太平御覽》卷九百六十七、《事類賦》卷二十六有「喜從」二字。

〔二〕此句，《白氏六帖事類集》、《全芳備祖》後集、《事類備要》別集皆無。

〔三〕共食，《白氏六帖事類集》、《全芳備祖》後集、《事類備要》別集皆有「與王母」三字；碧桃紫梨，《事類賦》卷二十六作「碧桃之實」，《初學記》卷二十八《太平御覽》卷九百六十九《事文類聚》後集卷二十六（《藝文類聚》卷八十六《事類賦》卷二十七）《全芳備祖》後集卷六《事類備要》別集卷四十五皆無「碧桃」二字，（《太平御覽》卷九百六十七《白氏六帖事類集》卷三十皆無「紫梨」二字。

尹喜共〔一〕老子西遊，省太眞、王母，共食玉門之棗〔二〕，其實如瓶。（《藝文類聚》卷八十七　又見於《初學記》卷二十八〔兩引〕《太平御覽》卷九百六十五《事文類聚》後集卷二十六）

〔校記〕

〔一〕「尹喜共」三字，《初學記》、《太平御覽》、《事文類聚》後集皆無。

〔二〕玉門之棗，《初學記》卷二十八兩引之，一作「玉文棗」，《初學記》卷二十八　、《太平御覽》、《事文類聚》後集皆作「玉文之棗」。

眞人遊時，各各坐蓮花之上，一花輒徑十丈。（《藝文類聚》卷八十二　又見於《詳注昌黎先生文集》文集卷三）

北斗一星面百里，相去九千里，置二十四氣，四宿行四時，五方立五星，主五嶽也。（《初學記》卷一《太平御覽》卷六）

地厚萬里，其下得太空。太空四角，下有自然金柱，輒方員五千里也。〔一〕（《初學記》卷五　又見於《太平御覽》卷三十七《事類賦》卷六）

〔校記〕

〔一〕方員，《太平御覽》《事類賦》作「方圓」，「員」與「圓」通；也，《太平御覽》《事類賦》無。

天地南午北子相去九千萬里，東卯西酉亦九千萬里，四隅空相去九千萬里，天去地四十千萬里〔一〕。天有五億五萬五千五百五十里，地亦如之，各以四海爲脈。〔二〕（《困學紀聞》卷九　又見於《玉海》卷五《緯略》卷三《初學記》

卷六《太平御覽》卷二、卷六十　案：《開元占經》所引與上述引文差別較大，似別有所出，別條出之。）

〔校記〕

〔一〕四十千萬里，《緯略》卷三作「四十萬里」，當脫一「千」字，引文止於此，《太平御覽》卷二作「四千萬里」，當脫一「一」字，引文止於此。

〔二〕《初學記》、《太平御覽》卷二、《太平御覽》卷六十引文相同，且僅此三句。

南午北子相去九千一萬里，東卯西酉亦九千一萬里，四隅空無相去亦爾，天去地四十萬九千里。（《開元占經》卷三）

五百歲，天下名山一開。開時金玉之精涌出。（《初學記》卷五　又見於《太平御覽》卷三十八）

附：

九天仙伯文始先生無上真人

按《史記》並《內傳》，真人姓尹，名喜，字公文，天水人。也母魯氏，夢天降電流繞其身而後真人生焉。當生之時，有雙光若日，飛遊其側。目有日精，姿形長雅。少好《墳》《索》《素》《易》之書，善天文祕緯，仰觀俯察，莫不洞徹，雖鬼神之變，無以匿其情。大度恢傑，隱德行仁。其後，涉覽山水，於雍州終南山盩厔縣神就鄉聞仙里中，結草爲樓，精思至道，不求聞達而逸響遐宣。周康王聞之，拜爲大夫，後召入爲束宮賓友。至昭王二十五年癸丑，瞻見東方紫氣西邁，知有聖人當過京邑，乃求出爲函谷關令，以物色之。至期，乃盥沐，念真戒，嚴門吏，掃路焚香，以俟天真入境。其年七月甲子，老君到關，即具朝服出迎，就舍設座，北面而事之。遂辭疾退官，以其年十二月，邀迎老君至終南本第，齋戒問道，復請著書以惠後世。老君乃述《道德》五千言以授之，並授三一內修之道及西昇之訣。老君傳道既畢，明年甲寅四月二十八日，將辭央升天。真人悲戀請留。老君戒曰：子但千日清齋，研誦二篇，鍊形入妙，而後可尋吾於蜀郡青羊之肆矣。真人唯唯而謝。言訖，於宅南小阜上，乘雲駕景，升入太微。真人遂於草樓清齋，屏絕人事。三年之內，心凝形釋，體入自如，窮數達變之微，形一神萬之旨，悉臻其妙。乃著書九篇，號《關尹子》。即往蜀郡青羊之肆而會老君。老君錫號文始先生，位爲無上真人，統領諸天仙士。今成都府之青羊官，即故址也。又按《樓觀本起傳》云，樓觀者，昔周康王

大夫關令尹之故宅也。以結草爲樓，觀星望氣，因以名樓觀。此宮觀所自始也。問道授經，此大教所由興也。是以古先哲后，景行高眞，仰道德爲生化之源，宗神仙爲立教之本；尋衆妙之軌躅，慕重玄之指歸。故周穆西巡，秦皇束獵，並回轅枉道，親禮眞宗。始皇建廟於樓南，漢武立宮於觀北，晉宋謁版於今尚在。秦漢廟戶相繼不絕，是皆歷代欽崇，寶爲福地，登眞得道之士，世不乏人。今之所紀，姑述舊聞，滅邇之士，不可悉究。也傳記文長，茲節其要。贊曰：繁昔眞人，樓居毓恬。青牛方駕，紫氣先瞻。受經得旨，發道之潛。玄波一次，四海流漸。終南之陰，宅遺宏構。教本代崇，孫枝世茂。襲聖之明，極玄之又。大哉九篇，光啓我後。（《正統道藏》洞神部傳記類《終南山説經臺歷代眞仙碑記》）

《李少君家錄》

《李少君家錄》，葛洪題爲董仲舒撰，其《抱朴子內篇·論仙》曰：「按董仲舒所撰《李少君家錄》云云。」今人王明先生指出：「或疑『董仲舒』爲《神仙傳·李少君傳》之董仲躬。」（《抱朴子內篇校釋》）《隋書·經籍志》、兩《唐志》均不見著錄，姚振宗《隋書經籍志考證》以爲共十七篇，佚文於《抱朴子》一條。

少君有不死之方，而家貧無以市其藥物，故出於漢。以假途求其財，道成而去。（《抱朴子內篇·論仙》）

《裴君傳》

《裴君傳》，或作《清靈眞人裴君傳》《裴君內傳》《清靈眞人裴君內傳》。《隋書·經籍志》著錄爲《清虛眞人裴君內傳》一卷，《舊唐書·經籍志》著錄爲《清虛眞君內傳》一卷，鄭子雲撰，《新唐書·藝文志》著錄爲《清虛眞人裴君內傳》，鄭雲千撰。《崇文總目》著錄爲《裴元人傳》一卷，不題撰人，《通志》著錄爲《清虛眞人裴君內傳》一卷，鄭雲千撰；《裴

元人傳》一卷，鄧雲子撰。《太平御覽經史圖書綱目》列爲《裴君傳》。姚振宗《隋書經籍志考證》以爲兩《唐志》所提鄭子雲與鄭雲千皆爲鄧雲子之訛誤；「清虛眞人」乃「清靈眞人」之訛誤，姚說誠是。《雲笈七籤》中有《清靈眞人裴君傳》，題爲弟子鄧雲子撰。裴君，即裴玄仁，《眞誥》敘其乃右扶風陽夏人，西漢初期與弟子鄧雲登仙而去。《裴君傳》，《眞誥》不見徵引，近人陳國符認爲當出於梁代以後，隋代之前，而云鄭子雲、鄭雲千或鄧雲子撰者，皆出於僞託。

　　君字玄仁，年十二，遇道人支子元，授以眞訣五首，按而行之，五年得見日月之精，五星降房，受書爲清靈眞人，位列上清。(《仙苑編珠》卷下　原云出《裴君傳》。)

　　西玄三山，洞周千里，西山有相連各一宮，金城九重，潛通洞道，距玄洲崑崙，非人跡所及。裴君、周君分處其內。(《太平御覽》卷六百六十三　原云出《裴君傳》。)

　　清靈眞人裴君，字玄仁，右扶風夏陽人也。以漢孝文帝二年，君始生焉。爲人清明，顏儀整素，善於言笑，目有精光，垂臂下膝，聲氣高徹，呼如鍾鳴。家奉佛道，年十餘歲，晝夜不寐，精思讀經。嘗於四月八日，與馮翊趙康子、上黨皓季成共載詣佛圖。時天陰雨，忽有賤人著故布單衣，巾黃巾，詣君車後索載，君禮而問之，不答，君下車以載之。康子、季成並大怒，呵問：「何等人而上吾車乎？」君乃陳諭，遂聽俱載。君自徒行在後，顏無變色，寄載人自若，亦不以爲慙也。將至佛圖，乃曰「吾家近在此」。乃下車，奄然失之。佛圖中道人支子元者亦頗知道，宿舊人傳之云，已年一百七十歲。見君而歎曰：「吾從少至老，見人多矣！而未嘗見如子者。」乃延君入曲室之中，幽靜之房，大設豐饌。飲食既畢，將君更移隱處，呼之共坐，乃謂曰：「吾善相人，莫如爾者。子目中珠子正似北斗瑤光星，自背已下象如河魁，既有貴爵，又當神仙，天下志願，子寶享焉。然津梁未啓，七氣未淳，不見妙事，亦無緣而成也。」因以所修祕術密以告君，道人曰：此長生內術，世莫得知。吾昔遊焦山，及黿祖之阿，遇仙人蔣先生者，乃赤將子輿也，以《神訣》五首授吾。奉而行之，於今一百七年矣，氣力輕壯，不覺衰老。但行之不動，多失眞志，不能去世，故雖延年，不得神仙也。猶是行之多違，精思不至之罪也。今以教子，子祕而愼傳之。」

第一、思存五星，以體象五靈。存之法：常於密室，以夜半後生氣之時，服挹五方之氣。於寢牀上平坐，向月建所在，先叩齒九通，咽液三十過。畢，存想五星，使北方辰星在頭上，東方歲星在左，西方太白星在右，南方熒惑星在膝中間，中央鎮星在心中。久久行之，出入遠行，常思不忘，無所不却，萬禍所不能干也。後當奄見五老人，則是五星精神也。若見者當問以飛仙之道。五神共扶人身形白日昇天。

第二、初以甲子上旬直開除之日為始，以生氣之時，夜半之後，勿以大醉大飽，身體不精，皆生疾病也。當精思遠念，於是男女可行長生之道。其法要祕，非賢勿傳，使男女並取生氣，含養精血，此非外法，專採陰益陽也。若行之如法，則氣液雲行，精醴凝和，不期老少之皆返童矣。凡入靖，先須忘形忘物，然後叩齒七通而咒曰：白元金精，五華敷生，中央黃老君，和魂攝精，皇上太精，凝液骨靈，無上太眞，六氣內纏，上精玄老，還神補腦，使我合會，鍊胎守寶。祝畢，男子守腎固精，煉炁從夾脊溯上泥丸，號曰還元。女子守心養神，煉火不動，以兩乳氣下腎，夾脊上行，亦到泥丸，號曰化眞。養之丹扃，百日通靈。若久久行之，自然成眞，長生住世、不死之道也。

第三、用《五行紫文》，以除三尸。常用朔望之日日中時，臨目南向。臨目者，當閉而不閉也。心存兩目，中出青氣，心中出赤氣，臍中出黃氣。於是三氣相繞，合為一氣，以貫一身。須與內外洞徹，如火光之狀。良久，乃叩齒十四通，咽液十四過畢。此鍊形之道，除尸蟲之法也。久而行之，體有五香之氣，目明耳聰，長生不死。

第四、名曰《陰德致神仙之道》。其文曰：常以甲子日沐浴竟，甲子上旬日，當燒香於所止床之左右，久久行之，天仙玉女下降也。又一法：當養白犬白雞，犬名曰白靈，雞名曰白精，諸八節日及行入五嶽，乃登名山諸有神仙之所在處，密放雞犬於其間，去勿迴顧，天眞仙官當與子芝英靈草矣。又一法：作素奏使長一尺二寸，丹書其文曰：「某郡縣鄉里某，欲得長生，登仙度世，飛行上清。眞人至神，五嶽群靈，三官九府，乞除罪名。」書奏畢，以青絲係金環一雙，合以纏奏，再拜北向，置奏石上，因以火燒成灰，乃藏鐶於密石間而去，勿反顧。無鐶，可用條脫一雙以代鐶，古人名為縱容珠子也。慎與多口嫉妬之人道之，非但無益，乃更致禍。如此十過，天上五帝三官九府，更相屬勑，除人罪過，著名生錄，刊定仙籍。入山求芝草靈藥，所

欲皆得，山神玉女，自來營衛，狼虎百害，不敢犯近。神靈祐助，常欲使人得道，開人心意，惡鬼老魅，不敢試人。行此道易成而無患。若道士不知此術，入山必多不利，數爲鬼物所試。在人間則多軷軻疾病，財物不昌，所願不從。若能行此道，長生神仙。

　　第五、太極眞人常以立春之日日中時，會諸仙人於太極宮，刻玉簡，記仙名。常以其夕夜半時，正北向，仰視北極，再拜頓首，陳乞己罪多少之數，求解釋之意，畢，復再拜乃止。至春分之日日中時，昆侖瑤臺太素眞人會諸仙官，校定眞經。至立夏之日日中時，上清五帝會諸仙人於紫微宮，見四眞人，論求道者之功過。至夏至之日日中時，天上三官會於司命河侯，校定萬民罪福，增年減筭。至立秋之日日中時，五嶽諸眞人詣中央黃老君於黃房雲庭山，會仙官於日中，定天下神圖靈藥。至秋分之日日中時，上皇大帝乃登玉清靈闕太微之觀，會太上三老君、北極諸眞公、八海大神、五嶽尊靈、仙官萬萬，共集議定天下萬兆之罪福、學道之勤懈，一一條列，副之司命。至立多之日日中時，陽臺眞人會諸仙官玉女，定新得道始入仙錄之人。至多至之日日中時，天眞眾仙諸方諸東華大宮，見東海青童君，刻定眾仙籍金書內字。常以八節日夜半日中，謝七世祖父母及身中罪過，罪過自除也。久行之，神仙不死。夫秋分日者，太上神眞觀試萬仙，自非眞正者，不可輕用其日謝罪也。眞人仙官以八節日日中時共會集，三日乃解，欲修道者，當先齋戒，勿失之也。又一法：每至八節日，常當行入五嶽，若神仙眞人所棲名山之處也，每於深僻隱岩之中，密燒香乞願，祝曰：玄上九靈，太眞高神，使某長生，所欲從心。百福如願，壽如靈山。謹以節日，登巖請生。畢，因散香於左右，勿顧而返。常能行此，必長生神仙，所欲如心，玉女詣房，眾靈衛身也。若或有棲遁冥契，而不獲登山者，寄心啓願，精意向眞，亦與身詣名山者無異。每事決在心誠密暢，求眞堅正，乃獲之也。此赤將子輿《五首隱訣》，內道要事畢矣。

　　君乃再拜，而奉要言還歸，精思行之，常處隱室，不棲名好。乃服食茯苓，餌卉醴華腴。積十一年，夜視有光，常能不息，從旦至中。年二十三，本郡所命爲功曹，君不應命。尋又州辟主簿，轉別駕，舉秀才，詣長安拜博士高第，轉尚書，選曹郎、御史中丞、散騎常侍、侍中。出爲北軍中候，以伐匈奴有功，封澫陽侯，後遷冀州刺史。別駕劉安之，時年四十五，初迎君爲主簿，後轉別駕，亦知仙道。飲食黃精，積二十餘年，身輕，面有華光，數與君俱齋靜室中。以正月上旬，君沐浴齋于靜室，至三月，奄有仙人乘白

鹿，從玉童玉女各七人，從天中來下在庭中，他人莫之見。君拜頓首，乞請一言，仙人曰：「我南嶽眞人赤松子也，聞子好道，故來相過，君何所修行乎？」君長跪自陳所奉行，凡百二十事。松子曰：「勤存五靈，別當授子眞道。」奄然而去。君於是乃求解去官，自稱篤疾，欲詣太上請命，遂棄官委家，逃遊名山，尋此微妙，別駕劉安之從焉。

君時年四十五，帝累徵召，一不應命。逼之不已，君乃北遊到陽浴山，以避人間之網羅也。遂入石室北洞中，學道精思，無所不至，安之不能久處山中，時復出於人間。君於後將雲子去，乃登太華山，入西洞玄石室裏，積二十二年，奄見五老人皆巾來詣。君再拜頓首，乞請神訣，乃出神芝見賜。一老人巾青巾，著青衣，柱青杖，帶《通光陽霞之符》，乃東方歲星之大神也，以青華之芝見賜，出青書一卷，是《紫微始青道經》也。又一老人巾蒼巾，著蒼衣，柱蒼杖，帶《鬱眞簫鳳之符》，乃北方辰星之大神也，以蒼華之芝見賜，出《蒼元上籙北斗眞經中命四旋經》四卷見授。又一老人巾白巾，著白衣，柱白杖，帶《皓靈扶希之符》，乃西方太白星之大神也，以白華之芝見賜，出《太素玉籙寶玄眞經》三卷見授。又一老人巾赤巾，著赤衣，柱赤杖，帶《四明朱碧之符》，乃南方熒惑星之大神也，以丹華之芝見賜，出《龍胎太和丹經》二卷見授。又一老人巾黃巾，著黃衣，柱黃杖，帶《中元八維玉門之符》，乃中央鎮星之大神也，以黃華之芝見賜，出《四氣上樞太元黃書》八卷見授。乃五星之精，天之大神也。

君再拜，服此神芝，讀神經，十旬之間，視見萬里之外，能日步千里，能隱能彰，役使鬼神，乃遊行天下，東到青丘，遇谷希子青帝君，授以青精日水，飲食青芝。還到太山，遇司命君，授以《上皇金籙》。乃西到流沙，濱白水岸，遇太素眞人，乘龍雲軿，建紫晨巾，以紫羽爲蓋，仗七色之節，侍從神童玉女各二百許人，在白水沙洲空山之上，方遊觀金城，鳴玉鐘，舞華幢，望在空山之上，往而不至。君乃身投長淵，浮白水，冒洪波，越沙岸，嶮巇沈溺，遂登空山，見而拜焉，頓頭稽顙，乞請眞訣。太素眞人笑曰：「危乎濟哉！子今日始當得之矣。」因口教《服二景飛華上奔日月之法》，又授《太上隱書》。告君曰：「此足以爲眞矣。」遂留空山上，修《二景引日法》，誦《隱書》。

積十一年，太素眞人曰：「子道已成矣。」因以景雲龍輿見載，羽蓋華寶之儀，詣太素宮，見上清三元君。君當爾之時，亦不知在何處也。三元君治太素宮，諸仙童玉女侍者有千餘人，以黃金爲屋，青玉爲牀。君既詣金闕，

再拜稽首。三元君以《玉璽金眞》見賜，玉女二十四人玉童三十二人見侍。乃乘飛雲中輦復北遊，詣太極宮，見太極四眞人。四眞人見授《神虎符》《流金火鈴》。乃詣太微宮受書爲清靈眞人，治青靈宮。佩三華寶衣，乘飛龍景輿，仗青旂、玉鉞七色之節，遊行上清九宮。

西玄者，葛衍山之別名。葛衍有三山相連，西爲西玄，東爲鬱絕根山，中央名葛衍山。三山有三府，名曰三宮，西玄山爲清靈宮，葛衍山爲紫陽宮，鬱絕根山爲極眞宮。三山纏固萬三千里，高二千七百里，下有洞庭，潛行地中，通玄洲崑崙府也。西玄山下有洞臺，方圓千里，金城九重，有玉堂蘭室，東西宮殿，中有四百二十眞人處焉。其樹則絳碧，草則芝英，其鳥獸則麒麟鳳凰。距崑崙七萬里，其間有高暉山，上有洞光如日，葛衍、西玄、鬱絕根三山也。

道人支子元受蔣先生入室精思，存五靈之神光。服氣之法，常以夜半之時，靜室獨處，平坐向東，瞑目陰呪曰：「蒼元浩靈，少陽先生，九氣還肝，使我魂寧，上帝玉籙，名上太清。」畢，因閉氣九息，咽液九過，叩齒九通。次南向，瞑目陰呪曰：「赤庭絳雲，上有高眞，三氣歸心，是我丹元。太微綠字，書名神仙。」畢，因閉氣三息，咽液三過，叩齒三通。次西向，瞑目陰呪曰：「素元洞虛，天眞神廬，七氣守肺，與神同居，白玉金字，九帝之書，使我飛仙，死名已除。」畢，因閉氣七息，咽液七過，叩齒七通。次向生年之本命處，瞑目陰呪曰：「黃元中帝，本命之神。一氣侍脾，使我得眞，老君玄籙，書名神仙，長生久視，與天同存。」畢，因閉氣一息，咽液一過，叩齒一通。次北向，瞑目陰呪曰：「玄元北極，太上之機。五氣衛腎，龜玉參差，神名玉札，年同二儀，役使六甲，以致八威。」畢，因閉氣五息，咽液五過，叩齒五通。爾乃存五方之氣都畢，又咽液九過，北向再拜，陰呪曰：「謹白太上太極四眞君，請存五方五靈神，使某相見得語言。」畢乃精思。此一法，存五靈先服氣陰祝之道，與出中庭存法等耳。此法乃逕要不煩，又於靜思易也。裴君後重更授傳如此。於靜室祝時，亦先存五靈在體中使備，然後服氣爾。庭中之法，所修煩多難行，又於致神之驗不勝於靜室之速也。後出要言，祕之勿傳，庭中之法，以勸於始學，使不懈怠爾。篤而言之，室中爲要法。

支子元受蔣先生第五首之訣，以八節之日存思，陳己立身已來罪過多少之數，輸誠自狀已，上希天皇諸眞開寫之祐，剋身歸善，以求長生神仙者也。蓋秋分之節者，氣處清靈太和之正日也。眾眞諸仙，是其日皆聽訟焉。又地

上刺姦吏部，境域諸仙官，並糾奏所在道士之功過，及萬民有罪應死生者也。《仙忌眞記》曰：「子欲昇天愼秋分，罪無大小皆上聞。以罪求仙仙甚難，是故學道爲心寒。」此是朱火丹陵仲陽先生之要言矣。

秋分氣調日和，中順天地者也。夫火炎之氣摧於凋落之勢；玄水包津胎於金生之府。乃太陽光轉少陽，藏養天地，於是所以定剛柔之際，合二象之序，煥成流明，乃別陰陽三元，臯八節之標日，求道之要梯矣。每至其日日中之時，上皇太帝君玉尊陛下，乃登廣寒上清靈宅太空之闕丹城紫臺長錦玉樓，群眞集於太微之觀，上關九天之眞皇，中要太上三老君、北極諸眞及八海大神，下命五嶽名山諸得道者，尊靈萬萬，並會于陽寥之殿，共集議定天下萬民之罪福，記學道求仙者之勤疏，議犯過日月，修行善惡，刑罰之科、生死之狀，各隨其所屬部境，根源條例，副之司命，書之皇錄。罪福纖芥，刻於丹城之籍，伏匿之犯惡，陰德之細切者，無不一二縷而知之者也。

其夕夜半，當出中庭，北向脫巾，再拜長跪，上啓太上北極天尊太帝君，因密自陳己立身已來犯罪多少之狀，乞得赦貰，從今自後，改往修來之言，言之必使信，誓于丹心，盟於天地，不敢復犯惡之行也。其中言，在意陳之也。畢云：「願太上皇帝削其罪名，移書三官。使神仙之錄，某廁玉札。長生久視通眞達靈。」畢，又叩齒四下，再拜而還靜室，深自刻責，並存念三元中神，令上啓太上。如此者三，名上仙籍，罪咎除滅也。三元，泥丸、絳宮、丹田三神也。存令三元三神，上啓天尊求恩赦，助己自陳，令必上聞也。三啓秋分，生籍乃定，死名乃除。此一法出《經命青圖》，是長生祕法矣。俗人雖存道，未離人間，甚多罪咎，犯之者非一，恐未便可施用秋分首過之法也。入山林中，遠去人事，蕭然獨處，不犯萬物者，乃可爲之。既有反善之詞，誓有改行之言，言已聞於高上之聽，愼不可復使犯惡遠生之事也。重犯罪十過，天地弗救，身死爲驗，非可復改補者矣。以此求道，無所復索也。養生者有如水火之交爾，得其益則白日昇天，犯戒律則身沒三泉也。

又此日獨重於七節，趙伯玄所謂生死門戶者也。《三九素語》曰：「秋判之日，尊卑盡會，生死之日也。」古人以秋分之日爲秋判之日也。所以爾者，秋分之日，乃會九天八地眾眞人神、上皇至尊，三日三夕，共定萬民之命，所聚議者咸多，而神尊並集故也。諸八節日，會天地諸眞官，先後及節，凡三日三夕，而各還所司，此是支公之口訣。又別此一事，不離七節之條例也。《候夜神童金根經》曰：「八節之日，求仙極會，天命眾眞，皆當集對。未節

一日，萬靈詣闕；節日日中，尊畢入謁。節後一日，罪福分別。三日三夕，天事乃畢。子其慎罪，務爲功德，名可上眞，列編太極。吾不詭言，知者深密，急宜謝過，祕而慎泄。」此亦支公所告，出以傳示裴君。

太素眞人教裴君二事爲眞人之法曰：旦視日初出之時，臨目閉氣十息，因又咽日光十過，當存令日光霞使入口中，即而吞之。畢，仍存青帝君從日光中來，在我之左；次存赤帝君從日光中來，在我之右；次存白帝君從日光中來，在我之背；次存黑帝君從日光中來，在我之左手上；次存黃帝君，從日光中來，在我之右手上。五帝都來，乃又存陽燧絳雲之車，駕九龍，從日光中來到我之前，仍與五君共載而奔日也。」

裴君止於空山之上，修行精思。一年之中，髣髴形象。二年之中，五帝俱乘日形，見在左右。三年之中，終日而言語笑樂。五年之中，五帝日君遂與裴君驂乘飛龍之車，東到日窟之天、東蒙長丘、大桑之宮、八極之城，登明眞之臺，坐希琳之殿。授裴君以《揮神之章》《九有之符》。食青精日粕，飲雲碧玄腴。於是與五帝日君日日而遊，此所謂奔日之道也。日中亦有五帝，一曰日君。《太上隱書》中篇曰：「子欲爲眞，當存日君，駕龍驂鳳，乘天景雲，東遊希琳，遂入帝門。精思仍得，要道不煩，名上清靈，列位眞官，乃執《鬱儀文》。」

第二事爲眞人之法：日夕視月，臨目閉氣九息，因又咽月光九過，當存月光使入口中，即而吞之。畢仍存青帝夫人從月光中來，在我之左；次又存赤帝夫人從月光中來，在我之右；次又存白帝夫人從月光中來，在我之背，次又存黑帝夫人從月光中來，在我左手上；次又存黃帝夫人從月光中來，在我右手上。五帝夫人都來，乃又存流鈴飛雲之車，駕十龍，從月光中來，到我之前，仍存五夫人共載而奔月也。

裴君止於空山之上，修行精思。一年之中，髣髴姿容。二年之中，五夫人遂俱乘月形見在君左右。三年之中，並共笑樂言語。五年之中，五帝月夫人遂與君共乘飛龍之車，西到六嶺之門、八絡之丘、協晨之宮、八景之城，登七靈之臺，坐太和之殿，授裴君《流星夜光之章》《十明之符》。食黃琬紫津之粕，飲月華雲膏。於是與五夫人夕夕共遊，此所謂奔月之道矣。月中亦有五帝夫人，外經云日君月夫人者，是少有髣髴也。《太上隱書》中篇曰：「子欲昇天，當存月夫人，駕十飛龍，乘我流鈴。西到六嶺，遂入帝堂，精思乃見，上朝天皇，乃執《結璘章》。」

　　裴君白日精思，對日存日中五帝君；夜則精思，對月存月中五夫人。五年之中，日月精神並到，共乘飛龍，上遊太玄。始學則五靈形見，授書賜芝；終成則日月五帝君五夫人驂轡清虛，乘雲太丹，朝謁三元，稽首金闕。乃獲《玉璽金眞》，威制群神，役使玉女玉童。北朝四眞人，受書爲眞。佩《神虎之符》，以制嚴六天；授《流金之鈴》，以命召眾精；仗青旄之節，以周流九宮。皆由精思微妙，幽感天心，是以靈降扶身，上昇帝庭爾。道士行之者則是耳，不必以已仙人也。若處密室，及日月不見時，但心中存而思之可也，不待見日月。要見視之爲至佳。惟精思心盡，無所不通，此言要也。

　　臨目者，令目當閉而不閉之間也。少令得見日月之光景，密而行之，勿令人知。雖雜人同室而止，有密其思者，比肩仍自不覺。每事盡當爾，不但此一條而已。求生養命在於心，三丹田三寸之間耳。是以龍變蟬蛻，皆以一致而成也。《八素經》曰：「仙者心學，心誠則成仙；道者內求，內密則道來；榮者外求，口發則貴至；財者動心，心寂則富集。諸寂動異用，而所攻者一，守之在役用之機也。」

　　太素眞人曰：「爲眞不知道者，亦復多耳。要於乘光揚景，騰雲昇虛，並日月之精，遊九天之表，餐霞飲玄，呼吸太和，乃不可不爲此奇道，此道亦易成而速得也。眾眞有不知此道者，見吾乘雲而攜日月五帝五夫人，莫不敬親而求請問之也，吾亦復未示之也。《內視中方》曰：「子欲步空常，當存日月；子欲登清泠，當存五星。密室密行，不出宇庭。」此之謂也。夫守道者及學道求仙者，修行至精，皆可爲之。爲之既得，便成昇天仙人也。此道不必眞人，而當獨行之也。子有眞骨眞性而密行之，必能含章守愼，不妄傳泄，故以相教耳。《黃老祕言》曰：「子得《鬱儀》《結璘》，乃成上清之眞。子得《大洞眞經》，乃能飛行上清。無此三文，不得見三元君，要道盡此，仙子加勤。中仙都無知此道者，此道相傳惟口訣耳。能知此道，不問賢愚，皆乘雲升天，役使鬼神。群仙立盟爲約，不得妄宣，泄則滅門。口訣者，《黃老祕言》是也。」

　　裴君受命留在空山之上，精思存修二事。五年之中，得見日月之精五帝夫人。讀《隱書》及《九有》《十明》之符，積十一年，太素眞人來告曰：「子成眞矣。」因錫以龍車，給以羽蓋，並日月之遊精，參五帝之同乘。詣太素宮，見上清三元君，受《玉璽金眞》，給玉女二十四人，玉童三十二人，北遊詣太極宮及太微宮，位爲清靈眞人。

太素眞人曰:「子存日精五帝君,口含《太上鬱儀文》,須此道成,乃見日中君,無此徒勞自煩冤。」太素眞人曰:「子存月精五帝月夫人,口含《太上結璘章》,須此道成,乃見月中夫人,無此徒勞自悼傷。」

右二條太素眞人受太帝君訣言。

《太上隱書》云「存時執之」,帝君云「含之」。太素眞人教裴君:「存時含一文,執一文,並行之。」《太上隱書》曰:欲行此道,不必愚賢,但地上無此文耳。眞官玄法,啓誓乃傳,金丹之信,道乃備焉。青帛之盟,道乃可宣。有得而行,位爲眞人。乃乘步景雲晏,羽旂瓊輪,遊行九天,上詣太極宮,謁高皇上元君。裴君乃先密受《太上鬱儀文》《太上結璘章》二書,然後齋戒而得存《日月之精》爾。有仙名骨錄者,乃得見此二書。見之者仙,爲之者眞。《鬱儀》、《結璘經》及《大洞眞經》,乃太極四眞人之所祕,上清天皇之所珍貴也。西玄山下洞臺中有此書,刻以玉簡,書以金字。及王屋清虛洞中,亦見有《鬱儀》《結璘》之篇目爾,而不盡備具,惟太玄宮高上臺及蓬萊府北室金柱玉壁刻文,並備具也。精心存念,晝夜爲之,十一年而成爾。與修洞經者大都等爾。

夫此二文是《洞經》之祖宗,《素靈經》之園囿爾。凡諸下仙,莫有聞《鬱儀》之篇目、《結璘》之密旨者。得其道皆速成,而無試也。又致神之驗,是爲逕疾,得其要道者,但速於《大洞》之祕妙爾。非有仙名者,皆不得聞此書。聞見此書,而敢妄以語一人者,即滅侍眞官玉女玉童各十人,自然使天火災而失之。語二人已上,不可得以學仙也。按泄《洞經》之科條,即已有輕重之異,減損侍眞,便十倍於《大洞》。地上骨錄有相之道人而有此書者,皆爲師主。男稱監靈大夫,女稱執明大夫,男稱左,女稱右。《素奏丹符》曰:大哉《鬱儀》,妙行《結璘》,非上眞不見,非上仙不聞。以致日月五精之神,乘龍步空,足躡景雲,遂與五帝,上入天門。有之聞之,愼忽妄言。去世可出,誓金乃傳。要付弟子,有心之者。妄道篇目,玉童上言。泄則被考,身終不仙。玉童玉女,去而不還,書文必失,獲刑三官。子其愼之,言爲罪先。

峨嵋山北洞中石室戶樞刻石書字曰:「《鬱儀》引日精,《結璘》致月神,得道處上宮,位稱大夫眞。」凡二十字,下仙讀此,不解其意,仙人自有不見其篇目者多矣。其金液九丹,蓋小術也,皆不得飛行上清。《大洞眞經》有泄之者,按玄中科,即減一紀,玉童玉女,各減一人。三泄之身死,不得復成仙人。太上《鬱儀文》《結璘章》有泄之者,減玉童玉女各十人,天火燒屋,

書從火中失而還上天也。再泄身刑，死不復生，學道終不成仙也。泄言妄說篇目，並受考於三官。師有當因緣去世之日，或歸反陰塗絕迹藏變之時，要當有所授若無其人，乃自隨身。受之者皆青金丹縷之貽，爲誓天地不泄宣之盟約，乃得出之，師隨事上聞，而有奏署日月也。不從科條，皆爲妄泄。

《大洞眞經》乃中央黃老君之寶書，非至眞上士有玉名之者，莫見篇章條目也，眞仙亦有不聞此書者矣。初限令一百年乃得一出傳可成，而不得妄說篇目。太上《鬱儀》《結璘文章》，以致於日月之精神，上奔日月通天光飛太空之道也。皆乘雲車羽蓋，駕命群龍，而上昇皇天紫庭也。《大洞眞經》以致於朝靈之道，招神成眞人之法也。乘雲駕龍，騰躍玄虛，衣繡羽，佩金眞玉光，逍遙太霞，上昇九霄矣。此二書，天帝之祕途，微妙哉！太素眞人猶隱其篇目，但漫云二事者，是祕諱之甚也，況世人而令知其甲乙乎！有相遇而得之者，至誠好事，仍可爲之，別有事旨，故不一二。

裴君所受眞書篇目，列之於左：

《支子元神訣》五首，蔣先生所祕用，咸陽城南佛圖中曲室密房受之。

青帝君授《紫微始青道經》一卷。

蒼帝君授《蒼元上籙北斗眞經中命四旋經》四卷。

白帝君授《太素玉籙寶玄經》三卷。

赤帝君授《龍胎太和丹經》二卷。

黃帝君授《四氣上樞太元黃書》八卷。

青帝君授《通光陽霞之符》。

蒼帝君授《鬱眞簫鳳之符》。

白帝君授《皓靈扶希之符》。

赤帝君授《四明朱碧之符》。

黃帝君授《中元八維玉門之符》。

右十書，於太華山西洞玄石室受。

谷希子青帝君授青精日水青華芝。（東到青丘受服。）

《上皇金籙》。（司命君於太山授。）

太素眞人授《太上鬱儀文》。（在白水沙洲空山之上授。）

太素眞人授《太上結璘文》。（在白水沙洲空山之上授。）

太素眞人授《太上隱書》。（在白水沙洲空山之上授。）

上清三元君授《玉璽金眞》。（在太素宮金闕下授。）

四眞人授《神虎符》、流金火鈴。（在太極宮授。）

日中五帝君授《揮神之章》《九有之符》、青精日粕、雲碧玄腴。

月中五帝夫人授《流星夜光章》《十明之符》、黃琬紫津之飴、月華雲膏。

右裴君所受眾書符之目。

裴君授支子元《服茯苓法》，焦山蔣先生所傳。茯苓五斤，盛治去外皮乃擣，下細筵，以漬白蜜三斗中，盛之以銅器，若耐熱白瓦器，以此器著大釜中，著水裁半於所盛藥器腹，微火燒釜，令水沸，煑藥器，數反側藥，令相和合。良久，蜜銷竭煎，出著鐵臼中，擣三萬杵，令可丸。但服三十丸如梧桐子大，百日百病除，二百日可夜書，二年使鬼神，四年玉女侍衛，十年夜視有光，能隱能彰，長生久視。服此一年，百害不能傷，疾病不復干，色反嬰兒，肌膚充悅，白髮再黑，眼有流光。合藥齋三日，煑之於密盛處，勿令婦人雞犬見及穢漫之也。五斤茯苓、三斗白蜜爲一劑。當作木蓋，蓋之煑藥器上，勿露也。煑之時，反側藥，熟乃開之耳。火以好薪炭，不可用不成樵輩以煑之也。當用意伺候料視，恒以爲意，欲并合多少在意。藥成預作丸，盛之以密器，可經於千歲不敗。

裴君受支子元《服胡麻法》，蔣先生於黃金黿祖山中授支公也。

胡麻三斗肥者，黃黑無拘，在可擇之，使精潔，於微火上熬令香氣，極令燥，細擣以爲散，令沒沒爾，勿下筵。白蜜三斗，以胡麻散漬會蜜中，攪令相和，使調市，安器，著釜水中乃煑，如前煑《茯苓法》也。伺候令煎竭可擣，乃出擣之三萬杵，如桐子大，旦服三十丸，盡一劑，腸化爲筋，不知寒熱，面反童顏，役使眾靈。蔣先生惟服此二方，先生已凌煙化升，呼吸立至，出入無間，輿乘群龍，上朝帝眞，位爲仙宗者也。當簸擇胡麻令精。

此二方與世方書小異，裴君所祕者，驗而有實也。云：體先不虛損，及年少之時，當服茯苓，若出三十者，當服胡麻。蔣先生云：「此二方是大有之要法，長生神仙之祕寶。」《寶玄經》云：「茯苓治少，胡麻治老。合以齋戒，服以朝蚤。卉體華腴，火精水寶。和以爲一，還精歸寶。」此之謂也。卉體華腴，蜜也；火精，茯苓也；水寶，胡麻也。裴君以年少時所用，故服茯苓，二方同耳，皆長生不死、必仙之奇方也。若大有資力者，亦可合二物，倍用蜜共煎，擣以爲丸乃佳，亦並治老少矣。茯苓、胡麻，不必別作之也。此二方，蔣先生乃各在一處授支公，不頓之也。是以焦山而《茯苓方》傳，黿祖而《胡麻方》出，明道祕之文，乃不可得一盡其根源也。至於支公授裴君，

亦乃頓倒囊笈之奧言，肆傾玄真之祕途，將以逆鑒察天錄，必當已知應爲仙真乎！（《雲笈七籤》卷一百五　原云出《清靈真人裴君傳》。）

佛圖〔一〕道人鄭雲千支子元，裴君授以長生內術，又云尋藥之與存思，雖致道同津，而關源異緒。服藥所以保形，形康則神安，存思所以安神，神通則形保，二理乃成，相資而有，〔二〕優劣之品。今慮神漏而形棄，是存思之爲優未見，形去而神留，服藥所以爲劣。其有偏用能通者，亦同臻道岸而未若兼善，使藥與思交用，形與神相入，則指薪日續，遊刃無阻，生涯自然而立，死地何從而來也。（《三洞珠囊》卷五　原云出《裴君內傳》。）

〔校記〕

〔一〕圖，《太平御覽》作「面」。

〔二〕《太平御覽》引文至此止。

清靈真人裴君，字玄仁，少爲人清明，顏儀整素，善於言笑，目中有精光，垂臂下膝，聲氣高徹，呼如鐘鳴也。（《三洞珠囊》卷八　原云出《裴君內傳》。）

目中有珠子，正似北斗魒星，自已下象如河魁，此神仙之志也。（《三洞珠囊》卷八　原云出《裴君內傳》。）

昔學道到流沙之濱，白水之岸，遇素真人乘青龍軿，以紫羽爲之蓋。（《北堂書鈔》卷一百四十一　原云出《清虛真人裴君內傳》。）

夫求道者，要先令目清耳聰爲主也。且耳目是尋真之梯級，綜靈之門戶，得失繫之。仙經曰：養生以不傷爲本，此要言也。（《太平御覽》卷六百六十八　原云出《裴君內傳》。）

道人支子元，相君曰：「子目中珠子正似北斗瑤光星，既有貴爵，又當神仙。」（《東坡詩集注》卷十七　原云出《裴君內傳》。）

《蘇君記》　漢周季通撰

《蘇君記》，《真誥》卷五有長史書又㩭許翽書，注曰：「此即《蘇傳》中初神丸方也。」《真誥》卷十又有注曰：「此是論合初神丸事，其方在《蘇傳》中，即用周紫陽所撰，故受此訣，是告長史也。」此爲較早著錄《蘇君記》者，且晉時是書已出。《隋書·經籍志》、兩《唐志》著錄皆爲一卷，周季通撰，《宋史·藝文志》《崇文總目》著錄爲周季通《玄洲上卿蘇君記》

一卷，《通志・藝文略》則著錄爲《玄洲上卿蘇君記》一卷。周季通，《紫陽眞人周君內傳》曰：「子陽眞人姓周，諱義山，字季通，汝陰人，漢丞相勃七世孫。」

　　蘇耽者，彬州人也。小時牧牛，牛化爲白鹿，得道。後歸鄉駐牛脾山上，州縣官吏同往禮謁。日暮，君展《黃庭經》化爲大橋，直跨城門，官吏登橋而還也。（《仙苑編珠》卷上）

　　君字子玄，初師琴高。又師仇先生，授以松脂方，云：「吾服已二千七百歲也。」後師涓子，授以制尸蟲方，行三一之道，守泥丸九宮之要。以漢元帝神爵二年三月六日乘雲駕龍望西北而昇天，爲玄洲上卿矣。涓子即剖魚獲字者。（《仙苑編珠》卷中）

　　先師姓蘇諱林字子玄，濮陽曲水人也。少稟異操，獨逸無倫，訪眞之志，與日彌篤。常負擔至趙，師琴高先生，時年二十一，受鍊氣益命之道。琴高初爲周康王門下舍人，以內行補精術及丹法，能水游飛行。時已九百歲，唯不死而已，非〔一〕飛仙也。後乘赤鯉入水，或出入人間，而林託景丹霄，志不終此。後改師華山仙人仇先生，仇先生者，湯王時木匠也，服胎食之法，還神守魂之事，大得其益。先生曰：「子眞人也，當學眞道，我迹不足躡矣！」乃致林於涓子。涓子者，眞人也。既見之，遂授以眞訣，告林曰：「欲作地上眞人，必先服食藥物，除去三尸，殺滅穀蟲。三尸者：一名青古，伐人眼，是故目暗面皺，口臭齒落，由是青古之氣穿鑿泥丸也。二名白姑，伐人五臟，是故心毫氣少，喜忘荒悶，由白姑貫穿六腑之液也。三名血尸，伐人胃管，是故腸輪煩滿，骨枯肉燋，志意不開，所思不固，失食則飢，悲愁感歎，精誠昏怠，神爽雜錯，由血尸流噬魂胎之關也。若不去三尸，而服藥者，穀食雖斷，蟲猶不死也。徒絕五味，雖勤吐納，亦無益者。蓋其蟲生，而求人不死，不可得也。是故服食不辟於死生，由青古、白姑、血尸三鬼不去所致爾！雖復斷穀，人體重滯，奄奄淡悶。又所夢非眞，顚倒飜錯，邪淫不除，由蟲在內，搖動五神故也。凡欲求眞，當先服制蟲丸。制蟲丸者，一名初神去本丸也。欲作眞人，當先服制仙丸。制仙丸者，太上八瓊飛精之丹也。夫〔二〕求長生不死，仙眞之初，罔不先服制蟲丸，以除尸蟲，建長生之根矣。若人腹中有蟲，寧得仙乎？形中饒鬼，安得眞乎？其蟲兇惡，速人之死，故當除之。」

涓子後告林曰：「我被帝召，上補中黃四司大夫領北海公，去世無復日也。」後林詣涓子寢靜之室，得書一幅，以遺林也。其文曰：「《五斗三一》，太帝所祕。精思二十年，三一相見，授子書矣！但有三一，長生不滅，況復守之乎！能存三一，名刊玉札，況與三一相見乎！加存洞房爲上清公，加知三元爲五帝君。後聖金闕帝君所以乘景迅雷，周行十天，實由《洞房三元眞一之道》。吾餌术精三百年，服氣五百年，精思六百年，守三一三百年，守洞房六百年，守玄丹五百年。中間復周遊名山，看望八海，廻翔五嶽，休息洞室，樂林草之垂條，與鳥獸之相激。川瀆吐精，丘陵蓊鬱。萬物之秀，寒暑之節。弋釣長流，遨遊玄瀨。靜心山岫，念眞養氣。呼召六丁，玉女見衛。展轉六合，無所羈束。守形思眞二千八百餘年，寔樂中仙，不求聞達。今卒被召，上補天位。徘徊世澤，惆悵絕氣。吾其去矣，請從此別。子勤勗之，相望飆室也。」林省書流涕，彷徨拜空，涓師之跡，於是絕迹矣！夫玄丹者，泥丸之神也，其法出《太上素靈訣》。守三一爲地眞，守洞房爲眞人，守玄丹爲太微官也。林謹奉法術，施行道成。周觀天下，遊睠名山。分形散影，寢息丹陵。賣履市巷，醜形試眞。得意而栖，遁化不倫，時人莫能識也。以漢元帝神爵二年三月六日，告季通曰：「我昨被玄洲召爲眞命上卿，領太極中候大夫，與汝別。」比明旦，有雲車羽蓋，驂龍駕虎，待從數千人迎，林即日登天，冉冉西北而去。良久，雲氣覆之遂絕。林未去之時，先是太極遣使者下拜爲中嶽眞人，後又太上遣玉郎〔三〕下拜爲五嶽地眞人，宮在丹陵。

予〔四〕見先師得道爲仙，已三被拜授，而乃登昇。蓋洪德高妙，玄韻宿感。靈化虛源，神澄八方。龍昇鳳逐，飛步眞門。隱顯津梁，觀試風塵。其道神矣！其法珍矣！非紙札矗意所能述宣。今聊撰本師之標略爾。將來有道之士，以遊目也。(《雲笈七籤》卷一百四　原云出《玄洲上卿蘇君傳》。)

〔校記〕

〔一〕《雲笈七籤》原校記載，「非」字原無，據《歷世眞仙體道通鑑》卷七《蘇林傳》增。

〔二〕《雲笈七籤》原校記載，「夫」原作「失」，據《四部叢刊》本、《道藏輯要》本及《仙鑑》卷七《蘇林傳》改。

〔三〕《雲笈七籤》原校記載，「玉郎」原作「王郎」，據《四部叢刊》本、《道藏輯要》本及《仙鑑》卷七《蘇林傳》改。

〔四〕《雲笈七籤》原校記載，「予」上《仙鑑》卷七《蘇林傳》有「弟子周季通曰」六字。

《茅君內傳》

　　《茅君內傳》，即《隋書‧經籍志》所載《太元眞人東鄉司命茅君內傳》，著錄爲一卷，李遵撰，兩《唐志》亦錄爲一卷，《宋史‧藝文志》錄爲《三茅君內傳》一卷。姚振宗《隋書經籍志考證》以爲《隋志》所錄當題爲「太元眞人東嶽上鄉司命茅君內傳」。茅盈，字叔申，西漢咸陽人，十八歲如恆山修道，四十九歲返家，後隱於江南句曲山。爲道教茅山派所奉祖師。

　　句曲山上有神芝五種：一曰龍仙芝，似交龍之相負，服之爲太極仙卿。第二名參成芝，赤色有光，其枝葉如金石之音，折而續之即復如故，服之爲太極大夫。第三名燕胎芝，其色紫，形如葵，葉上有燕象，光明洞澈，服一株拜爲太清龍虎仙君。第四名夜光芝，其色青，其實正白如李，夜視其實如月，光照洞一室，服一株爲太清仙官。第五名曰玉芝，剖食拜三官正眞御史。（《後漢書‧馮衍傳》注　案：本條各書所引差別較大，以《後漢書‧馮衍傳》注與《太平御覽》卷九百八十六爲備，餘皆刪減節引，故略而不列。）

　　勾曲山上有神芝五種：第一曰龍仙芝，似蛟龍之相負，服之爲太極仙卿；第二曰參成芝，赤色有光，扣其枝葉，如金石之音，折而續之即如故，服之爲太極大夫；第三曰燕胎芝，其色紫，形如葵葉，燕象，如欲飛狀，光明洞徹，服一株，拜爲太清龍虎仙君；第四曰夜光芝，其色青，實正白如李，夜視其實如月，光照洞一室，服一株爲太清仙官；第五曰玉芝，色白如玉。剖食，拜三官正眞御史也。（《太平御覽》卷九百八十六）

　　句曲山上有神芝五種，第三名燕胎芝，其色紫，形如葵葉，上有燕像，如欲飛狀，光明洞徹，食一株，拜爲太清仙君，正一郎中。（《藝文類聚》卷九十二　原云出《茅君傳》。）

　　句曲山有神芝五種。第三名燕貽芝，其色紫，形如葵藿，葉上有燕象，如欲飛狀，光明洞澈。食一株，拜爲太清龍虎仙君。（《太平御覽》卷九百二十二　又見於《事類賦》卷十九）

　　句曲山有神芝五種，龍伯、參成、燕胎、夜光、玉芝。（《玉海》卷一百九十七）

　　大天之內，有玄中之洞三十六所，第一王屋山之洞，周回萬里，名曰小有清虛之天；第二委羽之洞，周回萬里，名曰大有空明之天；第三西域土山之谷，周回三千里，名曰太玄揔眞之天；第四西方玄三山之谷，周回千里，名曰三玄極眞之天；第五靑城之洞，周回二千里，名曰寶仙九室之天；第六赤城丹山之洞，周回三百里，名曰上酒平之天；第七羅浮山之洞，周五百里，名曰朱明曜眞之天；第八曲向山之洞，周一百五十里，名曰金壇華陽之天；第九林屋山之洞，周四百里，名曰左神幽墟之天；第十括蒼之洞，周回三百里，名曰成德隱玄之天。凡此十洞，皆仙人靈眞之陰天內宮也，其八海之中，崐崘、蓬萊、方丈、瀛洲、滄波、白山、八停之神山，山皆有洞宮，或有方千里、五百里，非名小天之例，不在三十六天之洞數也。五嶽及名山洞室或三十里、二十里、十里，難並合神仙之言，又非小天之數嶽洞萬里，其岱宗山之洞，周三千里，名曰三宮空洞之天，羅酆山之洞周一萬五千里，名曰北帝死生之天，皆死神所治、五帝之官考謫之府也。鬼神所治，又有二十八小洞天之陰宮或地官，所在者不能一一記其洞山之名，略標其大者耳。其餘有六洞天陰宮山，皆夷狄異類，鬼所不治，犬戎鳥獸蠻裸夷之種也。匈奴之天下，北戎之善山，南越之拘屢是也。句曲山洞宮之中，本有仙人郭四朝者，治其宮，亦司三官領羅酆師晨候四朝燕人也。兄弟四人得道，四朝是長兄也。

（《白氏六帖事類集》卷二　案：本條各書所引以《白氏六帖事類集》爲備，餘皆刪減節引，附列於後。）

　　附：

　　仙家凡有三十六洞天，岱宗之洞周回三千里，名之三宮空洞之天。（《白氏六帖事類集》卷二）

　　大天之內，有地之中洞天三十六所，羅浮山之洞周回五里，名曰朱明曜眞之天。（《白氏六帖事類集》卷二）

　　羅浮山之洞周回五里，名曰朱明曜眞天。（《山谷內集詩注》內集卷二注）

　　羅浮山有洞，名曰朱明曜眞之天。（《北堂書鈔》卷一百四十九）

　　大天之內，有地中之洞天三十六所，羅浮山之洞，周回五百里。名曰朱明曜眞之天。（《藝文類聚》卷七）

　　仙家凡有三十六洞。在岱宗之洞，周回三千里，名曰三宮空洞之天。（《初學記》卷五）

　　岱宗山之洞，周回三千餘里，名三宮空洞之天。（《初學記》卷五）

太天之內，有地中之洞天三十六所。(《北堂書鈔》卷一百四十九)

王屋山之洞周迴萬里，名曰小有清靈之天。(《太平寰宇記》卷五)

第七洞名朱明耀眞之天。(《太平寰宇記》卷一百六十)

仙家凡有三十六洞天，岱宗之洞周回三千里，名曰三宮空洞之天。(《太平御覽》卷三十九)

王屋山之洞，周回萬里，名曰小有清虛之天。(《太平御覽》卷四十)

羅浮山之洞，周五百里，名朱明耀眞之天。(《太平御覽》卷四十一)

三十六洞第二委羽之洞，名曰大有空明之天。(《施注蘇詩》卷三十二)

太天之內有地中之洞天三十六所。(《施注蘇詩》卷三十五)

羅浮山之洞周回五百里，名曰朱明曜眞之天。(蘇軾《東坡詩集注》卷四)

羅浮山之洞周回五里，名曰朱明曜眞天。(王象之《輿地紀勝》卷九十九)

欲合九美，先作神釜蒸之。(《白氏六帖事類集》卷四)

岱山之洞上有丹關朱崖 (《九家集注杜詩》卷十二)

在名山深壑，無人跡之處，臨水上，作神灶屋。屋長四丈，廣二丈，起基四尺，又當先掘基下土，令必無故陷井冢〔一〕瘞之處所也，開南戶西戶東戶，三也，立灶於屋中央，口向西，灶四邊，令去釜九寸也，以磚及細土構立之，亦勿令穿坼，神灶之法畢矣。(《藝文類聚》卷八十)

〔校記〕

〔一〕家，疑當爲「冢」。

好道者入廟，或見一白鶴入帳中。白鶴者，皆是九轉還丹使。(《初學記》卷三十　案：本條題爲「李遵《太元眞人茅君傳》」)

茅盈留句曲山，告二弟曰：「吾去有局任，不復〔一〕得數相往來。」父老歌曰：「茅山連金穴〔二〕，江湖據下流；三神乘白鶴，各居〔三〕一山頭。佳雨灌得〔四〕稻，陸田亦復周；妻子保堂室，使我百無憂〔五〕。白鶴翔金穴，何時復來遊？」(《初學記》卷三十　又見於《太平御覽》九百一十六《事類賦》卷十八　案：《太平御覽》原云出「李尊《太玄眞人茅君內傳》」。)

〔校記〕

〔一〕《事類賦》無「復」字。

〔二〕穴，《太平御覽》《事類賦》皆作「陵」。

〔三〕居，《太平御覽》《事類賦》皆作「在」。

〔四〕得，《太平御覽》作「早」。

〔五〕《事類賦》脫「佳雨灌得稻，陸田亦復周；妻子保堂室，使我百無憂」二十字。

山形曲折似句字故名句曲,古名岡山。孔子福地記岡山之間有三仙人住,是洞庭北門,又能辟兵,周時名其原澤,爲句曲之穴,秦名勾金之壇山,本茅君居,因以爲名。(《太平寰宇記》卷八十九)

句曲山,秦時名爲華陽之天,三茅君居之,因而爲名。外有金山,因壇爲號矣。周時名其源澤爲句曲之穴。案山形曲折,後人名爲句曲之山。山間有金陵之地四十七八頃,是金壇之地肺也。居其地,必得度世。(《太平御覽》卷四十一　案:本條各書所引差別較大,爲避繁瑣羅列於後,不再單獨出校)

附:

勾曲,秦時爲華陽之天,三茅君居之因以爲名。外有金壇山,因壇爲號,周時名其源澤爲勾曲之穴,按山形曲折,後人名焉。(《王荊公詩注》卷三十八注)

句曲山,秦時爲華陽之天。三茅君居之,因以爲名。外有金壇山,因壇爲號。周時名其源澤,爲句曲之穴,按山形曲折,後人名焉。(《(景定)建康志》卷十七)

玉清天中有散華臺,是四斗七晨道君之所治也。(《太平御覽》卷六百七十四)

繡羽紫帔。(《太平御覽》卷六百七十五　原云出《太元眞人茅君內傳》)

有赤霜之袍。(《太平御覽》卷六百七十五)

茅盈在恒山內,夢太玄玉女,把玉札攜之。(《太平御覽》卷六百七十六)

天上道君有玉與鳳璽。(《太平御覽》卷六百七十六)

太元眞人有一人帶錄章囊,又一人帶繡章囊,一人帶錦囊書。(《太平御覽》卷六百七十六)

白玉龜山連玉床帳,西母處之。(《太平御覽》卷六百七十七)

東海青童君乘飆車。(《太平御覽》卷六百七十七)

無上道君咸給八景瓊輿,鳳璽金眞,曲晨飛蓋。(《太平御覽》卷六百七十七)

青華小童道君乘碧霞之輿。(《太平御覽》卷六百七十七)

上眞君赤帝乘絳琳碧輦。(《太平御覽》卷六百七十七)

太清眞君乘青龍紫羽蓋。(《太平御覽》卷六百七十七)

太元眞人杖紫雲之節,乘班龍之轝,白虎之軿,曲晨寶蓋。(《太平御覽》卷六百七十七)

太素眞君乘虎旗虎輦,金蓋玉輪,仗九色之節,出入太清。(《太平御覽》卷六百七十七)

朱官使者駕蒼虯,把綠杖。(《太平御覽》卷六百七十七)

玉君乘九蓋之輦。(《太平御覽》卷六百七十七)

王母乘綠景輿。(《太平御覽》卷六百七十七)

辰中眞人帶廷生符於滄浪之臺。(《太平御覽》卷六百七十七)

欲合九轉，先作神釜。(《太平御覽》卷七百五十七)

漢帝及王莽獻金鍾之屬，今埋在小茅山上。(《太平御覽》卷八百一十一)

取鉛十斤，著〔一〕鐵器中，猛火燒之。三沸，投九轉之華一銖於鉛中，攪之，須臾，立成黃金九斤〔二〕。(《太平御覽》卷八百一十一、卷八百一十二)

〔校記〕

〔一〕著，卷八百一十二作「安」。

〔二〕卷八百一十二無「九斤」二字。

欲合九轉，先作沙拆。取東海左顧牡蠣凡六物，令分等，各搗三萬杵。(《太平御覽》卷九百四十二)

茅山一名句曲山，秦時名爲華陽洞天。(《事類賦》卷七)

合丹先清齊百日乃泥土金，齋日先投清酒五斛於流水中，無流水即於井中。(《事類賦》卷八)

大茅君每年十二月二日駕白鶴於此會諸眞，故以名橋。(《(景定)建康志》卷十六)

羅浮山有洞周回五里，名曰朱明曜眞天。又曰勾曲洞天，東通王屋，北通岱，西通峨眉，南通羅浮是也。有洞房石室七十里所，有巨竹皆十圍，謂之籠葱竹。有瀑布垂流三十仞，有奇石，勢如削成，謂之石樓。山有上湖，岸周會數里，常應海潮。又云山有鐵橋石柱，人罕到者，又有啞虎巡山。(《方輿勝覽》卷三十六)

《茅君傳》

《茅君傳》不題撰人，《隋書·經籍志》、兩《唐志》均不見著錄，《太平御覽經史圖書綱目》列之，則是書北宋之時尚見存，後散佚，今主要見於《太平御覽》《初學記》《藝文類聚》等書。引文亦有題爲《大茅君傳》者，案茅盈有弟二人，《茅君內傳》於《宋史·藝文志》中題爲《三茅君內傳》。則《大茅君傳》或爲《茅君傳》別稱，或爲《茅君傳》一部分。

好道者入廟，或見一白鶴入帳中。白〔一〕鶴者，皆是九轉還丹使。〔二〕（《初學記》卷三十　又見於《白氏六帖事類集》卷二十九《事類備要》別集卷六十四《錦繡萬花谷》卷三十七《海錄碎事》卷二十二上）

〔校記〕

〔一〕《白氏六帖事類集》《事類備要》《錦繡萬花谷》無「白」字，《錦繡萬花谷》引文始於「或見」句。

〔二〕《事類備要》「丹」下有「之」字。此句，《錦繡萬花谷》作「九轉還丹之使也」。《海錄碎事》作「鶴者是九轉還丹使」，且引文僅此一句。

青城是十洞天之一也。（《杜工部草堂詩箋》補遺卷二）

大天之內有玄中洞三十六所，第一王屋山之洞，周回五里，名曰小有清虛之天。（《分門集注杜工部詩》卷四）

玄中之洞六十三所，第八句曲山之洞曰金壇華陽之天。（《朱文公校韓昌黎先生集》卷十）

句曲山上有神芝五種，第三名燕胎芝。其色紫，形如葵葉，上有鸞象，如欲飛狀，光明洞徹，食一株拜爲太清仙君正一郎中。（《藝文類聚》卷九十二）

句曲山有神芝，名曰〔一〕燕胎芝，紫色，狀如燕欲飛，食一株爲大清仙正一郎中。（《海錄碎事》卷十三下、卷二十二下）

〔校記〕

〔一〕卷二十二無「曰」字。

霍林司命治赤城玉洞之府，齊永明中忽有羣鵠從西北來，下集霍門溪谷，填塞彌蔓，數里多所蹢籍。狀如爲物所驚，一夕退飛，向西北去。殆是赤城上都泉湖中物也。（《（嘉定）赤城志》卷二十四）

第三十四洞天名大滌玄蓋之天，周回四百里，內有日月分精，金堂玉室，仙官校災祥之所。姜眞人主之與華陽林屋邃道暗通，相傳玄同先生入遊，見龍麟異境，花木鮮繁。自華陽而歸，洞門石鼓，廣可尋丈，扣之逢逢有聲。自此上下皆平如劃削，兩旁崖石委曲，夾道中間一石若柱倒懸，因以隔凡，名之過柱。一穴如竇，內闊丈餘，中有圓井無底，惟聞浪浪水聲，乃歷代朝廷遣使投龍璧之處也。常有白鼠長二尺許，遊於高崖。崖上產草，名玉芝，餌之長生。郡志所載云：爾今洞中石潤如玉，竹蒼黑色，行路屈折，僅通人，至隔凡而止。每投龍簡，則命童子穿竇以入，云其中深杳不可測也。所謂白鼠玉芝，則希有見者，豈在人緣契邪。（《洞霄圖志》卷三）

　　第三十四洞名大滌匡盖之天，周回一百里，內有日月分精，金堂王室，仙官考校災祥之所。姜眞人主之與華陽林屋隧道往來，或言此山清幽，大可以洗滌塵心，故名穹崇千尺，迴壓群巒。中峰之上有許遠遊昇天壇，丹灶瓦甓尚存。政和間猶有卿雲簫吹，往來清越，崖間多靈芝異草，人所不識。（《（咸淳）臨安志》卷二十四）

　　青城是第五洞，九仙寶室之天周回二千里，十洞天之一也，入山十里得至焉。（《太平廣記》卷十四）

　　盈字叔申，咸陽人也。父祚，有三子，盈、固、衷也。盈少稟奇操，矯俗抗邁，不求聞達，不交非類。入恒山，讀老易餌朮，潛影在山中六年。精思念道，誠感密應，夢太玄玉女持玉笥而攜之曰：「西城王君得眞道，可爲師。」明發，乃尋求至西城，齋戒三月，果見王君。盈乃叩頭再拜，勤懇乞長生之術。乃得在西城，洞臺之中，金玉上宮，親侍旦夕，執巾屨之役。積十七年，專一不懈。復二年，王君命駕，造白玉龜山，謁王母於青琳宮，將盈同行。王君見西王母，稽首於前。盈乃叩頭再拜，自陳於王母前，得治身之要道。行其事歸家數十年，以漢元帝時，天官下迎來渡江東治句曲山。於是天皇大帝遣授黃金紫玉，策爲太元眞人東岳上卿，司命神君，仗紫毛之節，十絕靈幡，巾藕華冠，繡羽紫帔，於飛群，斑龍與素，虎軺曲晨，寶蓋瓊帷，緣寶執神，流火雙珠，月明錦旌，白羽玄千，金鍾玉磬，紫林之腴，玉漿金罌，治赤城山玉洞之府，上編上清，下宴太極，封掌吳越，司校太山死生錄，朝籍眾眞，定策金名，領授學道，試校群仙。時茅君弟吏二千石，當之官，鄉人多送之。茅君亦在座，曰：「余亦有職，某月日當之官。」賓客曰：「願奉送。」茅君言：「不須有所損費，吾有以供帳。」至期大作宴會，皆青縑，帷幄，下鋪重百氈，奇饌異果，羅列妓樂，合奏聞數里，從者千餘人。文吏則朱衣素帶，武吏則戎備曜日，茅君乃登羽蓋車去。以晉興寧三年七月四日夜，初降楊君家，着青錦繡裙，紫毛帔巾芙蓉冠。侍從七人入戶，一人執紫毛節，一人執十絕幡，一人帶綠章囊，一人握流金鈴，三人奉白牙箱並朱衣。以後數數來降，弟子迎候。仙人李遵撰傳，光顯于世間也。（《太平御覽》卷六百六十一）

　　霍林司命治赤城丹山玉洞之府。齊永明中，忽有大群鵠從西北來，下集霍門溪，溪谷塡塞，彌漫數里，多所蹋籍。狀如爲物所驚，一夕還飛向西北，計是赤城上都泉湖中物也。羅浮山，山洞周五百里，《眞誥》呼爲層城。葛洪交州遠停此解化。（《太平御覽》卷六百六十三）

句曲山，洞周一百五十里，秦時名爲句全之壇。漢時三茅君得道，來治此山。（《太平御覽》卷六百六十三）

金臺者，上眞內經封其中。（《太平御覽》卷六百七十三）

朱官使者，把綠節杖，瓊干羽旄。（《太平御覽》卷六百七十五）

太素眞人，把八景飛杖，九色之節，出入上清。三天玉童，頭連三角黃巾，手把九節金杖。（《太平御覽》卷六百七十五）

《太眞元君西母授說明堂玄眞經》云：「太上立玄，雙神四明。玄眞內映，明堂外清。吞息二暉，長生神精。上補司命，監御萬靈。六華充溢，撤視黃寧。」此四十字即玄眞之本經也。其後王母惣具更演說行事之法，猶如九眞中經惟以龍書爲主也。太上刻於鳳臺南軒，非惣眞弟子不教，非司命之玄挺不傳。（《太平御覽》卷六百七十八）

西母攜王君茅盈以詣固衷之宮。固衷，盈二弟也。西母撫背告之曰：「汝道雖成，所聞未足。我有所授汝。」乃遣侍女郭密香與上元夫人相聞云：「但不相見四千餘年，天事勞我，致以罕面，可暫來否，當此相待。」上元夫人遣一侍女答曰：「阿環再拜，上問起居。遠隔絳河，擾以官事，遂違顏色，近五千年。仰戀光潤，情係無違。密香至，奉信承降尊於茅、固處。聞命之際，即當飾駕，先被太常君勅，使詣希林校定三元之籙，正爾暫往。如是當還，還便束帶，願暫少留。」茅、固因問王母，不審上元夫人何眞也，曰：「三天眞皇之母，上元之高眞，統領十方玉女之名籙者也。」及上元夫人來，聞雲中簫鼓聲，龍馬嘶鳴。既至，從者甚眾，皆女子，齊年十六七，容色明逸，多服青綾之衣，光彩奪目。上元年未笄，天姿絕豔，服赤霜之袍，披青錦裘。頭作三角髻，餘髮散於腰。戴九晨夜月之冠，鳴六山火藻之佩，曳鳳文琳華大綬，執流黃揮精劍，入室向王母拜。王母坐止，呼之與同座，北向。上元夫人設廚，王君勅茅盈二弟固衷起，拜稽首而立，命坐復席。上元乃勅侍女出紫錦囊，開綠金之笈，《三元流珠經》《丹景道精經》《隱地八術經》《太極綠景經》，凡四部以傳固衷。西王母勅侍女李方明出丹瓊之函，披雲珠之笈，以玉佩金瑲太霄隱書、洞飛二景內眞符，以傳司命茅君。上元曰：「阿母隱書之妙，上眞內經，天仙所寶，封之金臺，佩入太微。動則八景玉與，靜則宴寢金堂。此文妙矣。阿環太極綠經等，可以致明月黃華，得白日之赤精也。」及西母上元俱去，惟王君獨留經日。於是盈與二弟訣別，而與王君俱去，到赤城玉洞之府，告二弟曰：「吾今去

便有局任，不得復數相徃來，句曲山是治所也。」漢光武建武七年三月丁巳，遣使者吳倫齎黃金五十斤，置于茅三君廟下，四時祠以太牢。至明帝永平二年，詔丹陽句容茅眞人廟，使營護修守。時邑人通呼此廟爲白鵠廟。句曲之洞宮有五門。石垲曲山，以水其門，令得徃來上下也。句曲洞天，東通林屋，北通岱宗，西通峨嵋，南通羅浮，皆大道也。其間小徑新路阡陌沙澮，非一處也。漢建安之末，左慈聞江東有此山，故尋之，齋戒三月而登山，乃得其門，入洞虛造陰宮。二茅君授以神芝三種，慈周旋洞室經年，制度甚肅，歎曰：「不圖天下復有如此之異乎！」至於地中洞天，有三十六所，王屋、委羽、西城、西玄、青城、赤城、羅浮、句曲、林屋、括蒼、崑崙、蓬萊、瀛州、方丈、滄浪、白山、八停之屬也，五岳及諸名山皆有洞室，或三十里、二十里、十里，岳洞方百里也。句曲山，秦時名爲句金壇，以洞天內有金壇百丈，因以致名也。漢靈帝時，勅郡縣採句曲之金，以充武庫。孫權時又遣宿衛人採金，常輸官。句曲山每至三月十八日、十二月二日，東卿司命茅君當是日請總眞玉君、太虛眞人、東海青童君會於句曲之上。好道者欲求神仙，宜先齋戒，俟此日登山陳乞也。茅君即授以要道，得入洞門。（《太平御覽》卷六百七十八）

　　紫微元靈白玉龜臺九靈太眞元君，即西王母也。上宰揔眞王君，東卿司命茅君之師，右英紫微夫人之母也。居崑崙墉臺，別治白玉龜山青琳之宮，朱紫之房，首戴華勝，腰帶虎章，葆蓋杏暎，羽旌蔭庭。以漢平帝時來降句曲華陽宮，授司命茅君玉佩金璫經。又獎教中小二君，至晉成帝時，與金闕聖君同降洛陽隱元臺，授魏夫人玉清隱書四卷。又穆天子傳所載詣西王母，及降漢武帝者皆是也。別有傳紀名《靈鏡洞玄上經》，或曰《大有妙經》，即今所存中元輔卿手執者，是未顯於世，主訓教天下學眞之人。（《太平御覽》卷六百七十八）

　　西極揔眞君者，茅司命之師也。生於商末，服青精䭀飯、九轉丹，用曲晨劍解之道治西域山宮。年三十，着繡衣，芙蓉冠，把鈴帶劍一。漢元帝時降陽洛山，授玉清虛上經三十一卷。晉時又降魏夫人於陽洛山，每以三月十二月，亦同來句曲，推校學仙，別有傳未顯於世。《神仙傳》云降蔡經家者，是此君也。（《太平御覽》卷六百七十八）

　　清虛王眞人揔眞王君弟子，南岳魏夫人師。漢元帝時，辭家人華陰山。九年，太極眞人降授二法。後入地肺山，又登陽洛山。平帝時。南極夫人、

西城王君同降，授上經三十一卷，王君共詣玄洲，請書眞名。乃還西城，修行道成，於是乘飛飆車遊行天下。後登白空山，詣紫清太素三元君，授流金、火鈴、豁落、七元、八景、飛晨、神策、玉璽畢，又還西城。太上遣賜繡羽晨蓋、雙珠月明、素羽瓊干、丹紱錦旌。太素又遣齎成命之書，以爲太素清虛眞人，治玉屋山，主領寶經。乘虎施輦，金蓋玉輪，八景飛輿，杖九色節，出入上清，授事太素，寢宴太極，南岳魏夫人師之，撰傳顯於世。（《太平御覽》卷六百七十八）

勾曲山上有神芝五種。求之法，當以三月登山，齎金環二雙，啓以奉誓，如此者三，以爲盟也。必得芝草，投環於石間，忘顧念。（《太平御覽》卷七百一十八）

大茅君治赤城丹山玉洞之府，則第六天。（《天台集》續集別編卷三）

紫陽左公，太極仙伯是也。（《施注蘇詩》卷三　原云出《大茅君傳》）

金闕帝君遣使者賜盈以四節、燕胎、流明、神芝，且告盈曰：「食四節隱芝者位爲眞卿，食金闕玉芝者位爲司命，食流明金英者位爲司祿，食長曜雙飛者位爲眞伯，食夜光洞革者總主左右御史之任。今子盡食之矣。」（《王荆公詩注》卷三十八）

第七洞名朱明耀眞之天。（《輿地紀勝》卷九十九）

仙家凡有三十六洞天，岱宗之洞周回三千里，名之曰三宮空洞之天。（《事類備要》前集卷五）

三十六洞第八勾曲洞，名華陽洞天。（《錦繡萬花谷》別集卷二十一）

《太元眞人東嶽上卿司命眞君傳》　李道撰

《太元眞人東嶽上卿司命眞君傳》，《雲笈七籤》題爲弟子中候仙人李道字安林撰，他書亦有徵引，文字相似，然多題爲《茅君內傳》，然是否同爲一書，疑不能定，今作輯校，與《茅君內傳》分列之。

眞人姓茅諱盈字叔申，咸陽南關人也。姬胄分根，氏族於茅，積德累仁，祚流百世，誕縱明賢，繼踵相承。高祖父諱濛字初成，深識玄遠，察覽興亡，

知周之衰，不仕諸侯。乃師于北郭北阿鬼谷先生，遂隱遁華山，盤桓靈峯，逍遙幽岫，靜念神仙，高抗蕭寥，絕塵人間也。盈曾祖父諱偃字泰能，濛之第四子也。仕秦昭襄王之世，位爲舍人，稍遷車騎校尉、長平恭侯，毗弼霸正，有功業於時焉。盈祖父諱嘉字正倫，仕秦莊王，爲廣信侯。始皇即位，嘉輔帝室。當莊襄王時也，秦地漸以并巴蜀、漢中、宛鄀，置南郡矣。北收上郡以東，爲河東、太原、上黨，東至滎陽，滅二周，置三川郡。以呂不韋爲丞相，號文信侯，以嘉爲德信侯，使招置賓客游士，欲並天下。始皇六年，韓、魏、趙、衛、楚共擊秦，取壽陵。始皇使嘉將兵攻之，有功焉。衛迫東都，嘉又剋討，皆平之。始皇壯嘉志節，賜金五千斤。二十五年，秦大興兵，使嘉攻燕遼東，得燕王而還。又遣嘉定荊，江南地皆降，是年置會稽郡，嘉將兵於會稽而亡。始皇哀其忠，因以相國禮葬之於長安龍首山西南。嘉有六子，並知名於時，始皇皆官爵承先，並各賜姓。其第六子諱祚字彥英，不仕不學，志願農巷，即盈之父也。祚有三子：長子諱盈，字叔申；次子諱固，字季偉；小子諱衷，字思和。

盈少秉異操，天才穎爍。矯志蕭抗，行邁遠逸。不營聞達，不交非類，獨味清虛，恬心玄漠。盈時年十八，遂棄家委親，入于恒山，讀老子《道德經》及《周易傳》，採取山術而餌服之。潛景絕崖，素挺靈岫，仰希標玄，與世永違。

始皇三十年九月庚子，盈高祖父濛，於華山之中，乘雲駕龍，白日昇天。先是時其邑謠曰：「神仙得者茅初成，駕龍上升入太清，時下玄洲戲赤城。繼世而往在我盈，帝若學之臘嘉平。」始皇聞謠歌而問其故，父老具對曰：「此仙人之謠，勸帝求長生之事。」於是始皇忻然，乃有尋仙之志，因改臘曰嘉平。

盈於恒山積六年，思念至道，誠感密應，寢興妙論，通于神夢，仿佛見太玄玉女把玉札而攜之曰：「西城有王君得眞道，可爲君師，子奚不尋而受教乎？」心豁靈暢，啓徒內爽，覺悟流光之騰曄，自謂已得之於千載矣。明辰植暉，東盼霄邁，登嶺陟峻，徑到西城。齋戒三月，沐浴向望，遂超榛冒險，稽首靈域，卒見王君。

後二十年，從王君西至龜山見王母。盈乃叩頭再拜，自陳於王母曰：「盈小丑賤生，枯骨之餘。敢以不肖之軀，而慕龍鳳之年，欲以朝菌之質，竊求積朔之期。雖仰遠流，莫以知濟，津途堅塞，所要無寄。常恐一旦死於鑽放之難，取笑於世俗之夫。是以昔日負笈幽林，貪師所生，遂遇王君，哀盈丹

苦，見授治身之要，服氣之法。於是靜齋深室，造行其事。師重見告，以盈身非玉石，而無主於恒。氣非四時，常生於內。正當率御出入，呼吸中適。和液得修，形神靡錯。感應思積，則魂魄不滯。理合其分，氣甄其適，乃可形精不枯。宅不可廢也。若使精神疲於往反，津液勞於出入，則形當日凋，神亦枯落，歲減其始，月虧其昔矣。宜便妙訪，求其長易之益。」西王母曰：「子心至矣！吾昔先師元始天王及皇天扶桑太帝君見遺以要言，汝願聞之邪？」於是口告盈以玉佩金璫之道、太極玄真之經。盈拜受所言，稽首而立。又告盈曰：「夫《金璫》者，上清之華蓋，陰景之內真；《玉佩》者，太上之隱玄，洞飛之寶章。得其道者，皆上陟霄霞，登邀太極，寢晏高空，遊行紫虛也。向說元始天王、太帝君言，是《太霄二景隱書玉佩金璫》之文章也。又有《陰陽二景內真符》，與本文相隨。《太上法》惟令授諸司命。子玉札玄挺，錄字刊金，黃映內曜，素書上清，似當為上卿之君，司命之任矣。此道後別當付於子也。然不先聞《明堂玄真之道》，亦無由得《太霄隱書》也。」

　　盈於是辭師乃歸，帶索混俗，亦不矯於世。自說入恒山北谷學儒俗之業，時年四十九也。盈父母尚存，父見大怒：「為子不孝，不親供養，尋逐妖妄，流走四方，吾當喻汝為不生之子也。」欲杖罰之。盈長跪謝曰：「盈受命應當得道，道法世事，兩不相濟。雖違遠供養，無旦夕之益。能使家門平安，父母老壽。盈已受聖師符籙，見營助者以天丁之兵，見侍衛者以仙童玉女。今道已成，不可打擊，恐三官考察，非小故也。」父外信禮度，未該內秀。道德玄域，意有未釋。故驗盈情狀，俾眾不惑。於是操杖向盈，適欲舉杖，杖即摧折成數十段，段皆飛揚，如弓矢之發，中壁壁穿，中柱柱陷。父悟不凡，嗔意乃止。盈曰：「向所啓正慮如此，邂逅中人則有所傷故耳。」

　　至漢宣帝時，二弟俱貴。衷為五官大夫、西河太守，固為執金吾，並當之官，鄉里相送者數百人。時盈亦在座，謂賓曰：「吾雖不作二千石，亦有仙靈之職矣。來年四月三日當之官，能如今日之集會不？」眾許之。至期日，盈門前數頃地忽自平治，無復寸芥，皆青縑幄屋，屋下鋪數重白氈，容數百人坐。遠近翕赫相語，來者塞道。客乃有數倍於送弟時。眾賓並集，爾乃大作主人，不見使人，但見金槃玉杯自至人前，奇餚異果不可名字。酒又美好，又有妓樂，絲竹金石，聲動天地。香麝之芳，達於數里。飲食隨益，六百餘人莫不醉飽。明日迎官來至，文官則朱衣素帶數百人，武官則甲兵牙旗器杖曜日。盈與家人及親族辭決，而語宗室子弟曰：「夫真仙道隱，貴在跡翳，不

應表光曲飾，動耀視聽。吾所以不得默遁藏景，潛舉空同者，蓋欲以此道誘勸二弟之追慕也。亦何但固衷之返迷耶？天下有心者，盡當注向神仙之冀獲爾！」言訖，遂歸句曲。邦人因改句曲為茅君之山。

　　時二弟在官，聞盈玄跡眇邁，白日神仙，乘飛步虛，越波淩津，靈官奉從，著於民口，節蓋旌旗，光耀天下。始乃信仙化可學，神靈可致。然後明松喬不虛，鼎湖實有。於是並各棄官還家，以日仄之年，方修盈糟粕遺事。不得口訣，未為補益。乃相與共歎而相謂曰：「家兄得道，非他人也。忽不往從親稟問密訣，而留此按云云方書，以規度世乎？縱往而不達，兄之神仙，終不使吾等死於非所也。」遂共棄家，扶輿自載，以尋斯舉。以漢元帝永光五年三月六日渡江，求兄於東山，遂與相見。悲忻流涕告二弟曰：「悟何晚矣！」二弟跪曰：「固衷頑下，不達道德。願賜長生，濟弟元元。」盈曰：「卿已老矣，難可補復。縱得真訣，適可成地上仙耳。其上清昇霄大術，非老夫所學。今且當漸階其易行，以自支住。」於是並教二弟服《青牙始生咽氣液之道》，以住血斷補焦枯攝筋骨之益，亦停年不死之法也。因以長齋三年，授以上道，使存明堂玄真之氣，以攝運生精，理和魂神。三年之內，竭誠精思，神光乃見。於是六丁奉侍，天兵衛護。盈又各賜九轉還丹一劑，並神方一首，各拜而服之，仙道成矣。

　　後授《紫素之書》各百字，以付固、衷。固、衷拜受，其時亦有執儀者以啓正之。《紫素文》曰：太上有命，天載真書言：「咸陽茅固，家于南關，厥字季偉，受名當仙。位為定錄，兼統地真。使保舉有道，年命相關，勤恭所蒞，《四極法》令，宮館洞臺，治丹陽句曲之山。固其晶之，動靜察聞。」又曰：「盈、固弟衷，挺業該清。雖晚反正，思微徹誠。斷鹹六天，才穎標明。今屈司三官，保命建名。總括岱宗，領死記生。位為地仙，九宮之英。勸教童蒙，開道方成。教訓女官，授諸妙靈。蒞治百鬼，典崇校精。開察水源，江海流傾。封掌金谷，藏錄玉漿。監植龍芝，洞草夜光。治于良常之山，帶北洞之口，鎮陰宮之門也。」使者授書訖而去。

　　至漢平帝元壽二年八月己酉，五帝各乘方面色車，從群官來下，受太帝之命，授盈為司命東卿上真君。文以紫玉為板，黃金刻之。其文曰：「帷盈虛挺遠朗，幽耽妙玄。爰自童蒙，散髮北山。靜心林澤，積思求神。登峻履谷，艱尋師門。擲形絕嶠，投軀萬津。丹誠率往，肆其天然。遂造明匠，乃授靈篇。剪髮祝跪，殘首截身。帶索自樂，不恥饑寒。所適惟道，所保以真。情昭

上帝，感激太玄。今敬授盈位爲太元眞人，領東嶽上卿司命神君。君平心正格，秉操金石，丹心矯衆，栖神高映。故報盈以玉鉞、綠旌、《八威之策》，使盈征伐源澤，折沖萬神。君寒凍林谷，味玄仰眞，思激窮岫，啓心精誠。今故報盈以紫髦之節，藕敷華冠，使盈招驅萬靈，封山召雲。君棄家獨往，離親樂仙，契闊嶮巇，冬祖山川。今故報盈繡羽紫帔，丹青飛群。使盈從容霄階，攜命玉眞。君步驟深藪，足履危仞，心耽志尚，曾不惥憚。今故報盈以斑龍之輿，素虎之軒，盈浮晏太空，飛輪帝庭。君披榛併景，寒淩霜雪，心求明眞，不戰不慄。今故報盈以曲晨寶蓋，瓊幃綠室。使盈遊盼九宮，静神溫密。君遠秀遁榮，無疲於心，潛形幽嶽，静思萬林。今故報盈以流金火鈴，雙珠月明。可以上聞太極，通音上清。君貞心高靜，淫累不經，素挺浩映，内外坦平。今故報盈以錦旌繡旛，白羽玄竿。可以呼召六陰，玉女侍軒。君慈向觸物，陰德萬生，蠢動之毛，皆念經營。今故報盈以鳳鸞之簫，金鐘玉磬。可以和神虛館，樂眞舞靈。君饑渴養神，艱辛求眞，萬物不能致其惑，千邪不能毀其淳。今故賜盈紫琳之腴，玉漿金醴。可以壽同三光，刻簡丹瓊也。盈標領清玄，紫瑋八映，心暉重離，神曜太霞。實眞人之長者，故以太元爲號。君九德既備，感積太微，天人虛白，不期同歸。今酬九事，以報往懷。盈心神方朗，四靈所栖。丹神啓煥，秉直不廻。正任全固，監無昭微。今屈宰上卿，總括東嶽。又加司命之任，以領錄圖籍。給玉童玉女各四十人，以出入太微，受事太極也。治宫赤城玉洞之府，盈其涖之，動靜以聞。」

於是盈與二弟决別，而與王君俱去，到赤城玉洞之府。道次，諸山川神靈有司迎啓，引者將以千萬矣。臨去，告二弟曰：「吾今去矣，便有局任，不得復數相往來，且夕相見。要當一年再過來於此山，三月十八日、十二月二日期，要吾師及南嶽太虛赤眞人，遊盼於二弟之處也。將可記識之。及有好道者，待我於是乎！吾自當料理之，以相教訓未悟。」

於是季偉思和遂留治此山洞内，立宫結構於外。將道著萬物，流潤蒼生。德加鳥獸，各獲其情。神驗禍福，罪惡必明。内法既融，外教坦平。爾乃風雨以時，五禾成熟。疾癘不起，暴害不行。父老歌曰：「茅山連金陵，江湖據下流。三神乘白鵠，各治一山頭。召雨灌旱稻，陸田苗亦桑。妻子咸保室，使我無百憂。白鵠翔青天，何時復來遊？」（《雲笈七籤》卷一百四）

《馬明生別傳》

　　《馬明生別傳》，或作《馬明生內傳》，不題撰人，卷數不詳，《隋書・經籍志》、兩《唐志》不見著錄，《太平御覽經史圖書綱目》列之。馬明生，一作馬鳴生，本姓和，字君和，東漢時人，其事跡主要見於《太平御覽》。

　　明生隨神女入石室〔一〕，金牀玉几，〔二〕彈琴有一弦，五音並奏。（《藝文類聚》卷四十四　又略見於《初學記》卷二十五《北堂書鈔》卷一百三十三《錦繡萬花谷》續集卷六）

　　〔校記〕

　　〔一〕石室，《初學記》、《北堂書鈔》、《錦繡萬花谷》續集皆作「室中」。

　　〔二〕金牀，《初學記》、《錦繡萬花谷》續集上有「臥」字，《北堂書鈔》上有「有」字；
　　　　玉几，《初學記》作「玉机」，《錦繡萬花谷》續集作「玉機」，且引文皆止此。

　　明生隨神女入石室，金床玉几，時自彈琴，有弦五音，普奏聞於數里。（《太平御覽》卷五百七十七）

　　明生見神女，年可十六七，隨神女入岱宗山石室，金牀玉几，安期生見神女，亦設廚膳，自稱下官。（《北堂書鈔》卷一百三十三）

　　安期生仙人見神女，設廚膳，安期曰：「昔與女郎遊息於西海之際，食棗異美，此間棗小，不及之，憶此棗味久，已二千年矣。」神女云：「吾昔與君共食一枚，乃不盡，此間小棗，那可相比耶。」（《藝文類聚》卷八十七）

　　明生捕賊，為賊所傷。道間見神女，以肘後管中一丸藥與服，即愈。隨女入岱宗山石室，金床玉幾。安期生從六七仙人見神女，稱「下官」，請陽九百六之數。神女曰：「自頃四海水減，冥湖成山。連城之鯨、萬丈之蛟，不達斯運之度。惟叩天索水，辭訟紛紜。有於上府三反，煩於省察，司陰亦疲於謹案矣。」（《太平御覽》卷九百三十）

　　明生少逢神女，還岱宗，見安期生曰：「昔與女郎遊於安息西海之際，食棗異美，忽已三千年矣。」（《事類賦》卷二十六）

《馬明生內傳》

靈寶天書，封于九天之上大有之宮，西華玉女金晨紫童典衛之。（《太平御覽》卷六百七十二）

龔仲陽授嵩高小童步紀之法。（《太平御覽》卷六百七十九）

《葛仙公別傳》

《葛仙公別傳》，不題撰人，《隋書·經籍志》、兩《唐志》均不見著錄。佚文見於《太平御覽》《藝文類聚》《白氏六帖事類集》等書。葛玄（164-244），三國方士，字孝先，丹陽句容（今屬江蘇）人。爲葛洪從祖父，道教尊爲葛仙翁。

公與客談語〔一〕，時天大〔二〕寒。仙〔三〕公謂客曰：「居貧，不能人人〔四〕得爐火，請作一大火，共致暖者〔五〕。」仙〔六〕公因吐氣，火赫然從口出〔七〕，須臾火滿屋〔八〕，客皆熱脫衣〔九〕。（《太平御覽》卷三十四）

〔校記〕

〔一〕語，《白氏六帖事類集》、《太平御覽》卷八百六十八作「話」。

〔二〕《白氏六帖事類集》、《太平御覽》卷八百六十八無「大」字。

〔三〕《白氏六帖事類集》、《太平御覽》卷八百六十八無「仙」字。

〔四〕《太平御覽》卷八百六十八無「人人」二字。

〔五〕共致暖者，《白氏六帖事類集》作「以共煖焉」，《太平御覽》卷八百六十八無此四字。

〔六〕《太平御覽》卷八百六十八無「仙」字。

〔七〕《白氏六帖事類集》、《太平御覽》卷八百六十八「出」前有「而」字。

〔八〕《藝文類聚》「火」作「大」，當爲形訛；《白氏六帖事類集》、《太平御覽》卷八百六十八「屋」作「室」。

〔九〕《藝文類聚》「衣」後有「也」字；本句《白氏六帖事類集》作「坐客皆熱脫衣矣」，《太平御覽》卷八百六十八作「坐客皆熱而脫衣也」。

仙公與客對食，客曰：「食畢〔一〕，當請先作一奇戲。」食未竟，仙公曰：「諸君得無邑邑，欲見乎。」〔二〕即吐口中飯，盡成飛蜂，滿屋，或集客身〔三〕，莫不震肅，但自不螫人耳〔四〕，良久仙公乃張口，見蜂皆飛還入

口中，成飯食之〔五〕。（《藝文類聚》卷九十七　又見於《太平御覽》卷九百五十
《事類賦》卷三十　案：本條《藝文類聚》原云出《葛仙翁別傳》，《太平御覽》
原云出《葛仙公列傳》）

〔校記〕

〔一〕《太平御覽》《事類賦》皆無「食畢」二字。

〔二〕《太平御覽》《事類賦》皆無「日諸君得無邑邑欲見乎」九字。

〔三〕《太平御覽》「身」後有「上」字。

〔四〕《太平御覽》無「耳」字，《事類賦》無「人耳」二字。

〔五〕「見蜂」下二句，《太平御覽》作「見蜂飛還入口中成飯」，《事類賦》作「蜂飛入中，
　　　悉復成飯」。

孫堅欲害仙公。馳馬往，逐見仙公徐行，逐之不及。（《太平御覽》卷三百
九十四）

時有一老人頗能治病，從中國來，其人言年已數百歲，後他坐，仙公欲
知此公定年。俄一人從天下，舉坐瞻目，良久集地，著朱衣、進賢冠，即問
此公曰：「天遣我來，問君定年幾何？故欺詐民人，速以實對！」公大怖，下
地長跪，言曰：「無狀，實九十三。」仙公因撫手大笑。忽然失朱衣人所在。
（《太平御覽》卷四百九十四）

仙公付書符投江中，順流而下。次又投一符，逆流而上。次投一符，不
上不下，停住水中，而向二符皆還就之。（《太平御覽》卷七百三十六）

仙公為客設酒，不令人傳之，見杯自至人前，若不盡者，則杯不去。（《太
平御覽》卷七百五十九）

取十錢，使人一一投井中。公井上以器呼錢，人見從井中一一飛出，入
公器中。投人刻識之，所呼皆得是所投者。（《太平御覽》卷八百三十六）

《葛仙公傳》

《葛仙公傳》不題撰人，《隋書·經籍志》、兩《唐志》均不見著錄。
章宗源《隨經籍志考證》言《靈佑宮道藏目錄》有《太極葛仙公傳》一卷。
佚文見於《太平御覽》《藝文類聚》《白氏六帖事類集》等書。

崑崙山〔一〕一曰玄圃臺〔二〕，一曰積石〔三〕瑤房，一曰閬風臺，一曰華蓋，一曰天柱，皆仙人所居〔四〕。(《太平御覽》卷三十八　又見於《白氏六帖事類集》卷二《藝文類聚》卷七《緯略》卷十二)

〔校記〕

〔一〕《藝文類聚》《緯略》皆無「山」字。

〔二〕《藝文類聚》《緯略》皆無「臺」字。

〔三〕《白氏六帖事類集》無「石」字。

〔四〕《藝文類聚》《緯略》「居」後皆有「也」字。

玄與客談，時寒，公謂客曰：「居貧不能人人得爐火。」公因吐氣，火赫然，須臾滿屋，皆熱師脫衣矣。(《北堂書鈔》卷一百五十六)

吳主曾與仙公坐於樹上，望見道間人民請雨，土人累時不得。仙公曰：「雨可得耳。」即書符，着社廟中，日午大雨尺餘水。(《太平御覽》卷十一)

仙公取數十錢，使一人投井水，公從井上呼錢，又一一飛從井中出，入公器中也。(《太平御覽》卷一百八十九)

仙公與客對食，吐口中飯，盡成飛蜂。良久，乃張口，蜂皆飛還入口中成飯。(《太平御覽》卷八百五十)

《顏修內傳》

《顏修內傳》，不題撰人，《隋書·經籍志》、兩《唐志》均不見著錄，佚文見於《太平寰宇記》《太平御覽》《事類賦》。顏修，史書無傳。

橋順字重產，有二子曰璋曰琮〔一〕，師事仙人盧子基於隆慮山栖霞谷，教二子清虛之術〔二〕，服飛龍藥一丸，千年不饑。〔三〕故魏文帝〔四〕詩曰：「西山有雙童，不飲亦不食。」謂此也〔五〕。(《太平寰宇記》卷五十五　又見於《太平御覽》卷四十五《事類賦》卷七)

〔校記〕

〔一〕重，《太平御覽》作「仲」。《事類賦》此句作「橋順二子曰璋曰瑞」。

〔二〕《事類賦》無「教二子清虛之術」七字。

〔三〕《太平御覽》此處另起一行，引「魏文帝詩曰：『西山有雙童，不飲亦不食。』謂此也」，疑誤將魏文帝之詩單獨列出另作一條。

〔四〕魏文帝，《事類賦》作「魏武」。此詩爲魏文帝所作《折楊柳行》，《事類賦》誤。

〔五〕《事類賦》無「謂此也」三字。

仙母即仙子，王津母也。墓前有大樹，有九株存。（《太平寰宇記》卷五十五）

《蘇林傳》

《蘇林傳》，不題撰人，《隋書·經籍志》、兩《唐志》均不見著錄，佚文見於《太平御覽》所引一條。蘇林字子玄，濮陽曲水（今河南濮陽）人，史書無傳。

林字子玄，濮陽曲水人也。父秀，含德隱曜，居於恒山。林少稟異操，至趙，師琴高先生，授鍊氣益命之道。又師華山仇先生，授還神之術，曰子眞人也。當學眞道，乃致林於涓子。未遂，告林眞訣。先生曰：「必作地上眞人，當先去三尸。」林後授紫陽眞人道訣凡二百餘事。至于守玄丹洞房，三元眞人具標上焉。林爲中岳眞人。（《太平御覽》卷六百六十一）

《神女傳》　晉張敏撰

《神女傳》，張敏撰，《隋書·經籍志》、兩《唐志》均不見著錄，原文久佚。又有《太平御覽》所引《智瓊傳》兩則，當出於《神女傳》，神女，姓成公，名智瓊傳。今人李劍國先生據《太平廣記》所引《集仙錄》及《法苑珠林》《藝文類聚》《太平御覽》《北堂書鈔》《文選》注等書重加考辨校訂，復原《神女傳》，其說頗可信從，故《神女傳》之文，全錄李劍國先生輯錄成果（李劍國《新輯搜神記》，中華書局，2007 年版）。張敏，《晉書》無傳，太原人，歷任平南參軍、太子舍人、濟北長史、益州刺史，《隋志》、兩《唐志》載其文集二卷，今皆散佚。

　　魏濟北國從事掾弦超，字義起，以嘉平中夜獨宿，夢有神女來從之。自稱天上玉女，東郡人，姓成公，字智瓊，早失父母，天帝哀其孤苦，遣令下嫁從夫。義起當其夢也，精爽感悟，嘉其美異，非常人之容，覺寤欽想，若存若亡，如此三四夕。一旦，顯然來遊，駕輜軿車，從八婢，服綾羅綺繡之衣，姿顏容體，狀若飛仙，自言年七十，視之如十五六女。車上有壺榼，青白琉璃五具，飲啗奇異，饌具醴酒，與義起共飲食。謂義起曰：「我天上玉女，見遣下嫁，故來從君。不謂君德，蓋宿時感運，宜爲夫婦。不能有益，亦不能爲損。然行來常可得駕輕車乘肥馬，飲食常可得遠味異膳，繒素常可得充用不乏。然我神人，不能爲君生子，亦無妒忌之性，不害君婚姻之義。遂爲夫婦。」遂爲夫婦。贈詩一篇，其文曰：「飄颻浮勃逢，敖曹雲石滋。芝英不須潤，至德與時期。神仙豈虛降，應運來相之。納我榮五族，逆我致禍災。」此其詩之大較，其文二百餘言，不能悉錄。兼注《易》七卷，有卦有象，以象爲屬。故其文言既有義理，又可以占吉凶，猶揚子之《太玄》，薛氏之《中經》也。義起皆能通其旨意，用之占候，作夫婦經七八年。父母爲義起娶婦之後，分日而燕，分夕而寢，夜來晨去，倏忽若飛，唯義起見之，他人不見也。雖居闇室，輒聞人聲，常見蹤跡，然不覩其形。每義起當有行來，智瓊已嚴駕於門。百里不移兩時，千里不過半日。義起後爲濟北王門下掾，文欽作亂，景帝東征，諸王見移于鄴宮，宮屬亦隨監國西徙。鄴下狹窄，四吏共一小屋。義起獨臥，智瓊常得往來，同室之人，頗疑非常。智瓊止能隱其形，不能藏其聲；且芬香之氣，達于室宇，遂爲伴吏所疑。後義起嘗使至京師，空手入市，智瓊給其五匣弱緋、五端綑紵，采色光澤，非鄴市所有。同房吏問意狀，義起性疎辭拙，遂具言之。吏以白監國，委曲問之，亦恐天下有此妖幻，不咎責也。後夕歸，玉女已求去，曰：「我神仙人也，雖與君交，不願人知。而君性疏漏，我今本末已露，不復與君通接。積年交結，恩義不輕，一旦分別，豈不愴恨。勢不得不爾，各自努力矣。」呼侍御人下酒啗食，發篋，取織成裙衫兩襠遺義起。又贈詩一首，把臂告辭，涕零溜灕，肅然升車，去若飛流。義起憂感積日，殆至委頓。去後積五年，義起奉郡使至洛，到濟北魚山下，陌上西行。遙望曲道頭，有一馬車，似智瓊，驅馳前至，視之果是玉女也。遂披帷相見，悲喜交至，控左授綏，同乘至洛，克復舊好。至太康中猶在，但不日月往來。每於三月三日、五月五日、七月七日、九月九日、月旦、十五。輒下往來，來輒經宿而去。

　　張敏爲之賦《神女》其序曰：「世之言神仙者多矣，然未之或驗也。至如
弦氏之歸，則近信而有徵者。甘露中，河濟間往來京師者，頗說其事，聞之
常以鬼魅之妖耳。及遊東土，論者洋洋，異人同辭，猶以流俗小人，好傳浮
僞之事，直謂訛謠，未遑考核。會見濟北劉長史，其人明察清信之士也。親
見義起，受其所言，讀其文章，見其衣服贈遺之物，自非義起凡下陋才所能
構合也。又推問左右知識之者，云當神女之來，咸聞香薰之氣，言語之聲。
此即非義起淫惑夢想明矣。又人見義起強甚，雨行大澤中而不沾濡，益怪之。
夫鬼魅之近人也，無不羸病損瘦。今義起平安無恙，而與神人飲燕寢處，縱
情兼欲，豈不異哉！余覽其歌詩，辭旨清偉，故爲之作賦。賦曰：「皇覽余之
純德，步朱闕之崢嶸。靡飛除而入祕殿，侍太極之穆清。帝愍余之勤肅，將
休余於中州。託玄靜以自處，寔應夫子之好仇。於是主人憮然而問之曰：『爾
豈是周之褒姒、齊之文姜，孽婦淫鬼，來自藏乎？儻亦漢之遊女，江之娥皇，
獻眞倦俙仙侍乎？』於是神女乃斂袂正襟而對曰：『我實貞淑，子何猜焉！且
辯言知禮，恭爲令則；美姿天挺；盛飾表德』以此承歡，君有何惑？爾乃敷
茵席，垂組帳。嘉旨既設。同牢而饗、微聞芳澤，心蕩意放。於是尋房中之
至嬿，極長夜之歡情。心眇眇以忽忽，想北里之遺聲。既澹泊於幽默，揚決
寐而中驚。賦斯時之要妙，進偉服之紛敷。俯撫袵而告辭，仰長歎以欷吁。
乘雲霧而變化，遙棄我其焉如。

　　弦超爲神女所降。論者以爲神仙，或以爲鬼魅，不可得正也。著作郎干
寶以《周易》筮之，遇頤之益。以示同寮郎郭璞曰：「頤，貞吉，正以養身，
雷動山下，氣性唯新，變而之益。延壽永年，乘龍銜風，乃升于天。此仙人
之卦也。」(《太平廣記》卷六十一　又見於《法苑珠林》卷五《藝文類聚》卷七十
九《太平御覽》卷三百九十九、卷六百七十七、卷七百二十八《北堂書鈔》卷一百二
十九《文選》謝靈運《擬魏太子鄴中集詩八首》李善注)

《清虛眞人王君內傳》　　晉魏華存撰

　　《清虛眞人王君內傳》，《隋書·經籍志》著錄爲一卷，魏華存撰，兩
《唐志》著錄爲一卷，不題撰人。《宋史·藝文志》著錄南嶽夫人撰《清虛
王君內傳》一卷，《崇文總目》道書類著錄爲《王清虛內傳》一卷，《通志》

則著錄爲《清虛眞人王君内傳》，弟子華存傳，《太平御覽經史圖書綱目》列爲《清虛眞人王君内傳》。《眞誥敘錄》謂有掾書《王君傳》，即是此書。魏華存，晉代女道士，王褒弟子，則是書撰於晉代，存於《雲笈七籤》卷一百六，篇幅較長，較爲完整，又有《初學記》《太平御覽》所引佚文。

　　華存師清虛眞人王君諱褒字子登，范陽襄平人也，安國侯七世之孫，君以漢元帝建昭三年九月二十七日誕焉。洪基大業，世籍貴盛。君父諱楷，以德行懿美，比州所稱，舉茂才，除議郎，轉中壘大夫、上黨太守、黃門侍郎、侍中、左將軍、鴈門太守。楷正色彤管，坦誠獻替，納言推謨，披衿拔領，率職蒞民，政以禮成，捨刑寬賦，不肅而敬。天子賢之，遷殿上三老，使賓皇太子，講《春秋》《尚書》《論語》《禮》《易》。恢恢仁長，循循善誘。微言既甄，搢紳乘其範；大義已陳，百王格其准。遷光祿大夫，謚曰文侯。夫人司馬遷之孫，淑愼沈博，德配母儀。蓋以清源高流，圓穎遠映，靈根散條，芳華朗曜。是用忠孝啓於上葉，善誘彰於文德，世載英旄，斯人有焉。君體六和之妙焉，挺天然之嘉質，含嶽秀以植韻，秉靈符而標貴，暉灼煥於三晨，峻逸超於玄風。少讀五經，傍看百子，綜籌象緯，通探陰陽，及風焉律呂，靡有不覽也。父爲娉丞相孔光女，娶婦在室，以和人倫。而君凝形淳觀，明德獨往，高期眞全，絕不内盼。峨峨焉若望慶雲之杳軫，浩浩焉似泛滄溟之無極。神棲萬物之嶺，焉邁霄漢之津。鴻漸鄧林，展翮東園。將藏鳳羽以翳於南風，匿龍華以沈於幽源。是乃夜光潛躍，映耀於難掩。遂名沸絶圖，聲馳京夏，四府交辟。君即閑夜之感，喟然悲嘆曰：「人間塵藹，趣競得失，利害相攻，有逾鵪鶉之視老燕矣！」遂決志辭親，入華山中九年。契闊備至，精感昊穹，神映幽人，體期冥靈，心唱至眞爾！

　　一日夜半，忽聞林澤中有人馬之聲，簫鼓之音，須臾之間，漸近此山，仰而望之，見千騎萬乘，浮虛空而至。神人乘三素雲輦，手把虎符，朱鉞啓途，握節執旄，曲晨傾蔭，錦旆蔽虛。神人暫停駕而言曰：「吾太極眞人西梁子文也。聞子好道，劬勞山林，未該眞要，誠可愍也！勤企長生，實爲至矣！」君乃馳詣輪轂之下，叩頭自搏而言曰：「褒以肉人，愚頑庸賤，體染風塵，恣躁亂性。然少好生道，莫知以度？」眞人曰：「夫學道無師，無緣自解。我太極眞人，神仙之司主，試校學者，領舉正眞爾！子玄錄上清，金書東華，名編清虛，位登小有，必當掌括寶籍，爲天王之任爾。但注心四景，勤慕上業，

道自成也。」後隱陽洛山中，感南極夫人、西城眞人並降。南極夫人乃指西城曰：「君當爲王子登之師，子登亦佳弟子也。」良久，西城眞人長嘆而謂君曰：「夫學道者諒不可以倉卒期，求生者不可以立爾綜。故冥術樓於玄元而高偕，太妙凌重霄以纛抗矣。夫道雖無形，其實有焉；妙雖昧昧，其實坦然。子當勤求其無，然後見其至有。子廣延諸妙，然後究其坦大。得有則有生，得妙則年全也。子求生雖篤，而未見其涯。慕道雖勤，而未啓其門。殆猶泝湧波以索鳥巢，尋長木而訪淵鱗爾！是故子心疲於導引，而朱宮爲之喪潰。肺弊於理炁，故神華爲之凋落。肝勞於視盼，而魂精爲之遼索。脾竭於守神，而丹田爲之閡滯。腎困於經緯，而津液爲之不澤。膽銳於趣競，故四肢爲之亂作。五臟相攻，六府顚覆。三焦滯而不瀉，八關絕而無續。賴齕飯以勁汝身，恃丹青以固汝內爾！正可却衰白之凋折，猶不免必死之期會。徒有萬年之壽，豈足貴乎？」西城眞人遂以即日授君《太上寶文》《八素隱書》《大洞眞經》《靈書八道》《紫度炎光》《石精玉馬》《神虎眞文》《高仙羽玄》凡三十一卷，依科立盟結誓而付。

乃將君觀玄洲，須臾而至，四面大海，懸濤千丈，洲上宮闕，朱閣樓觀，瓊室瑤房，不可稱記。西城眞人曰：「此傉都之府，太上丈人處之。」乃將君入紫桂宮，見丈人著流霞羽袍，冠芙蓉之冠，腰帶神光，手把火鈴，侍女數百，龍虎衛階。太上丈人與西城眞人相禮而已，相攜共坐，君時侍側焉。太上丈人曰：「彼所謂王子登乎？學道遭逢良師，將得之矣。」西城眞人笑，因命君拜。拜畢，太上丈人使坐北向。丈人乃設廚膳，呼吸立具，靈肴千種，丹醴湛溢，燔煙震檀，飛節玄香，陳鈞天之大樂，擊金璈於七芒，崆峒啓音，徹朗天丘。於是龍騰雲崖，飛鳳鳴嘯，山阜洪鯨，湧波凌濤，雲起太虛，風生廣遼，靈歌九眞，雅吟空無，玉華作唱，西妃折腰。爾乃眾仙揮袂，萬神遷延，羽童拊節，慶雲纏綿。於是太上丈人會二十九眞人，皆玄洲之太眞公也。其第一眞人自稱主仙道君，指君而向西城眞人言曰：「彼悠悠者，將西城之室客，上宰之賓友耶！視此子心眸澄邈，神淳形凝，圓晨不煥六景發華，殆眞人之美者！小有之賢王也。未彼果何人哉？」於是西城眞人笑而答曰：「道君今何清音之不妙，曲問之陋碎哉？請粗陳其歸要焉。蓋夫聖匠剖太混之一朴，分爲億萬之體；發大蘊之一包，散爲無窮之物。是故立三光呼天而置晷儀，封區域呼地而制五服，制漏刻以分日夜，正四時以財歲月，五位以正方面，山川以定險阻，城郭以自居焉，兵械以自衛焉，旌旗輿服以自表，用九

穀以自養。凡此之類，象玄乎天而形存乎地，日月有幽明之分，寒暑有生殺之炁，震雷有出入之期，風雨有動靜之節，類炁浮乎上而眾精流乎下，廢興之數、治亂之運、賢愚之質、善惡之性、剛柔之炁、壽夭之命、貴賤之位、尊卑之班、吉凶之徵、窮達之期普陳矣。性發乎天，而命成乎人也。故立之者天，而行之者道，受焉性合神同，混而爲一，流通並行，不可細得分別也。」於是主仙道君命侍女范運華趙峻珠王抱臺等，發瓊笈、披綠蘊，出《上清隱書龍文八靈眞經》二卷授子登，又以雲碧陽水晨飛丹腴二升賜君，君拜服之。

眞人遂將君還西城，九年道成，給飛飆之車，東行渡啓明滄海，登廣桑山，入始暉庭，詣太帝君，稽首再拜，太帝授以《龍景九文紫鳳赤書》《上清神圖八道玉籙》。次南行渡勃海丹海，登長離山，詣南極紫元夫人，一號南極元君，授以《九道回玄太丹綠書》。又詣赤臺童子、華蓋上公，授以五雲夜光雲琅水霜。南極夫人曰：「昔日之言，豈負舉哉！君稽首謝恩辭退。次西行渡庚丘巨海沉羽之津，登麗農山，詣紫蓋晨夫人景眞三皇道君，授以《玉道綠字回曜太眞隱書》。次北遊渡彫柔玄海，濟飲龍上河匏瓜津，登廣野山，詣高上虛皇大道玉君。會其出遊，駕日月之晨，乘紫始之光，鬱藹黃素之雲，勃蔚八景之曜，飛眞萬億，不可稱數。君再拜道側，唱者曰聞。君乃詣上清玉晨帝君、玄清六微元君，二君授以《寶洞飛霄絕玄金章》及賜《太極隱書》、龍明珠絳和雲芝，君拜而飲之，即身金色，項映圓光，七曜散華，流煥映形。又退登閬風之野玄圃之宮，詣中皇玉帝，受《解形遁變流景玉經》。乃越鬱絕，濟弱河，西詣龜臺，謁九靈太眞上清夫人，退更清齋三月，受《三華寶曜瓊文琅書》《靈暉上籙》《七晨素經》。退又清齋三年，浮浩汗之河，登白空虞山，山周廻三萬里，遊行翌日，趨詣紫清太素瓊闕，即太素三元上道君所治焉。處丹靈白玉宮，飛映絕曜，紫霞落煥，七光交陳，結於雲宇之上，奇麗玄黃，不可名字。仙童玉女，侍右天尊，蓋無數也。君既至，稽首再拜，詣瓊闕之下久時，太素三元上道君乃使繡衣命者西林藻，授君《金眞玉光流金火鈴豁落七元八景飛晨》。又使清眞左夫人郭靈蓋右陽玉華仲飛姬，齎神策玉璽，授君以爲太素清虛眞人，領小有天王、三元四司、右保上公，治王屋山洞天之中，給玉童玉女各三百人，主領上清玉章、《太素寶玄》、太極上品、九天靈文、六合祕籍、山海妙經，悉主之焉。又總括洞內明景三寶，得乘虎旍龍輦，金蓋瓊輪，八景飛輿，出入上清，受事太素，寢宴太極也。後歸西城，清齋三月，授書爲太素清虛眞人矣。（《雲笈七籤》卷一百六）

神人乘三雲之輦。(《初學記》卷二十五)

委羽山洞周迴萬里，名曰大有空明天，司馬季主在其中。(《太平御覽》卷六百七十四)

西域玉山洞周迴三千里，名太玄惣眞天，司命君之所處也。(《太平御覽》卷六百七十四)

《眞人王褒內傳》

五靈〔一〕丹山上有玄雲之〔二〕李，食之得仙。(《太平御覽》卷九百六十八又見於《初學記》卷二十八《事類賦》卷二十六)

〔校記〕

〔一〕靈，《事類賦》作「雲」。

〔二〕之，《初學記》《太平御覽》無。

眞人將褒見太上丈人，著流霞羽袍，芙蓉冠。(《太平御覽》卷六百九十三)

《西城王眞人傳》

《西城王眞人傳》，不題撰人，《隋書・經籍志》、兩《唐志》均不見著錄。佚文見於《太平御覽》。

解化之道，尸不不〔一〕能俱神化者也。(《太平御覽》卷六百六十四)

〔校記〕

〔一〕或衍一「不」字。

《南嶽魏夫人內傳》　　晉范邈撰

《南嶽魏夫人內傳》，或作《南嶽夫人傳》《魏夫人傳》，《隋書・經籍志》作《南嶽夫人內傳》，不題撰人，卷數未詳，兩《唐志》則著錄為《紫

虛元君南嶽夫人內傳》一卷，范邈撰。葛洪《神仙傳》記載：「中侯上仙范邈，字度世，舊名冰，服虹景丹得道，撰《魏夫人傳》。」范邈、魏華存皆爲清虛眞人王褒之弟子，則其時代當相近。魏華存（252-334），晉代女道士。

　　夫人姓魏，名華存，性樂神仙。季冬之月，夜半清明，有四眞人，並可年二十餘，天姿秀穎。至靜室，〔一〕因設酒肴，〔二〕陳玄紫撩，〔三〕降實靈瓜。（《太平御覽》卷九百七十八　又見於《初學記》卷二十八）

　　〔校記〕

　　〔一〕「有四眞人」以下三句，《初學記》作「有眞人至靜室」。

　　〔二〕因設酒肴，《初學記》無。

　　〔三〕陳玄紫撩，《初學記》作「陳玄室紫柰」。

　　夫人名華存，字賢安，任城人也。晉成帝時，服金屑得道。（《太平御覽》卷六百六十九）

　　夫人姓魏，名華存，在王屋山。王子喬等並降夫人，設瓊蘇酒。（《北堂書鈔》卷一百四十八）

　　夫人之質，霄景高煥，圓精重照，鳳體龍骨，腦色寶曜，五藏紫絡，心有羽文也。（《三洞珠囊》卷八）

　　治卒死，擣女青屑一錢，安喉中，以水或酒送下，立活也。（《證類本草》卷十一）

　　王晉賢，晉王夷甫女也，爲愍懷太子妃。洛城亂，劉曜略晉賢，欲妻之。晉賢大罵曰：「我皇太子婦，司徒公之女，胡羌小醜，敢欲干我乎？」言畢投河，其侍婢名六出，投河死。時遇嵩高女眞韓西華出遊，遂俱獲內救，外示其死，體實密濟將入嵩高山，今華陽內洞中。六出，年二十餘，體貌修整，有節操。姓田，漁陽人，魏故浚儀令田諷之孫。諷有陰德，以及六出耳。（《太平御覽》卷六百六十四）

　　董奉字君異。侯宮人也。吳先主時，有少年爲奉本縣長，見奉年四十餘，不知有道。罷官去後五十餘年，復見他職行經候官，諸故吏人皆往見之，奉顏兒一如往日。奉居山不種田，爲人治病亦不取錢。愈者使栽五株杏，數年計十餘萬株，令人將穀一器，自往取杏一器。貨杏得穀，賑救貧乏，供給行旅不逮者，歲二萬餘斛，乃尸解去。（《太平御覽》卷六百六十四）

　　裴君曰：尸解之仙，不得御華蓋，乘飛龍，登太極，遊九宮也。諸有單用曲晨飛精劍解者，得八素列紀，惟奉寶祕不修行，皆白日尸解。其有作水火兵病及用大刀竹杖解去者，先詣名山，並太清尸解。凡修劍解之道，並紀名紫簡，上隸高仙諸有宿功善業陰德信仙，其神得詣朱火丹陵官，受學仙道，爲九宮眞人。諸有用太極尸解之道，夜半去者，職爲地眞。應尸解者，或學功淺深，志尚頹廢；或爲祭酒，精勤救治者，並得爲三十六洞天。文解地下主者，一百四十年一轉；武解鬼師二百八十年一轉。凡有三等，乃得進補仙職。（《太平御覽》卷六百六十四）

　　白簡素籙，以白玉爲簡，以青玉爲字，故謂之白簡青籙，皆記得道之名姓。（《太平御覽》卷六百七十六）

　　夫人姓魏，諱華存，字賢安，任城人，晉司徒文康公魏舒女也。少讀老莊、春秋三傳、五經、百子事，常別居一園，獨立閑處，服餌胡麻。父母偪之，強適太保公椽南陽劉幼彥。疇昔之志，存而不虧。後幼彥爲修武令，隨之縣舍。閑齋別寢，入室百日，所期仙靈。季冬月夜半，四眞人來降于室，太極眞人安度明，東華青童君，碧海景林眞，清虛眞人王子登。於是夫人拜乞長生度世。青童君曰：「此清虛眞人者，爾之師也，當受業焉。」景林眞曰：「爾應爲紫虛元君，上眞司命封南嶽夫人也。」夫人謝曰：「此是婢子有幸賜以姓命。」自陳畢，東華小童指而笑曰：「丹心苦哉。」於是清虛眞人王君拇庶侍女華散條、李明瓫等川披雲蘊，開玉笈，出太上寶文、八經隱書、大洞眞經、靈書八道、紫度炎光、石精玉馬、神眞虎文、高仙羽玄三十一卷，即手授夫人也。王君昔學道在陽洛山，遇南極夫人、西城王君，授此三十一卷經，行之，成眞人。今所授者，是南極西城之本經也。陽洛山有洞臺，是清虛之別宮也。王君當授魏夫人經之時，起立北向而誓曰：「太上三玄九皇高眞太帝，太帝使教子魏華存。」於是景林眞又授夫人《黃庭內景經》，一名《太上琴心》，一名《大帝金書》，一名《東華玉篇》，令晝夜誦之。王君又告曰：「子若不在山中隱身齋戒，則大洞眞經不可妄讀也。至於虎經龍書八素隱文之屬，奇祕玄奧，若不齋戒，絕世不可施行。子今且可誦《黃庭內經》，步躡七元，存五星之神而已。人間行之，亦足感通變化。欲成際會，我有以相迎矣。」方諸青童怡然，小留四眞吟唱，乃命北寒玉女宋聯涓彈九氣之璈，東華玉女煙景珠擊西盈之鐘，雲林玉女賈屈庭吹鳳戾之簫，飛玄玉女鮮于靈金拊九合玉節。王君乃語夫人曰：「訣諸

要訖。」乃別去。夫人守靜日進，在世八十三年，以晉成帝咸和九年，王君與東華青童來降時，歲在甲午，二眞人與夫人藥，題曰隱遷白醫川神散，石精金光化形靈丸，使稱疾忽行，剋期有定，俱會陽洛宮。言畢，二眞人去。夫人即服藥，因稱腳疾，閉目寢息，飲而不食。到七日，其夜半之後，太一玄仙遣飆車來迎，駕氣騁御，徑入帷寢。其子弟侍疾，眾親滿側，莫之覺也。夫人遂用藏景之法，託形劍化，徐登飆輪，徑之陽洛。居隱元之臺，志栖上元。誠感九天，丹心眞契，澄神太素，夫人遂北詣上清宮，太微天帝遣九宮太眞侍玉元晨郎李明期，授夫人神鳳之章，使封山。召雲中央黃老君遣正一羽晨侯公陽子明，授夫人龍衣虎帶，丹青飛裙，十絕華幡，使川登行上清，攝眞命仙。三素高元君遣左華九成夫人范定英授夫人流金火鈴，九蓋之軿，使彈制萬魔。飛輪太無太上玉晨大道君遣繡衣使者孟六奇授九色之節，雙珠月明，神虎之符，錦旗虎旌，使位主羣神，以威六天。太素三元君遣保禁仙都衷文堅、右嬪元姬趙約羅授夫人西華玉女三百、八景飛輿、玄景九龍，使侍衛執巾上詣三清。扶桑太常君遣八玄仙伯柯原首、五方天帝君簡肅正等授夫人玉札金文，位爲紫虛元君，領上眞司命，使主諸學道死生圖籍，攝御之官，關校罪，考金闕。後聖君命仙伯牙叔平授夫人青瓊之板，丹綠爲文，位爲南嶽夫人，比秩仙公，給曲晨飛蓋以遊九宮，使治天台大霍山洞臺之中，主下訓奉道，教授當爲眞仙者。令一月再登玉清，三登太素，四謁玉晨宮，宴扶桑之高臺。於是夫人授王母之命，且還王屋山小有之中，更齋戒三月。九微元君、龜山王母、西城眞人王方平、太虛眞人赤松子、桐柏眞人王子喬，並降小有清虛上宮絳房之中，各命侍女金石發響。於是西母徘徊起立，折腰俯唱曰：「哀此去留會，劫盡天地傾。嘉會絳河內，相與樂未央。」歌畢湏臾，司命神仙諸隸屬及南嶽神靈迎官並至，西母等與夫人同去，詣天台霍山臺。(《太平御覽》卷六百七十八　案：《杜工部草堂詩箋》、《太平御覽》卷六百六十四亦略載魏夫人之事，言辭頗有差異，附列於後。)

　　姓魏名華字賢安，晉司徒舒之女，讀書好神仙，年二十四，父母強嫁適太保椽南陽劉文生二子，託疾乃異室治舊集，潔齋百日。太極眞人方諸青童、腸穀神主、清虛眞人一降其室授以仙經、隱書。後攜二子渡江立壇起家謹修道法於南嶽。有四眞人降之，夫人再拜乞長生度世，景林眞人曰虛星早鑒爾之用心，太極已注子於玉札，刻石上清丹文錦籍，應爲紫虛元君上眞司命，又加名山之號，封南嶽夫人，治南嶽。(《杜工部草堂詩箋》卷三十七)

　　清虛眞人王子登與東華青童君來降，授夫人曰：「隱遷白羉神散一劑。」
又與白石精金化形靈丸，使頓服之，稱疾勿行，剋期有定，俱會丹壠之南陽
洛山陽洛宮。言畢，二眞人去。即服藥，因稱腳疾，閉目寢息，飲而不食。
夜半之後，太一玄仙遣飇車來迎，駕氣騁御，徑入帷中。其時弟子侍疾，眾
親滿側，莫之覺也。陽洛山，昔夏禹巡諸名山，刻石於此，下有洞臺，神仙
學者萬餘人。(《太平御覽》卷六百六十四)

《南嶽夫人傳》

　　見《南嶽魏夫人內傳》條。

　　青籙文云：「歲在甲子，朔日辛亥。先農饗旦，甲寅羽水。起安啟年，經
乃始傳。得道之子，當修玉文。」(《眞誥》卷十九)

　　青童君曰：「夫建志內學，養神求仙者，常當數沐浴，致靈厸玉女降；不
沐浴者，故三宮穢污。」(周武帝《無上祕要》卷六十六)

　　夫人姓魏，名華存，性尤樂神仙。〔一〕季多夜半，有四眞人〔二〕降夫人
靜室〔三〕，因設玄室紫柰，絳實靈瓜。〔四〕夫人〔五〕還王屋山，王子喬等並降。
時夫人與眞人為賓主，設三玄紫柰。〔六〕(《初學記》卷二十八　又見於《太平御
覽》卷九百七十《編珠》卷四《事類賦》卷二十六　案：《編珠》卷四《事類賦》卷
二十六皆兩引之。)

〔校記〕
〔一〕性尤樂神仙，《事類賦》無；尤樂，《編珠》作「好」，《太平御覽》無「尤」字。
〔二〕有四眞人，《事類賦》無「四」字，《太平御覽》下有「並年可二十」一句。
〔三〕靜室，《太平御覽》《事類賦》作「靖室」。
〔四〕「因設玄室紫柰」二句，《編珠》作「因設玄紫柰絳實靈瓜」，《事類賦》作「設酒殽，
　　　陳玄雲紫柰」，《太平御覽》作「因設酒饌，陳玄雲紫楝」。
〔五〕夫人，《編珠》上有「南嶽」二字。
〔六〕「王子喬等並降」以下二句，《事類賦》作「夫人與王子喬四眞人為宿主，設三玄紫
　　　柰」；「紫柰」，《太平御覽》作「紫楝」。

　　仙人有三玄紫杏。(《藝文類聚》卷八十七　又見於《太平御覽》卷九百六十八
《事類賦》卷二十六《海錄碎事》卷二十二下)

爲西喬設三玄素柰。（《海錄碎事》卷二十二下）

夫人設〔一〕王子喬瓊蘇綠酒〔二〕。（初學記卷二十六　又見於竇苹《酒譜》《太平御覽》卷八百四十五《事類賦》卷十七《錦繡萬花谷》後集卷三十五　余靖《武溪集》卷二）

〔校記〕

〔一〕設，《酒譜》作「睨」，《武溪集》作「觴」。

〔二〕瓊蘇綠酒，《事類賦》作「瓊酥綠酒」，《錦繡萬花谷》後集作「瓊蘇綠酒」，《武溪集》作「瓊酥淥酒」。

有女道士黃虛徹，年逾八十，貌若嬰孺，號爲花姑夫人，寓夢示之，後亦昇天。（《類說》卷六十）

《魏夫人傳》

見《南嶽魏夫人內傳》條。

夫人字賢安，少多疾，清虛王眞人告曰：「夫學道先去病除疾，五藏充盈，肌澤髓滿，耳目聰明，乃可修習。」因授甘草丸方，按而服之，百痾悉愈。後得道爲南嶽上眞司命紫虛元君也。褚伯玉，錢塘人也，年十六家爲娶婦，婦乘車而入，先生踰垣而出，隱於天台中峯二十年。樵人見之在重巖之下，顏色怡怡，左右惟有松屑二裹，由是遠近知之。齊高帝徵之不起，乃移居大霍山仙去。（《仙苑編珠》卷中）

天台山下有祠堂方三里，乃司命君府，其東南二門有日月三辰之精光燭洞天。（《（嘉定）赤城志》卷二十一）

赤城丹山，洞周三百里，有日月伏根，三辰之光照洞中。《五嶽圖》云：此山在會稽羅江，其西北有赤城。按茅君傳云：霍林司命治赤城丹山玉洞之府。齊永明中，忽有大群鵠從西北來，下集霍門溪，溪谷填塞，彌漫數里，多所蹋藉。狀如爲物所驚，一夕還飛向西北，計是赤城上都泉湖中物也。羅浮山，山洞週五百里，眞誥呼爲層城。葛洪交州遠停此解化。（《太平御覽》卷六百六十三）

青童君來降，夫人之別寢，命青華玉女烟景珠擊西盈之鐘。（《施注蘇詩》卷三十七）

夫人乘虎輦玉輿隱輪之車。（《太平御覽》卷六百七十七）

《徐延年別傳》

《徐延年別傳》，或作《徐延年傳》，不題撰人，卷數不詳，《隋書·經籍志》、兩《唐志》皆不著錄，佚文見於《太平御覽》。

道士姓徐，名延年，仙人以新黃羅衣衣之。（《太平御覽》卷八百一十六）

《徐延年傳》

道士姓徐，名延年，平陽人，見人持薪黃羅衣衣延年。五月五日，三更之中夜，月明若白日，從五億萬人登仙。（《北堂書鈔》卷一百二十九）

《太和眞人傳》（附元陽子）

《太和眞人傳》，不題撰人，《隋書·經籍志》、兩《唐志》均不見著錄，佚文見於《雲笈七籤》。

太和眞人尹軌字公度，太原人也，乃文始先生之從弟。少學天文，兼通讖緯，來事先生。因教服黃精花，及授諸道經凡百餘篇，皆蒙口訣。先生登眞之後，即與隱士杜沖等同於先生宅修學，時年二十八，絕粒行氣，專修上法。太上哀之，賜任太和眞人，仍下統仙寮於杜陽宮。時復出遊，帶神丹十餘筒，周歷天下，濟護有緣。或鍊金銀，以賑貧窮，或行丹藥，以救危厄。求哀之人，咸得其福利焉。或上朝玉京，校一切行業善惡報應宿命之期；或

論天地日月星辰，運度賒促之分；或遊宴諸天，參校神仙圖籙，品位部御之方，或論童眞始仙威儀俯仰之格；或臨諸地，領察兆人建功立行齋請之福；或監度學道男女，經方藥餌之道，或遊百山千川，檢閱神司鬼神考錄罪福之目；或論風雨雷電水旱豐儉之事焉。吾所遊行，或爲道士，或爲儒生，或爲童愚，或爲長老，不可以一塗限也。或與羣眞衆仙，驂龍馭鳳，策空駕虛，雲馳電邁，出有入無，分形散影，處處遊集。或巡五嶽之洞，適十洲之宮，出八荒之域，入九幽之府。或酌碧海之津，挹玄丘之雲，採丹華于閬苑，掇絳實於玉圃。故《上清瓊文帝章》曰：太和眞人與太華眞人、三天長生君、南極總司禁君、西臺中候、北帝中眞、九靈王子、太靈仙妃、赤精玉童、玄谷先生、南嶽赤松子、中山王喬、紫陽眞人、西城王君、中黃先生、趙伯玄、山仲宗等，同修行三眞寶經上法。皆面發金容，項負圓光，乘虛登霄，遊宴紫庭，變化萬方，適意翱翔，嘯命立到，徵召萬靈，攝製群魔，決生死，駕霄乘煙，出入帝庭焉。

　　附：元陽子

　　元陽子者，仙人也。生於北極之端，育於虛無之中，與天地浮沈，隨日月周廻，被服自然，含剛懷柔，優遊乎太漠之外，踟躕乎中嶽之上，觀和氣之布施，察萬物之經紀，覽緯度之差序，圖盛衰之終始。乃遇老君，哀愍元陽，遺經一卷，名曰《黃庭》。乃太素之始元，陰陽之至道，分理之眞要，養神之訣文。上古之人，行得其眞；中古以來，不得其要。傳授謬誤，亦從來久也。本黃老作此經，令學者皆得神仙。然黃老已來，英儒之士多爲注解，不得黃老之本旨，失其要說。於是元陽憮然退思，採黃老之妙讖，粗爲其注，不能究盡道意，深遠至通，猶可爲學之徒使微悟之爾！有得《黃庭經》者，老子也。《史記》或云：「黃者、黃帝；老者、老子。今亦謂太上，經爲正也。

（《雲笈七籤》卷一百四）

《太極眞人傳》

　　《太極眞人傳》，不題撰人，《隋書·經籍志》、兩《唐志》均不見著錄，佚文見於《雲笈七籤》。

　　太極眞人杜沖字玄逸，鎬京人也。以周昭王丁巳年，聞文始先生登眞，乃於茲靈宅棲玄學道。於時幽人逸士自遠而來者，有五人焉。並沈默虛遠，方雅高素，道術相忘，共弘不伐之則也。後穆王聞之，爲修觀建祠，置沖爲道士焉。將以氣均巢、許，德爲物範，故天子禮之而不臣，諸侯敬之而不爵，蓋以其弘修道業故也。

　　沖閑居幽室，吟詠道德，常攝護氣液，吐納光華。經二十餘載，幽感眞人展先生降於寢靜，侍者二人，捧碧玉函立於左右。沖乃拜首求哀，蒙授《九華丹方》一函。謂沖曰：「老君與尹先生於東海八淳山，召太帝，集羣眞，天下山川洞室仙人，不遠而至。時有地司保舉子之勤勞，老君勑我付爾仙經也。沖依按合服，而身生玉映，五臟堅潤，裁容氣息。」又感眞人李君授以《太上素靈洞玄大有妙經》，沖復修之，甚得其驗，遂乃解胞釋結，保命凝眞，領攝群神，洞觀眾妙焉。

　　穆王親崇道教，以祈神仙，共策遺風之駿，日馳千里，中到崑崙山，升玄圃之宮；西詣龜山，謁王母於青琳之室；東遊碧海，展敬丈人，探若木之華；北適玄壟；南邁長離，同挹絳山之髓。驅策虎豹，役使百靈，通冥達幽，莫測其涯。年一百二十餘，以懿王己亥歲，上清元君遣仙官下迎，授書爲太極眞人，下任王屋山仙王矣。（《雲笈七籤》卷一百四）

《太清眞人傳》

　　《太清眞人傳》，不題撰人，《隋書·經籍志》、兩《唐志》均不見著錄，佚文見於《雲笈七籤》。

　　太清眞人宋倫字德玄，洛陽人也。以厲王甲辰歲入道，於是凝心寢景，抱一沖和，不交人事，日誦《五千文》數遍，服黃精白朮。積二十餘年，乃密感老君，項負圓明，面放金光，披九色離羅之帔，建七映暉晨之冠，有仙童六人負眞執籙。倫匍匐乞哀，乃告倫曰：「吾有《景中之道通眞之經》，生乎三元之始，出乎九玄之庭。五德合慶，六氣凝精，分眞散景，保遐固齡。子能修之，立致雲軿，出有入無，徹幽洞冥。三光並耀，二氣齊靈，變化適意，飛昇上清。」倫拜，授之，乃開蘊，出《靈飛六甲素奏丹符》

以付於倫。倫得經修之，乃自然通感。常有玉童六人更遞侍之，察物如神，言無不驗。能望巖申步，凌波涉險，不由津路。或化爲麋鹿，或託作鳩鴿，翱翔原陸，試人之心。年九十餘，以景王時，受書爲太清眞人，下司中嶽神仙之錄焉。

論曰：按《樓觀仙師傳》及《樓觀本記》並云，昔周康王聞尹先生有神仙大度之志，乃拜爲大夫，並賜嘉名，因號此宅爲樓觀焉。次昭王時，大夫遇老君，因遂得道。其次穆王乃欽尙遺塵，爲建祠修觀，召幽逸之人，置爲道士，自爾相承，於今不絕。故《樓觀碑》云：樓觀者，昔周康王大夫關令尹喜所立也，以其結草爲樓，因即爲號。又云：周穆王西遊，秦文東獵，並枉駕回輪，親崇道教。始皇建廟於樓南，漢武立宮於觀北，晉宋謁板，於今尙存。秦漢廟戶，相繼不絕。由是論之，乃驗老君西度關在於昭王之時，信矣！或云幽屬平敬之時西度者，此由後人不見《老君本紀》，妄爲穿鑿者也。幽王時，孔子時有見老君者，斯並化胡之後，復還中夏幽演之時也。或云老君西出散關者，按張天師述《老君本紀》云，老子幽演訖，乃與文始先生遊此赤城上虞山，過女幾雞頭天柱太白山。秦昭襄王聞之，於西麓下爲修城邑，今散關中其故墟猶在是也。謂曾於此過，乃升於昆侖山，故此舊墟尙稱尹喜城，老停驛等名爾。以此詳之，則癸丑年復非度此散關明矣。或云《史記》無文，事同虛妄者，至如九天九疊，川源土俗，遍於六合，猶有不書，況其一區一第，輒能備載焉？若編以史爲實錄者，則天下譜牒圖書，讖緯經論，並爲虛誕，豈獨此一觀一傳而已哉！蓋驗之在實，其來久矣。周宣王時，郊聞採薪之人行歌曰：「巾金巾，入天門。呼長精，歙玄泉。鳴天鼓，養泥丸。」時人莫能知之，惟老君曰：「此活國中人，其語祕矣！斯皆修習無上正眞之道也。」（《雲笈七籤》卷一百四）

《眞人周君傳》　　晉華僑撰

《紫陽眞人周君傳》華嶠撰，《隋書·經籍志》不載，兩《唐志》著錄爲一卷。華嶠，陶弘景《眞誥》作華僑，謂其「晉陵冠族，世事俗禱」，「頗能鬼神」，「今世中《周子陽傳》即是華僑所造」，晉陵，郡名，即今江蘇常州。

　　紫陽眞人周義山，字季通，汝陰人也。聞有欒先生，得道在蒙山，能讀
龍嶠經，乃追尋之，入蒙山，遇羨門子，乘白鹿，執羽蓋，佩青毛之節，侍
從十餘玉女，君乃再拜叩頭，乞長生要訣，羨門子曰：「子名在丹臺玉室之中，
何憂不仙？遠越江河來，登此何索？」（《藝文類聚》卷七十八）

　　紫陽有左右，眞人亦不顯，右是王君，不知何名字。（《周氏冥通記》卷
三）

　　君字季通，周勃七世孫，年十六，師蘇君，受道遊行天下，但是名山，
無不登涉。得道受書，爲紫陽眞人，位列上清。（《仙苑編珠》卷下）

　　君常於市中遇黃泰者，見其眸子正方，乃知是仙人，因求乞長生之術，
乃自云是玄洲上卿蘇君也。或云眸子方，壽萬歲。（《華陽陶隱居內傳》卷中）

　　紫陽眞人周義山子通合會仙人，在金屋銅門之內，以紫雲爲蓋。（《太平御
覽》卷七百三）

　　周義山，字季通，令會仙人，在金屋太室，以彩玉爲牀。（《太平御覽》卷
七百六）

《紫陽眞人周君內傳》　　晉華嶠撰

　　《紫陽眞人周君內傳》，《宋史·藝文志》題爲《眞人周君內傳》一卷，
華嶠撰。《隋書·經籍志》、兩《唐志》均不見著錄，《太平御覽》有引文一
條，《雲笈七籤》題爲《紫陽眞人周君內傳》。各書亦引華嶠撰《眞人周君
傳》，與本傳似同爲一傳，疑不能定，故分列兩條。

　　紫陽眞人周義山字季通，汝陰人也，漢丞相勃七世孫，父浚，官至陳
留內史。君年十六，隨浚在郡，爲人沉重，喜怒不形。好獨坐靜處，精思
微密，常以平旦出日之初，而東嗽日服氣，旦旦如此。（《太平御覽》卷六百
六十九）

　　紫陽眞人姓周，諱義山，字季通，汝陰人也。漢丞相勃七世之孫，以冠
族播流，世居貴宦。祖父玄，元鳳元年爲青州刺史。父祕爲范陽令時，君始
生焉。父後積秩累遷，官至陳留刺史，君時年十六，隨從在郡，始讀《孝經》

《論語》《周易》。為人沈重，少言笑，喜怒不形於色。好獨坐靜處，不結名好。然精思微密，所存必感。常以平旦之後，日出之前，正東向立，漱口咽液，服炁百數，向日再拜。且且如此，為之經年。父怪而問之：「所行何等？」君長跪對曰：「義山中心好日光長景之暉，是以拜之爾。」至月朔旦之日，輒遊市及閭閻陋巷之中，見窮乏饑餓之人，解衣與之。時時上登名山，喟然悲歎，或入石室中，歡然獨笑。時陳留大儒名士，聞君盛德，體性沈美，咸修詣焉。君輒稱疾，不見賓客。漢侍中蔡咸，陳留高士，亦頗知道。聞君德行，數往詣君，輒解疾，不欲見之。父乃大怪，怒責之，督切使出見之。既不得已，遂出相見。咸大發清談，及論神仙之道，變化之事。君乃凝默內閉，斂神虛靜，頷而和之，一不答也。

是歲大旱，斗米千錢，路多饑莩。君乃傾財竭家，以濟其困，陰行之，人亦不知是君之慈施也。對萬物如臨赤子，斯積善德仁愛之施矣。後遇陳留黃泰，告君曰：「聞君好道，陰德流行，用思微妙，誠感於我，是以相詣。吾是中嶽仙人須林，字子玄也。本衛人，靈公末年生，少好道德，受學於岑先生，見授鍊身消災之道術。後又遇仇公，公乃見教以服炁之法，還神守魂之事，吾行之甚驗，大得其益。子少知還陽，精髓不泄。又知導引服氣，吞景咽漿，不復須陰丹內術補胎之益也。然猶三蟲未壞，三尸未死，故導引服炁不得其理。可先服制蟲細丸，以殺穀蟲。蟲有三名：一名青古，二名白姑，三名血尸，謂之三蟲。三蟲在內，令人心煩滿，意志不開，所思不固，失食則饑，悲愁感動，精志不至，仍以飲食不節斷也。雖復斷穀，人體重滯，奄奄淡悶，所夢非真，顛倒齟錯，邪俗不除，皆由此蟲在內，搖動五藏故也。」殺蟲之方如後：

附子（五兩）麻子（七升）地黃（六兩）术（七兩）茱萸根（大者七寸）桂（四兩）雲芝英（五兩）

凡七種，先取菖蒲根煮濃作酒，使清淳重美，一斗半，以七種藥㕮咀，內器中漬之，亦可用㕮咀。三宿乃出，曝之令燥。又取前酒汁漬之，三宿又出曝之，須酒盡乃止。曝令燥，內鐵臼中擣之，下細篩，令成粉。取白蜜和之，令可丸。以平旦東向，初服二丸如小豆，漸益一丸，乃可至十餘丸也。治腹內絃實上炁，心胸結塞，益肌膚，令體輕有光華。盡一劑則蟲死，蟲死則三尸枯，三尸枯則自然落矣。亦可數作，不限一劑也。然後合四鎮丸，加曾青、黃精各一兩以斷穀畢。若導引服炁，不得其理，可先服食眾草藥，巨

勝、茯苓、术、桂、天門冬、黃連、地黃、大黃、桃揆及皮任擇焉。雖服此
藥以得其力，不得九轉神丹金液之道，不能飛仙矣。爲可延年益壽，亦辟其
死也。

君按次爲之，服食术五年，身生光澤，徹視內見五臟，乃就仙人求飛仙
要訣。仙人曰：「藥有數種，仙有數品。有乘雲駕龍，白日升天，與太極眞人
爲友，拜爲仙宮之主，其位可司，眞公、定元公、太生公，及中黃大夫、九
氣丈人、仙都公，此皆上仙也；或爲仙卿大夫，上仙之次也。遊行五嶽，或
造太清，役使鬼神，中仙也；或受封一山，總領鬼神；或遊翔小有，羣集清
虛之宮，中仙之次也。若食穀不死，日中無影，下仙也；或白日尸解，過死
太陰，然後乃仙，下仙之次也。我受涓子祕要，是中仙耳。子名上金書，當
爲眞人，我之道，非子非眞人所學也。今以《守三之一法》《靈妙小有之書》
二百事傳子，石菌朱柯若乾芝與子服之，吾道畢矣。子可遠索師也。」

君再拜受教，退而服神芝，五年，目視千里外，日行五百里。遂巡行名
山，尋索仙人。聞蒙山欒先生能讀《龍蹻經》，遂往尋之。遇衍門子，於是授
以《龍蹻經》及《三皇內文》。退登王屋山，遇趙佗子，受《芝圖》十六首及
《五行祕符》。又遇黃先生，受《黃素神方》《五帝六甲》《左右靈飛》之書四
十四訣。退登磻冢山，遇上衛君，受《太素傳左乙混洞東蒙之錄右庚素文攝
殺之律》。退登嵩高山，遇中央黃老君，合會仙人在其上太室洞門之內，君頓
頭再拜，乞長生度世。黃老君曰：「子存洞房之內，見白元君耶？」君對曰：
「實存洞房，嘗見白元君。」黃老君曰：「子道未足矣，未見無英君也。且復
游行，受諸要訣，當以上眞道經授子矣。」見白元君，下仙之事，可壽三千
年，見無英君，乃爲眞也，可壽一萬年矣。

君再拜，受教而退，遊行天下名山大澤，西登白空山，遇沙野帛先生，
受《太清上經》。退登峨嵋山，入空洞金府，遇甯先生，受《太丹陰書八稟十
訣》。退登岷山，遇陰先生，受《九赤班符》。退登岐山，遇臧延甫，受《憂
樂曲素訣辭》。乃登梁山，遇淮南子成，受《天關三圖》。乃退登牛首山，遇
張子房，受《太清眞經》。乃退登九嶷山，遇李伯陽，受《李氏幽經》。乃遊
登鍾山，遇高丘子，受《金丹方》二十七首。乃登鶴鳴山，遇陽安君，受《金
液丹經九鼎神丹圖》。乃登猛山，遇青精先生，受《黃素傳》。乃登陸渾山，
潛入伊水洞室，遇李子耳，受《隱地八術》。乃登戎山，遇趙伯玄，受《三元
素語》。乃登陽洛山，遇幼陽君，受《青要紫書三五順行》。乃登霍山，遇司

命君，受《經命青圖》《上皇民籍》。乃登鸝山，遇墨翟子，受《紫度炎光內視圖中經》。乃登曜名山，遇太帝侯夜神童，受《金根之經》。乃登《委羽山》，遇《司馬季主》，受《石精金光藏景化形》。乃登大庭山，遇劉子先，受《七變神法》。乃登都廣建木，遇谷希子，受黃炁之法、太空之術、《陽精三道》之要。乃登桐柏山，遇王喬，受《素奏丹符》。乃登太華山，遇南嶽赤松子，受《上元眞君書》。乃登太冥山，遇九老仙都君，受《黃水月華四眞法》。乃登合黎山，遇皇人，受《八素眞經太上隱書》。乃登景山，遇黃臺萬畢先生，受《九眞中經》。乃登玄壟羽山，遇玉童十人、九炁丈人，得《白羽紫蓋服黃水月華法》。乃到桑林，登扶廣山，遇青眞小童君，受《金書祕字》。乃退南行朱火，登丹陵山，遇龔仲陽，受《仙忌眞記》。

乃西遊登空山，見無英君而退洞房中，無英君處其左，白元君處其右，黃老君處其中。無英君服金精朱碧玉綾之袍，光赤朝霞，流景耀天，要《太上靈炁之章》，佩《九帝祛邪之策》，戴翠上紫靈之冠。蓋太玄丹靈上元赤子之祖父也。左連青宮之炁，炁灌萬神，乃未有天地，先自虛空而生矣。白元君服丹玉之錦雲羅重袍，白光內朱，流景參天，垂暉映神，玄黃徹虛，要《太上靈精之章》，佩《玄元攝魔之策》，戴招龍皂冠。蓋玉房雲庭上元赤子之父，右夾皓青之室，朝運生者也。中夾黃老君是太極四眞王之師老矣，上攝九天，中游崑崙，黃闕來其外，紫戶在內，下與二君入洞房，圓三寸，威儀具焉。夫至思神見，得爲眞人。若見白元君，得爲下眞，壽三千歲；若見無英，得爲中眞，壽萬歲；若見黃老，與天相傾，上爲眞人，列名金臺。君既詣之，乃再拜頓首，乞與上眞要訣。黃老君曰：「可還視子洞房中。」君乃冥目內視，良久，果見洞房中有二神人無英、白元君也，被服狀如在空山中者。黃老君笑言曰：「微乎深哉！子用意思之精也。此白日升天之道，子還登常山，授子上眞之道。」

君乃還常山室中，齋戒念道，復積九十餘年中，白元君、無英君、黃老君遂使受之《大洞眞經》三十九篇，有玉童二十一人、玉女二十一人，皆侍直燒香，晝夜習之。積十一年，遂乘雲駕龍，白日升天，上詣太微宮，受書爲紫陽眞人，佩黃旄之節，《八威之策》，帶流金之鈴，服自然之衣，食玉醴之粹，飲金液之漿，治葛衍山金庭銅城，所謂紫陽宮也。紫陽有八眞人，君處其右，一日三登崑崙，一朝太微帝君，以磻冢爲紫陽別宮，所謂洞庭潛宮也。磻冢山有洞穴，潛行通王屋清虛小有天，亦潛通閬風也。（《雲笈七籤》卷一百六）

《庾異行別傳》

《庾異行別傳》不題撰人，《隋書‧經籍志》、兩《唐志》均不見著錄。佚文見於《太平御覽》一條，另《初學記》引有《庾袞別傳》一條。庾異行，即庾袞，字叔褒，晉明穆皇后伯父。州郡交命，察孝廉，舉秀才，清白異行，皆不降志，故世遂號之爲「異行」。主要事跡見於《晉書》卷八十八。

君妻樂氏，生子澤。初，君與妻捃，而產於澤，遂以命之。（《太平御覽》卷八百二十四）

次兄有疾，癘氣方殷，袞納漿粥扶侍，不舍晝夜，友愛之至，本之天性。（《初學記》卷十七　原云出《庾袞別傳》）

《無上眞人內傳》

《無上眞人內傳》不題撰人，《隋書‧經籍志》兩《唐志》均不見著錄，《太平御覽經史圖書綱目》列之，則是書北宋之時尚見存，後散佚，今主要見於《太平御覽》。

九色錦繡華文之帔。（《太平御覽》卷六百七十五）
有流雲九色之房。（《太平御覽》卷六百七十七）

《許邁別傳》

《許邁別傳》，不題撰人，卷數不詳，《隋書‧經籍志》、兩《唐志》不見著錄，佚文見於《太平御覽》徵引。許邁，生平不詳。

薊子訓，齊人，有神術。人髮白者請子訓，但與對坐共語，宿昔間，髮皆黑。（《太平御覽》卷三百七十三）

《太元眞人傳》

《太元眞人傳》不題撰人，《隋書·經籍志》、兩《唐志》均不見著錄。佚文見於《太平御覽》。

眞人發咸陽，時約親友鄉人，其日皆至，有珍殽異樂自空虛而至，既而從千乘萬騎而南人皆瞻覩也。（《華陽陶隱居內傳》卷中）

有班龍之輿。（《太平御覽》卷六百七十七）

《成公興內傳》

《成公興內傳》，不題撰人，《隋書·經籍志》、兩《唐志》均不見著錄，佚文見於《太平御覽》。

登白鹿山，延成君入，爲敷魚鬚之席。（《太平御覽》卷七百九）

《陸先生傳》　　齊孔稚圭撰

《陸先生傳》，孔稚圭撰，《隋書·經籍志》《冊府元龜》《通志》著錄爲一卷，兩《唐志》不見著錄。《南齊書·孔稚圭傳》載：「孔稚珪字德璋，會稽山陰人也。祖道隆，位侍中。父靈產，泰始中，罷晉安太守。有隱遁之懷，於禹井山立館，事道精篤，吉日於靜屋四向朝拜，涕泗滂沱。東出過錢塘北郭，輒於舟中遙拜杜子恭墓，自此至都，東向坐，不敢背側。」姚振宗考證曰：「《南史·隱逸·杜京產傳》：『京產高祖子恭以來，世傳五斗米道不替。』又《晉書·孫恩傳》：『恩父泰，世奉五斗米道，師事錢唐杜子恭，子恭有祕術神效云。』又稚珪從褚伯玉受道法，見《南齊書·高逸傳》，蓋其家亦與王氏世事道者。故爲陸修靜作傳，《雲笈七籤》載《簡寂陸先生傳》，其即是傳歟。」姚氏所論誠是。

　　先生，吳興懿族陸氏之子，諱修靜。道降元氣，生而異俗。其色怡怡，其德熙熙。明以啓著，虛以貫幽。少宗儒氏，墳索讖諱，靡不總該。以爲先天撫化，混一精氣，與眞宰爲徒者，載在金編玉字，不形於此。遂收跡寰中，冥搜潛衡熊湘，暨九嶷、羅浮，西至巫峽、峩嵋。如雲映松風，麗乎山而映乎水。功成扣玄，感神授靈訣。適然自得，通交於仙眞之間矣。宋元嘉末，因市藥京邑，文帝味其風而邀之，先生不顧。及太初難作，人心駭疑，遂泝江南遊，嗜匡阜之勝槪，爰構精廬。澡雪風波之思，沐浴浩氣，挹漱元精。宋明皇帝襲軒皇淳風，欲稽古化俗，虛誠致禮，至於再三。先生固稱幽憂之疾，曾莫降昒。天子乃退齋築館，恭肅以遲之，不得已而蒞焉。於是順風問道，妙沃帝心。朝野識眞之夫，若水奔壑，如風應虎，其誰能禦之？先生撥霧開日，汰沙引金，指方以倒之。中人以上，皆自盈其分，司徒袁粲之流是也。既立崇虛館，殳氏所寶經訣，並歸於我焉。初先離山，有熊虎猿鳥之屬，悲鳴擁路，出谷而止。及天子不豫，請事塗炭之齋。是夜卿雲紛鬱，翌日乃瘳。先時洞玄之部，眞僞混淆。先生刊而正之，涇渭乃判。故齋戒儀範，至於今典式焉。桂陽王構逆，暴白骨遍野。先生具棺櫬，收而瘞之。其陰德密運，則無得而稱也。迨元徽五年春正月，謂門人曰：「吾得還山，可整裝。」眾咸訝，詔旨末從而有斯說。至三月二日，乃偃臥解帶，膚體輝爍，目瞳映朗。但聞異香芬馥滿室而已。後三日，廬山諸徒，共見先生霓旌靄然，還止舊宇，斯須不知所在，相與驚而異之。顧命盛以布囊，投所在崖谷。門人不忍，遂奉還廬山，時春秋七十二。所謂鍊形幽壤，騰景太微者矣。有詔諡曰「簡寂先生」，以故居爲簡寂館，宗有道也。凡撰記論議，百有餘篇，並行於代。門徒得道者，孫遊嶽、李果之最著稱首。後《孔德璋與果之書》論先生云：「先生道冠中都，化流東國。帝王稟其規，人靈宗其法。而委世潛化，遊影上玄。微言既絕，大法將謝。法師稟神定之資，居入室之品，學悟之美，門徒所歸。宜其整緝遺蹤，提綱振紀，光先師之餘化，纂妙道之遺風。可以導引末俗，開曉後途者矣。」

　　　　（《雲笈七籤》卷五　原云出《宋廬山簡寂陸先生》）

《周子良傳》 梁陶弘景撰

《周子良傳》，陶弘景撰，史志目錄不見著錄，今本見於《道藏》洞眞部記傳類《周氏冥通記》卷首。此文非獨立之別傳，然從本文結尾「右周傳」可知，乃陶弘景爲周子良立傳明矣。元人張天雨《玄品錄》亦有周子良傳，乃據《周氏冥通記》擇要縮寫而成，今附列於後，以見《周子良傳》之異文也。

玄人周子良，字元龢，茅山陶隱居之弟子也。本豫州汝南郡汝南縣都鄉吉遷里人，寓居丹陽建康西鄉清化里。世爲冑族，江左有聞。晚葉凋流，淪胥以瘁。祖文朗，舉秀才，宋江夏王國左常侍所生，父耀宗，小名金剛，文朗第五子，郡五官掾，別住餘姚。天監二年亡，年三十四，仍假葬焉。所繼伯父耀旭，本州主簿，揚州議曹從事。母永嘉徐淨光，懷娠五月，夢一切仙室中聖皆起行，四面來繞己身，乃以建武四年丁丑歲正月二日人定時，生於餘姚明星里。期歲，爲姨寶光所攝養，同如母之義。

子良幼植端惠，立性和雅，家人未嘗見其慍色。十歲隨其所養母還永嘉。天監七年，隱居東遊海嶽，權住永寧青嶂山。隱居入東，本往餘姚，乘海舫，取晉安霍山，平晚下浙江，而潮來掣船，直向定山，非人力所能制。因仍上東陽，欲停永康，忽值永嘉人談述彼山水甚美，復相隨度嶠。至郡，投永寧令陸襄。陸仍自送憩天師治堂，而子良始已寄治內住，於此相識。今討窮緣由，如神靈所召，故其得來此山，不爾莫測其然。於時子良年十二，仍求入山，伏節爲弟子，始受《仙靈錄》《老子》五千文、《西嶽公禁虎豹符》。便專心於香燈之務，凡好書畫、人間雜伎，經心則能。後隨往南霍，及反木溜，日夕承奉，必盡恭勤。十一年，從還茅嶺。此後進受《五嶽圖》《三皇內文》。

十二年秋，其家中表親族來投山居，乃出就西阿別廨住。以十四年乙未歲五月二十三夏至日，於廨忽未中寢臥，彌淪良久，乃起出。姨母不解所以，深加辯切。乃頗說所見，具如別記。自爾於四五旬中，大覺爲異。恆垂簾掩扉，斷人入室，燒香獨住。日中止進一升蜜餐。周家本事俗神，姨舅及道義咸恐是俗神所假，或謂欲染邪氣，亟相盤問，唯答云：「許終是婁羅夢，無所知究，自懷愁慮，爲復斷隔耳。」於是眾人莫測可否，相與縱置，聽看趣向。

其七月中，乃密受眞旨，令外混世迹，勿使疑異。從此趨走執事，乃過於常日。其年十月，從移朱陽。師後別居束山，便專住西館，掌理外任，應接道俗，莫不愛敬。本性君子，訥言敏行。所可云爲，默而能濟。清修公正，纖毫無私。去冬欲潛依冥旨，逆須別宇，託以方便，冒求搆立。雖建三問羸屋，經時未畢。入此年十月，便密自成辦窗戶床簾。至十九乃竟。親屬道義齋其上。果要往看之，覺其潛形側容，並莫知所以。至二十六日密封題束西館諸戶閣廨處磨洗，以文簿器物料付何文幸。爾夕自移衾枕，出所住廨，云當暫齋，或云暫行。二十七旦獨在住家廨，及還館中，言色平然，了無一異。更香湯沐浴，著諸淨衣。與文幸棋博讀書，而屢瞻晷景。至日昳後，便起云：「時至矣。」即束帶燒香，往師經堂中遍禮道眾，徑出，還所住廨。住廨住屋唯有三間，住束一間，西二間亦安兩高坐，並有香火也。眾人正言應就齋去，日晡間，其弟名子平往看，正見於仙屋燒香，出還住戶，問子平：「何以來？」答云：「姨娘氣發，喚兄還，合藥煮湯。」語云：「我體亦小惡，即時欲服藥，竟當還。若未即還，汝可更來。」仍見鐺中溫半升酒。子平馳還說此，姨母驚怪，敺令走往，已正見偃外。子平不敢便進。俄頃，所生母及姨母續至，見便悲叫，問：「何意？何意？」唯閉眼舉手，三彈指云：「莫聲叫，莫聲叫！誤人事！」其母欲捧頭起而蹴巾，轉猶舉手，再過正巾，須臾氣絕。時用香鑪燒一片薰陸，如貍豆大，煙猶未息。計此正當半食頃耳。時年二十。先已裝束內衣，上止著眠衣，加以法服，並堅結其帶，脫群襦卷辟之。容質鮮淨，不異於生。一切聞見，莫不歡駭。以二十九日昳後殯，仍造礨塚於東岡。十一月三日丙寅日昳後空，即捧土成墳。此後音影寂寥，未通寤寐。將同人神之隔，爲機會俟時乎？

其得道原由品號，自具顯所受《記》中，今略疏在世事跡，共所聞見如此，故載之《記》前。又爾日於書案上得四函書，並封題上皆濕，一函與師，一函與後廨姨母等，一函與舅徐普明，一大函有四紙，與南館東山諸道士。並是告別，同云二十七日，計此當時是從朱陽還仍作書，作書竟便燒香也。又檢溫鐺中猶如常酒氣，瓦盆中已被水盪，無氣，都不見藥蹤迹，竟不測何所因託。檢《記》中得藥方，或疑脫是此。師既惋慨此事，追恨不早研究，函今人委曲科檢諸筐蘊，庶睹遺記，而永無一札。文幸云：「一十六日燒兩束書，可百餘紙，不聽人見。」意疑此必皆已焚毀，懊惜彌切，心猶未弭。

十一月旦甲子，試自往燕口山洞尋看，果見封投一大函。登崎嶽鉤取，拜請將還。開視，即是從來受旨。五月唯有夏至日後四事，六月七月並具足，從八月後至今年七月末止疏目錄，略舉事端，稱「云」而已。未測亦並有事如六七月而不存錄，為當不復備記、止徑略如此邪？今以意求，恐是不復疏之。何知爾？尋初降數旬中已得閑靜，後既混糅，恒親紛務，不展避人，題之紙墨，直止錄條領耳。想此十餘月中，訓諭何限，惜乎弗問，此師之咎矣。所封函中皆散紙雜採，今依日月，次第相連如法也。又從今年八月至十月，都不復見一條。又尋所燒者定當非此，例無容一封一焚故也。亦可是焚不可顯出者也。又從來有令師及姨母知者止有數條：一者初夏至日晝眠，內外怪責，不得不說；二者斷不食脯肉，亦被怪，不得不說；三者與師共辭請雨，真旨令改朱用墨，此不得不說；四者師得停召，真旨令告知，此不得不說。所可指的，唯此四事，自餘或有訪問，皆依違末略，初不顯詔。又師經一過因辭訪移朱陽，及有所當，事後屢問：「蒙答以不？」每云「未報」，遂不顯言。今料視，定已有答。尋此當是恐問便有酬者，則人人因託不少，若不為問，則被人責，若悉為問，便忤冥旨，是以皆匿隱之。此《記》中多有真仙諱字并諸教戒，便同依經誥之例，皆須淨案淨巾，沐浴燒香乃看之。若欲傳寫，亦應先關告眾真及玄人，不得皆悠悠外書記也。

周所住廨庭壇有數株大相樹，其戶前一樹甚豐茂。甲午年臘月望日，忽見有如糖灑徧樹上下，中間尤多。于時晡許，華陽都講丁景達來看徐普明，并見之，驚問：「見此甘露降下！」家人不欲顯此事，仍戲言：「向小兒以糖沃之耳。」因共摘嘗，正如蜜味。甌折兩枝見示，以插戶簾上，十餘日猶在。按《瑞圖》：甘露降竹梧，乃是瑞氣降。按說尋此庭壇邊諸樹略有，唯此對戶者獨濃，必當是欲顯已應有神靈降引之事故也。

又周所住屋南步廊夾兩邊種竹，竹根穿入廊下。乙未年五月十八日，共其舅徐普明在中堂為謝家大齋三日，竟，散齋。日中後其舅暫還廨，忽見步廊竹根生一筍，三寸已上分為二條，並抽筠籜，齊長九寸，昨都不見，而今忽有，普明知是異，恐小兒拔弄，仍折取來中堂，遍示諸道士，咸共嗟歎，未嘗有此。隱居深恨不置令成竹，又恐爛壞，乃炙乾錄之。即日猶在。按竹是星精，多會神用，湘州人作同心竹，皆伺抽筍，因刻邊為孔，筍乃帶創成四，此猶是一竿竹，唯中央兩邊四耳，未嘗有一竹而分為兩筍、共本各末者。此月二十三日夏至日，便有感降事，當是復表其冥符合歡，有梧竹之德也。

又周移朱陽館，於東立屋，積茅在屋東北，覆屋後殘茅，周往更斂積，忽見一白龜，可長六寸許，身形皮甲通白，如滑石，唯厭上有四黑文，狀如書，字不可識。捉取玩弄良久，乃欲將還，意不敢，遂放之，還即向其家說此。按龜本靈物，久壽先知，又出積茅之下，欲表是茅嶺之靈。凡白物率皆神奇，隱居聞此，欲表上之，更尋覓，不復見而佐近道士多云：「柳谷間常有一白龜，人欲取，輒失去。」疑此龜猶當是，而數百步家此積茅中，第恐有以也。

右此追記，憶見其經有此諸異事二條。

啓事

臣弘景啓。去十月將末，忽有周氏事，既在齋禁，無由即得啓聞，今謹撰事迹，凡四卷如別，上呈。但某覆障疑網，不早信悟，追自咎悼，分貽刻責，淵文口具陳述，伏願宥以闇惰。謹啓。十二月十六日。

敕答

省疏并見周氏遺迹眞言，顯然符驗，前誥二三明白，益爲奇特。四卷今留之。見淵文并具一一，唯增讚歎。十二月二十日。神筆

右此周去時，先生正在鬱崗隱齋，葉限不獲，即得啓聞，後撰寫遺記畢，方遣潘中正出啓上呈。

聖上登於內殿，開讀四卷，委曲備小，事事顧問，亦隨事奉答。

右周傳。（《周氏冥通記》卷一）

附：

周子良，字元和，茅山陶隱居之弟子也。本豫州汝南縣人，寓居丹陽建康西鄉清化里。祖文朗宋江夏王國左常侍所生，父耀宗文朗第五子，郡五官掾，早卒。繼父耀旭，揚州議曹從事。母永嘉徐淨光懷娠五月，夢室中仙聖皆起行四面來遶己身，以建武四年丁丑歲正月二日人定時生。十歲隨母還永嘉，天鑒七年隱居束遊海嶽度嶠，至永嘉憩于天師治堂，而子良始已寄治內住，時年十二。因求入山服節爲弟子，始受《仙靈籙》《老子五千文》《西嶽公禁虎豹符》，便專心於香燈之務。凡好書畫，人間雜伎經心則能。後隨往南霍及反木溜，十一年從還茅嶺，進受《五嶽圖》《三皇內文》。十二年秋其家中表親族來投山居，乃出，就西阿別解住。子良密受靈旨、降眞接仙。而隱居未嘗有疑。蓋自十四年乙未歲五月二十三夏至日，忽爾寢臥彌綸，良久乃起，是爲感降之始。其年十月二十七日，日昳後平外尸解，時年二十。隱居料理筐蘊而永無遺記，十一月甲子旦因往燕口洞，果得一大函書。遂登崎嶽

鈎取，拜請將還，即是從來受旨所封。函中皆散紙雜糅，乃依日月次第類爲
《周氏冥通記》四卷。隱居又撰《周玄人傳》於記前，進之武皇帝。子良蓋
三生學道，初生周達家，次生劉偉家。學道精勤之福方流今身，已經三過上
仙籍。其中或犯非法而復落去，故經生死乃遂始得保命府，改名太玄，字虛
靈，爲保籍丞。後更奏東華爲保晨司，而刻名紫玉之簡者矣。眾眞降教玄旨，
具於本記中也。（《玄品錄》卷四）

佛教之屬

《高逸沙門傳》　　晉竺法濟撰

《高逸沙門傳》，一卷，《隋書·經籍志》、兩《唐志》、《出三藏記集》皆不見著錄，《歷代三寶紀》卷七、《法苑珠林》卷一百著錄「《高逸沙門傳》一卷」，「孝武帝世剡東御山沙門竺法濟撰」（《法苑珠林》作釋法濟），《高僧傳》卷四有「竺法濟幼有才藻，作《高逸沙門傳》」之記載。佚文見於《世說新語》。竺法濟，東晉時僧人，其事跡主要見於《高僧傳》卷四《晉剡東仰山竺道潛》附列《竺法濟傳》。

法師居會稽，皇帝重其風德，遣使迎焉，法師暫出應命。司徒會稽王天性虛澹，與法師結殷勤之歡。師雖昇履丹墀，出入朱邸，泯然曠達，不異蓬宇也。（《世說新語·言語篇》注）

支遁字道林，河內林慮人，或曰陳留人，本姓關氏。〔一〕少而任心獨往，風期高亮，家世奉法。嘗于餘杭山沈思道行，泠然獨暢。年二十五始釋形入道。年五十三終於洛陽。（《世說新語·言語篇》注　又略見於高似孫《〔嘉定〕剡錄》卷三）

〔校記〕

〔一〕「支遁字道林」以下三句，《〔嘉定〕剡錄》作「遁姓關氏，河內林慮人，或曰陳留人」，引文僅此耳。

道林時講《維摩詰經》。（《世說新語·文學篇》注）

遁〔一〕居會稽，晉哀帝欽其風味〔二〕，遣中使至東迎之〔三〕。遁〔四〕遂辭丘壑，高步天邑。（《世說新語·文學篇》注　又見於《分類補注李太白詩》卷十五）

〔校記〕

〔一〕遁，《分類補注李太白詩》作「支遁」。

〔二〕風味，《分類補注李太白詩》作「風采」。

〔三〕迎之，《分類補注李太白詩》作「遡」。

〔四〕遁，《分類補注李太白詩》作「支遁」。

〔五〕天邑，《分類補注李太白詩》作「天色」。

遁爲哀帝所迎，遊京邑久，心在故山，乃拂衣王都，還就岩穴。(《世說新語·雅量篇》注)

殷浩能言名理，自以有所不達，欲訪之於遁。遂邂逅不遇，深以爲恨。其爲名識賞重，如此之至焉。(《世說新語·文學篇》注)

法開初以義學著名，後與支遁有競，故遁居剡縣，更學醫術。(《世說新語·文學篇》注)

晉元、明二帝，遊心玄虛，託情道味，以賓友禮待法師。王公、庾公傾心側席，好同臭味也。(《世說新語·方正篇》注)

王濛恒尋遁，遇祇洹寺中講，正在高坐上，每舉塵尾，常領數百言，而情理俱暢。預坐百餘人，皆結舌注耳。濛云：「聽講眾僧，向高坐者，是鉢釪後王、何人也。」(《世說新語·賞譽篇》注)

遁得深公之言，懟恧而已。(《世說新語·排調篇》注)

《名德沙門贊》　　晉孫綽撰

《名德沙門贊》孫綽撰，《隋書·經籍志》、兩《唐志》均不見著錄。姚振宗《隋書經籍志考證》於「《江東名德傳》三卷釋法進撰」條，疑此書即爲孫綽《名德沙門論贊》。

康僧會

會公簫瑟，寔惟令質。心無近累，情有餘逸。屬此幽夜，振彼尤黜。超然遠詣，卓矣高出。(《高僧傳》卷一)

支孝龍

小方易擬，大器難像。桓桓孝龍，剋邁高廣。物競宗歸，人思效仰。雲泉彌漫，蘭風肹響。(《高僧傳》卷四)

康法朗

人亦有言，瑜瑕弗藏。朗公呫呫，能韜其光。敬終慎始，研微辯章。何以取證，冰堅履霜。(《高僧傳》卷四)

劉元真

索索虛衿，翳翳閑沖。誰其體之？在我劉公。談能彫飾，照足開矇。懷抱之內，豁爾每融。(《高僧傳》卷四)

于法威

《易》曰「翰白」，《詩》美蘋藻。斑如在場，芬若停潦。于威明發，介然遐討。有潔其名，無愧懷抱。(《高僧傳》卷四)

釋道安

物有廣贍，人固多宰。淵淵釋安，專能兼倍。飛聲汧隴，馳名淮海。形雖草化，猶若常在。(《高僧傳》卷五　又見於《法苑珠林》卷二十四)

竺法汰

淒風拂林，鳴絃映壑。爽爽法汰，校德無怍。事外蕭灑，神內恢廓。實從前起，名隨後躍。(《高僧傳》卷五)

竺道壹

馳騁遊說，言固不虛〔一〕。唯〔二〕茲壹公，綽然有餘。譬若春圃，載芬載敷〔三〕。條柯〔四〕猗蔚，枝幹扶疏〔五〕。(《世說‧言語篇》注　又見於《高僧傳》卷五)

〔校記〕

〔一〕此句《高僧傳》作「馳詞說言，因緣不虛」。
〔二〕唯，《高僧傳》作「惟」。
〔三〕敷，《高僧傳》作「譽」。
〔四〕柯，《高僧傳》作「被」。
〔五〕扶疏，《高僧傳》作「森疎」。

支愍度

支度彬彬，好是拔新。俱稟昭見，而能越人。世重秀異，咸競爾珍。孤桐嶧陽，浮磬泗濱。(《世說新語‧假譎篇》注)

《名德沙門題目》　晉孫綽撰

《名德沙門題目》，卷數不詳，《隋書·經籍志》、兩《唐志》、《出三藏記集》皆不見著錄，佚文見於《世說新語》。孫綽，見《嵇中散》條。

于法開才辨從橫，以數術弘教。（《世說新語·文學篇》注）

法汰高亮開達。（《世說新語·賞譽篇》注）

支愍度才鑒清出。（《世說新語·假譎篇》注）

《名僧傳》　梁釋寶唱撰

《名僧傳》三十卷，梁揚都莊嚴寺沙門寶唱撰。寶唱，俗姓岑，吳郡（治所在今江蘇蘇州）人。少以勤田爲業，傭書自學。年十八，投僧祐律師出家，咨秉經律，有聲宗嗣。又從處士顧道曠、呂僧智等，習聽經史老莊，略通大義。初住莊嚴寺，齊建武二年（495）出都專講。後因世亂，東遊閩越。梁天監四年（505）敕爲新安寺主。其著作見錄於隋費長房《歷代三寶記》卷十一的有：《經律異相》五十卷、《名僧傳》三十卷、《衆經飯供聖僧法》五卷、《衆經目錄》四卷、《衆經護國鬼神名錄》三卷、《衆經懺悔滅罪方法》三卷；見錄於唐道宣《續高僧傳》卷一本傳的有：《續法論》七十餘卷、《法集》一百四十卷；見錄於唐道宣《大唐內典錄》卷十的有：《出要律儀》二十卷和《翻梵言》三卷；見錄於唐智升《開元釋教錄》卷六的有《比丘尼傳》四卷。

《名僧傳》在唐代尚存，道宣在《續高僧傳》卷一《寶唱傳》中節錄其序言（見下文）。後流傳至日本，見藏於東大寺東南院。日本文曆二年（公元 1235 年，即中國南宋端平二年），笠置寺沙宗性借讀東大寺收藏的《名僧傳》，並作了摘錄，即留傳至今的《名僧傳抄》。由於《名僧傳》原本後來在中國和日本均已亡佚，《名僧傳抄》遂成爲研究《名僧傳》原本的主要依據。《名僧傳抄》包括三個部分：《名僧傳》目錄，《名僧傳》抄，《名僧傳》說處，收入《卍續藏經》第一三四冊。

名僧傳序

夫深求寂滅者，在於視聽之表；考乎心行者，諒須丹青之工。是知萬象森羅，立言之不可以已者也。大梁之有天下也，威加赤縣，功濟蒼生。皇上化範九疇，神遊八正，頂戴法橋，服膺甘露。竊以外典鴻文，布在方冊。九品六藝，尺寸罔遺。而沙門淨行，獨無紀述，玄宗敏德，名絕終古。擁歎長懷，靡茲永歲。律師僧祐，道心貞固，高行超貌，著述諸記，振發宏要。寶唱不敏，豫班二落，禮誦餘日，捃拾遺漏。（《續高僧傳》卷一）

名僧傳後序

豈敢謂僧之董狐，庶無曲筆耳。（《續高僧傳》卷一）

名僧傳抄

名僧傳抄目次

偽魏長安大寺釋僧印

宋中興寺釋慧攬

晉永興龍山大寺納衣

宋尋陽釋慧通

宋欣平龍華寺釋道汪

晉尋陽廬山陵雲寺釋慧永

晉長安太后寺釋慧精

晉山陰顯義寺竺法純

宋尋陽廬山竺慧慶

宋瓦官寺釋慧果

宋江陵釋慧海

宋城都香積寺釋道法

宋欣平慈氏寺釋僧業

齊山陰天柱等釋法慧

晉吳通玄寺釋僧表

宋枳園寺釋智嚴

宋道場寺釋寶雲

宋齊昌寺釋法盛

宋瓦官寺釋僧供

宋龍華寺釋道矯

齊安樂寺釋曇副

釋法祥

附 名僧傳說處

名僧傳抄目次（終）

名僧傳目錄

莊嚴寺釋寶唱撰

名僧傳第一　外國法師一

漢雒陽蘭臺寺竺迦攝摩騰一

漢雒陽蘭臺寺竺法蘭二

漢雒陽支樓柯讖三

晉江陵長沙寺釋曇翼八
宋江陵竹林寺釋曇從九
偽魏釋玄高十

名僧傳第七　高行下中國法師第三

宋餘杭方顯寺僧詮一
宋江陵辛寺曇鑒二
偽魏曇弘三
宋道場寺僧馥四
宋祇洹寺僧苞五
宋南林寺法業六
宋新安寺法瑤七
宋彭城晉山寺僧籥八
齊靈根寺玄暢九
齊定林上寺僧遠十
齊定林上寺僧柔十一
齊山陰城傍寺惠基十二

名僧傳第八　隱道上中國法師四

晉長安山寺于法蘭一
晉長安城西寺帛法祖二
晉剡東仰山寺竺法深三
晉剡白山靈鷲寺于法開四
晉剡石城山寺支道林五
晉於替青山寺竺道曠六（案：「道」，《高僧傳》作「法」。）
晉酒泉山寺帛法作七
晉吳虎東山竺道一八
晉會稽山寺竺法仰九
晉剡東仰山寺竺法友十
晉長沙麓山寺釋法崇十一
晉剡東仰山寺竺法薀十二
晉剡東仰山寺康法式十三

晉奉高琨瑞山寺竺僧朗十四

晉剡山于道邃十五

晉始寧保山竺法義十六

名僧傳第九　隱道中中國法師五

晉尋陽廬山釋惠遠傳

名僧傳第十　隱道下中國法師六

晉故章崏山支曇諦一

晉吳虎丘東竺道寶二

晉蜀郡龍淵寺惠持三

僞秦京兆商洛山道整四

僞秦覆舟山道立五

晉江夏五層寺法愍六

晉奉高太山寺僧敦七

晉尋陽廬山東寺曇邕八

晉尋陽廬山東寺曇恒九

宋尋陽廬山西寺道生十

宋會稽若邪山懸雷寺道敬十一（案：「雷」疑作「清」。）

宋始興靈化山寺僧宗十二

宋鍾山定林下寺僧鏡十三

宋鍾山草堂寺僧拔十四

齊鍾山藥王寺法整十五

齊上虞城山寺僧行十六

名僧傳第十一　中國法師七

晉高邑竺法雅一

晉淮陽支孝龍晉瓦官寺竺僧敷三

晉瓦官寺竺法汰四

晉江陵上明寺釋曇微五

晉江陵長沙寺釋法遇六

晉河內釋惠超七

晉彭城郡竺道融八

晉吳郡臺寺釋道祖九

晉蜀郡龍淵寺釋惠嚴十

晉江陵長沙寺釋僧衛十一

名僧傳第十二　中國法師八

僞秦長安大寺釋僧䂮一

僞秦長安釋僧叡二

僞秦長安大寺釋景影三

僞秦長安釋僧肇四

僞秦長安釋道恒五

名僧傳第十三　中國法師九

宋城都廣平寺釋僧恭一

宋瓦官寺釋法和二

宋彭城寺釋僧弼三

宋東阿釋惠靜四

宋烏衣寺釋惠叡五

宋東安寺釋惠嚴六

宋道場寺釋惠觀七

宋祇洹寺釋惠義八

宋廣平長樂寺釋道闓九

宋尋陽廬山釋曇詵十

名僧傳第十四　中國法師十

宋江陵瑟杷寺惠徹一（案：「瑟」疑作「枇」。）

宋祇洹寺僧睿二

宋龍光寺寶林三

宋淮南中寺釋曇無成四

宋棲玄寺釋惠耀五

宋吳虎丘山釋道施六

宋中興寺釋惠定七

宋天竺寺釋弘稱八

宋謝寺釋曇無達九

宋淮南中寺釋曇因十

宋比多寶寺釋靜林十一　（案：「比」疑作「北」。）

宋長干寺釋道景十二

宋靈味寺釋僧合十三

宋莊嚴寺釋僧璩十四

宋舟楊釋梵敏十五　（案：「舟」疑作「丹」。）

宋中興寺釋道溫十六

宋中興寺釋僧嵩十七

宋多寶寺釋道亮十八

宋天保寺釋惠整十九

宋壽陽東山寺釋僧導二十

宋江陵上明寺釋惠莊二十一

名僧傳第十五　中國法師十一

宋廣陵永福寺惠因一

宋東莞竺僧度二

宋宗熙寺曇瑤三

宋會稽天柱山惠靜四

宋山陰若邪山道猷五

宋治城寺惠琳六（案：「治」疑「冶」。下同。）

宋新安寺道猷七

宋東安寺道猛八

宋長樂寺覺世九

名僧傳第十六　中國法師十二

宋中興寺智斌一

宋靈基寺僧瑾二

宋莊嚴寺曇斌三

宋何園寺惠高四

宋莊嚴寺曇濟五

齊何薗寺惠隆二十三

僞魏智誕二十四

齊靈基寺僧修二十五

齊謝寺僧最二十六

齊南海三藏寺曇通二十七

齊莊嚴寺玄趣二十八

齊大昌寺僧宗二十九

僞魏惠記三十

齊中寺法安三十一

齊莊嚴寺僧達三十二

僞魏道登三十三

齊彌陀寺僧顯三十四

齊靈根寺法常三十五

齊中興寺僧印三十六

齊福寺敏達三十七

齊莊嚴寺僧寶三十八

名僧傳第十八　律師

宋壽陽石澗寺卑摩羅叉一

宋長安大寺曇摩流支二

宋江陵辛寺惠猷三

宋吳閑居寺僧業四

宋廣陵長樂寺惠詢五

宋汴泗道儼六

宋吳閑居寺惠光七

宋江陵枇杷寺僧隱八

宋北法輪寺道遠九

宋江陵上明寺成具十

宋閑心寺道榮十一

宋涼洲公府寺法香十二

宋涼洲法力十三

齊瓦官禪房超度十四

齊長干寺法穎十五

宋蜀郡靈建寺法琳十六

齊定林下寺道嵩十七

齊天保寺惠文十八

齊閑心寺僧祐十九

齊安樂寺智稱二十

名僧傳第十九　外國禪師上

晉長安大寺弗若多羅一

晉西海跋摩瞿沙二

宋西梁洲智山三

宋高昌摩騰掘帝四

宋道場寺佛馱跋陀五

宋江陵辛寺曇摩耶舍六

宋定林寺曇摩蜜多七

宋建康僧伽達多八

宋道林寺畺良耶舍九

宋宗熙寺僧伽羅多哆十

名僧傳第二十　中國禪師下

晉中山郡柳泉山釋令詔一

晉剡石城山帛僧光二

晉始豐赤城山竺曇猷三

晉涼洲惠紹四

晉彭城鍾寺法相五

晉始豐赤城山支曇蘭六

晉長安大后寺智通七

宋會稽石室靜度八

僞魏燉煌道韶九

宋南林寺惠始十

宋涼洲法成十一

宋枳園寺道恭十二

宋枳園寺僧諮十三

宋酒泉惠全十四

宋建康曇泓十五

偽魏長安大寺僧印十六

宋中興寺惠欖十七

宋欣平龍華寺智寅十八

宋莊嚴寺僧謙十九

宋靈根寺道忠二十

宋江陵長沙寺法期二十一

宋欣平龍華寺曇智二十二

宋靈根寺惠印二十三

宋城都安樂寺普恒二十四

齊栖靜寺僧審二十五

齊招提寺法隱二十六

齊武昌頭陀寺法悟二十七

齊靈根寺惠暉二十八

齊龍華寺曇超二十九

齊安固新興寺道果三十

名僧傳第二十一　神力

晉雒陽滿水寺耆域一

晉雒陽般鵄山楗陀勒二

晉南海羅浮山單道開三

晉雒陽常山竺佛調四

晉懋陽樓至山訶羅竭五

晉襄陽羊舛于寺竺法惠六

晉永興龍山大寺納衣七

晉南海羅浮山沙門八

宋雒陽釋曇始九

宋延賢寺杯渡十

宋梁洲釋智整十一

宋高昌釋法朗十二

齊江陵長沙寺釋惠遠十三

宋尋陽釋惠通十四

齊江陵陟岦寺釋僧惠十五

名僧傳第二十二　兼學苦節第一

晉尋陽廬山西寺惠永一

宋寧蜀江陽寺普明二

宋欣平龍華寺道汪三

宋道場寺法莊四

宋謝寺僧開五

宋彭城寺惠琳六

宋天保寺僧蘭七

齊普弘寺惠溫八

齊道林寺僧隆九

齊興皇寺惠堅十

齊西安寺僧侯十一

齊草堂寺法紹十二

齊靈曜寺僧全十三

齊靈根寺惠豫十四

齊奉城寺僧護十五

齊長干寺玄暢十六

齊新安寺玄運十七

齊彭城靜林法遷十八

齊建元寺僧嵩十九

齊臨沂攝山法度二十

齊江陵四層寺惠敞二十一

名僧傳第二十三　感通苦節第二

晉洛陽康法持一

晉江左釋僧顯二

名僧傳第二十四　遺身苦節三

宋城都三寶寺僧生十二

宋城都武擔寺弘濟十三

宋城都香積寺道法十四

宋欣平慈氏寺僧業十五

齊壟西記城寺法光十六

齊交洲仙山寺曇弘十七

齊金剛寺法紆十八

宋晉壽建元寺弘願十九

名僧傳第二十五 〔宋〕索苦節第四

晉上虞徐山曇隆一

晉治城寺僧法二　　（案：「治」疑为「治」。）

晉武當山普施三

晉於替法恒四

宋東安寺法恭五

宋始豐曝布山僧從六

宋尋陽廬山陵雲寺惠安七

宋剡法華臺法宗八

宋天保寺玄敦九

宋西涼洲法進傳十

宋招提寺惠標十一

宋靈曜寺智玄十二

宋彭城寺僧覆十三

宋莊嚴寺僧懿十四

宋招提寺惠宏十五

宋靈基寺道毗十六

宋新安寺惠辨十七

宋莊嚴寺惠忠十八

齊吳閑心寺法訓十九

齊興福寺僧高二十

齊中僧盛二十一

齊高座寺惠進二十二

齊靈曜寺志道二十三

齊龍華寺僧念二十四

齊瓦官寺法纖二十五

齊定林上寺超弁二十六

齊高昌僧遵二十七

齊靈基寺法明二十八

齊祇洹寺僧志二十九

齊祇洹寺惠志三十

齊莊嚴寺惠演三十一

齊高昌仙窟寺法惠三十二

齊正勝寺法願三十三

齊山陰天柱寺法惠三十四

齊欣平等法定三十五

齊欣平龍華寺法衛三十六

名僧傳第二十六　尋法出經苦節六

晉長安竺佛念一

晉道場寺法顯二

晉東安寺竺法維三

晉吳通玄寺僧表四

宋枳園寺智嚴五

宋道場寺寶雲六

宋定林上寺智猛七

宋黃龍法勇八

宋高昌道普九

宋齊昌寺法盛十

齊定林上寺法獻十一

名僧傳第二十七　造經像苦節六

晉吳紹靈寺惠護一

晉山陰嘉祥寺惠虔二

宋瓦官寺僧供三

宋吳虎丘山僧詮四

宋彭城寺僧鍾五

宋瓦官寺僧楊六

宋江陵鹿山寺僧亮七

宋安樂寺道靜八

宋謝寺僧昌九

宋龍華寺道矯十

齊安樂寺曇副十一

名僧傳第二十八　造塔寺苦節七

晉安樂寺僧受一

晉瓦官寺惠力二

晉武陵平山惠原三

晉建初寺曇爽四

晉長干寺惠達五

宋白馬寺惠光六

宋武陵顯宋寺慈欽七

宋始興虎丘山僧律八

宋城都費寺法智九

宋廣陵靈鷲寺淨開十

宋宜昌閑居寺曇蘭十一

宋延賢寺法意十二

宋江陵多寶寺僧運十三

宋定林下寺僧鑒十四

宋吳縣南寺僧智十五

宋江陵長沙寺法翼十六

宋長干寺智愛十七

宋靈曜寺法意十八

宋謝寺僧瞿十九

宋番禺祇洹寺法獻二十

宋祇洹寺惠敬二十一

名僧傳第二十九　導師

宋祇洹寺道照一

宋長干寺曇穎二

宋瓦官寺惠璩三

宋靈味寺僧意四

宋靈味寺曇宋五（案：「宋」疑作「荣」或「宗」。下同。）

宋中寺曇光六

宋興福寺惠芬七

宋祇洹寺惠明八

齊齊福寺道儒九

齊瓦官寺惠重十

齊閑心寺僧憙十一

齊瓦官寺法覺十二

齊齊隆寺法鏡十三

名僧傳第三十　經師

晉建初寺曇藥一

晉祇洹寺法平二

晉祇洹寺法等三

宋白馬寺超明四

宋白馬寺明惠五

宋白馬寺僧饒六

宋安樂寺道惠七

宋謝寺智宋八（案：「宋」疑作「荣」或「宗」。）

宋新安寺道綜九

宋烏衣寺曇遷十

宋道場寺法暢十一

宋瓦官寺道琰十二

齊東安寺曇智十三

齊安樂寺僧弁十四

齊甯寧蜀龍淵寺曇馮十五

齊中寺僧琮十六
齊北多寶寺惠忍十七

名僧傳抄

　　梁　寶亮　撰

名僧傳第三

　　求那跋陀（梁言功德賢也），中天竺人也。少傳五明，天文書算、醫方呪術、風甬盈虛，世間術業，多所究竟，而志力堅明，偏習方等。以外典雜事弊釋氏，乃遁遊師子國，依師入道，專情學務，辭小習大，世號之為摩訶乘焉。師欲試之，命就闇室，操取經匣，即得《華嚴》大品。師曰：「大乘於汝乃有重緣。」奉書父母，勸歸正法，曰：「若專外道，雖還無益。若歸依三寶，則長得奉見。」父感至言，遂乖邪崇正。頃之功德賢乃奉送資供，求向東方，因隨舶汎海。

　　元嘉十二年春，始至廣洲，憩雲峰山，立寺以山為名。時刺史車朗表聞，宋文帝遣使迎接。其年冬至京師，勅住祇洹寺，遙入宮臺傳譯，意好欣然若故舊，帝甚敬異之。琅邪顏延之，宕才碩學，束帶詣門。於是京邑道俗，車蓋相望。彭城譙王義宣置師事焉。眾僧共請出經，於祇洹寺，集義學諸僧，初出《雜阿含經》五十卷，又於東安寺，出《法鼓經》二卷，出《相續解脫經》二卷、《第一義五相略》一卷。後於舟楊郡，譯出《勝鬘經》一卷。又於道場寺，出《央掘》四卷、《楞伽經》四卷。眾七百餘人，寶雲傳譯，惠觀執筆，辨章文義妙會。先自元嘉二十三年，譙王鎮荊洲，請與俱行，安憩辛寺，更立殿房，即於寺內，出《無憂王經》一卷、《八吉祥經》一卷、《過去現在因果》四卷、《無量壽》一卷、《泥洹》一卷。凡十三部，合七十三卷。譙王欲請講《華嚴》等經，而跋陀自忖未善漢語，愧難積旬，即旦夕禮懺，請乞冥應。遂夢有人，白服持劍，擎一人首來，至其前曰：「何故憂邪？」跋陀具以事對答，曰：「不痛。」鏗然便覺，心神喜悅，且起言義皆備領漢語。於是就講，弟子法勇傳譯，僧念為都講。雖因譯人，而玄解往復。

　　元嘉將末，譙王屢有怪夢，跋陀答以京都將有禍亂。未及一年，而二凶構逆。及孝建之初，譙王陰謀逆節，跋陀顏容憂慘，而未及發言，譙王問其故。跋陀陳爭懇切，乃流涕而出，曰：「必無所翼，貧道不容扈從。」義宣問曰：「法師何故謂弟子舉事不成？」答曰：「大王名義宣，當以義濟。今興兵犯從非義也，何以能剋？」義宣以其物情所信，乃逼與俱下。過江洲，見咸

質質，問曰：「法師觀弟子軍容何如？」答曰：「猶如聚墨耳。」梁山之敗，火纜轉迫，去岸懸遠，勍無濟理。唯一心稱觀世音，手捉卭竹杖，投身江中，水裁至膝。以杖刺水，水深流駛。見一童子，尋後而至。以手牽之，顧謂童子：「汝小兒何能度我？」怳忽之間，覺行十餘步。仍得上岸，即脫納衣，欲賓童子，顧覽不見，舉身毛豎，方知神力焉。時王玄謨督軍梁山，孝武來勑軍中得摩訶乘，善加料理，驛信送臺，俄而尋得，令舸送還都。孝武即時引見，顧問委典，曰：「企望日久，今始相遇。」跋陀對曰：「既染覺戾，分為灰粉。今得接見，重荷生造。」來問置誰為賊，答曰：「出家之人不豫戎事，然張暢宗靈秀等，並是駈逼貧道所明，但不圖宿緣乃逢此事。」孝武曰：「無所懼也。」是日勑住後堂，供施衣物，給以人乘。

　　初跋陀在荊洲十載，每與誰王書疏，無不記錄，及軍敗簡檢，無片言及軍事者。孝武明其託謹，益加禮遇。後因閑談，聊戲問曰：「念丞相不？」答曰：「受供十年，何可忘德。今從陛下，乞願為丞相三年燒香。」帝悽然動容，義而許焉。及中興寺成，勑令移住，令開三間房。後於東府宴譴，王公畢集，勑見跋陀。時未及淨髮，白首皓然。孝武遙望，顧語尚書謝莊曰：「摩訶乘聰明機解，但老期已至，朕試問之，必悟人意。」跋陀上階，因迎謂之：「摩訶乘不負遠來之意，但有一在。」即應聲答曰：「貧道遠歸帝京，垂四十年，天恩隆遇，銜塊罔極，但七十老病，唯一死在。」帝嘉其機辨，勑近御座，舉朝屬目焉。後於秣陵界鳳凰樓西起寺，每至夜半，輒有推戶而喚，視不見人，眾屢厭夢。跋陀燒香咒曰：「汝宿緣居此，我今起寺，行道禮懺，常為汝等居住者，為護寺善神。若不能居，隨所安。」既而道俗十餘人，同夕夢見，鬼神千數，皆荷擔移去，寺眾遂安。

　　大明七年天下亢旱，祈禱山川，累日無驗。孝武請令祈雨，必使有感，如其無效，不須相見。跋陀答曰：「仰憑三寶，陛下天威翼必降澤。如其不獲，不復重見。」即往北湖釣臺，燒香祈請，不復飲食，默而誦經，密加秘咒。明日晡時，西北雲起如車蓋，日在桑榆，風震雲合，即日降雨。明旦公卿入賀，勑見慰勞，嚫施相續。

　　跋陀自幼以來，蔬食終身，常執持香爐，未嘗輟手。每食竟輒分食，飛鳥集手取食。至明帝之世，禮供彌盛。到泰始四年正，覺體不平，便豫與明帝公卿告辭。臨終之日，延佇而望雲，見天華聖像，禺中遂卒，春秋七十五。明帝深加痛惜，慰賵甚厚。公卿會葬，榮眾備焉。又續有求那毗地，中天竺

人，聰瞻有記，誦經十餘萬言，兼解陰陽道術，以齊建元中來至，住毗舍離寺。永明十年，譯出《十二因緣》，及《頗湏達長者經》，造正觀寺（云云）。

名僧傳第五

道安，本姓衛，諸僞秦書並云，常山扶柳人也。□□孩稚而家嬰世禍，外兄孔氏鞠養之。年七歲，便解者音讀書，五經文義稍已通達。迄于志學，邪好佛道，年十八乃出家。性甚聰敏，□□又別立禪房以栖，靜勝果竹成列，華藥布滿，名曰檀溪寺。苻堅遣使，送外國金薄倚像，高七尺一軀，金坐像一軀，結珠彌勒像、金縷繡像、織成像各一張。每講席一建振發，風采綱領。玄宗開張，慧目理思，懷道之士皆負書而至，時年五十二矣。□□嘗與弟子法遇等以人，於彌勒像前立誓願，同生兜率。□□僞建元二十一年正月二十七日，忽有異僧來求寄憩，形色蕭猥，服章垢悴，以房舍迮狹，安置講堂中。中宵有起者，見講堂不開，而於窓間躍出，維那白安，安呼共語，問：「何事來此，希告以實。」答曰：「不敢相欺，爲法師來耳。」安曰：「我罪根深淺，詎可遇度耶？」答曰：「法師罪甚不多，易爲功德。」安曰：「何方自勵，可得免度？」曰：「故應浴僧，浴僧未若浴羅漢功德至重也。」安曰：「浴僧力所能辦，羅漢何由可致？」曰：「但榮其具，能相爲致之。」安曰：「既已降屈相，能微見神力，開悟眾心。」此僧即舉手仰撥天西北端，重霄既褰，見天宮伎樂，闔寺道俗無不必覩。久乃攪之，泯然還合，復還講堂，因入澡灌中，倏爾在外。於是辭別而去。安乃大勞浴僧，浴僧事訖，更多覔香陽，淨諸浴室，果致羅漢數十人，化作寺中小兒，室前共戲，俄而失去。聞有浴聲，陽物盡用。

安先與隱士王嘉，同在城內，以其年二月八日中食畢，嘉往候安。安曰：「世事如此，行將及人，相與去乎？」嘉曰：「知所言並前去，吾有小責未了，不得俱。」嘉別安，初無疾欻然而化，春秋七十二，葬五級寺中。□□安嘗與嘉及弟子法遇等，於彌勒佛前，共立誓願，願生兜率。及姚萇之得長安也，嘉故在城，門階戶席皆璩舊物，岩見愴然而悲，縱恨其獨與璩狎，並嫉其風望，恐爲人所輔，惡而害之。泰元十六年造彌勒像，今在玄集寺中，桓玄爲之頌。

名僧傳第六

曇翼，本姓姚，生羌土中。年十六，師事道安，善辭大乘，彌精三藏，才識明俊，雖不逮安，而節行清苦，門人莫競。晉長沙大守荊洲勝舍，欽安風德，欲遠相迎請，捨宅爲寺，告安求一僧爲寺主。安顧謂翼曰：「荊楚士庶

始欲歸宗，成其美者，非爾誰歟？爾其行也。」翼貞錫南征，至即締構，一年功畢，名長沙寺。後遊蓋部，刺史毛璩一遇相重，便餉米千斛，爲設中食，飯內得一粒穀，即擇取先噉。璩歎曰：「此沙門豈棄人供養者邪？」遂厚加贈遺，尋歸荊洲。及丘賊入境，抄掠漢南，江陵闔境，避難上明。翼又於上明造東寺，後還長沙寺，復加開佑造大塔，並丈六金像。未有舍利，祈請累年，忽爾而得，即集僧尼五百人，燒香讚唱，請一鉢水，以汎舍利，舍利右旋，五色光耀，清徹滿室。因往巳陵君山伐木，《山海經》謂潤廷山者也，上有幽穴，潛通吳之苞山。山既神異，行者憚之。上人說，桓玄聞山有白雉兔。乃往求之，迷路累日，望船甚近，而不得至。翼至見白虵數十斷道，翼爲說法，虵乃避路。夜得夢云，林木是所惜，既營佛塔輒給，但莫命部曲非法取也，人力皆是借倩，遂有所竊。至江陵，翼杖巳上秪秪木未取，爲軍人御奪。改先小塔，更立大塔，又鑄丈六金像，先契二匠，便設大會，願無鯁妨，四輩聞知，皆樂隨喜，所獲銅鵬過足周用。因以所餘更造靈儀，舉香七尺，翼德被陝服。學徒歸湊，每歎寺足眾僧，形像尚少。嘗聞阿育王多造佛像，隨緣流布，而獨不至此，豈非精誠未詣邪？於是彌致懇惻。永和十九年二月八日夜，忽有像現城北，身光照夜，明若晨曦，闔洲驚騷，遠近雲集。時白馬寺遣迎百人，展力折不能動。翼曰：「此必阿育王像當往長沙寺，非強力所能移。」僉曰：「請效甚驗。」翼乃稽首致敬，命弟子擎捧，裁有五人，颯然輕舉。四眾推伏，請問其故。翼笑曰：「昔有誠願，推理謂爾後耳。」罽賓禪師僧伽難陀，從蜀下入寺禮拜，云是外國像，尋覓銘題佛光，果有胡書，讀曰阿育王造也。年八十二，義照中卒（云云）。

名僧傳第八

竺法義，沙門曇宗寺記云，惠義不知何許人。年九歲，遇竺法深。法義問曰：「仁利是君子所行，孔丘何故罕言？」深答曰：「緣物尟能行，故希言之耳。」年十三，伏膺道門，修治戒行，標秀之稱，與日而升，好大乘學，尤精法華，住瓦官寺，王導孔敷並通風契。後居始寧之保山，徒眾四十餘人，皆是高勝道士，領會玄微，四時不替。咸安二年，遇篤病，針石不差，唯專念觀世音。久忽夢，一沙門出其腸胃，去其垢疾，清水洗濯，還內腸中，既寤豁然頓愈。晉孝武即位，以其名德延出京華，常所師諮，供給甚厚。春秋七十四，太元五年卒。帝以錢十萬，買新亭崗爲墓，起塔三層，時有釋普隨釋惠鑒升卒中居於臨海，並有德素（云云）。

名僧傳第十

　　和上諱僧行，本姓支，會稽山陰人。年十三出家，爲基法師弟子，住城傍寺。每曰，神仙之道終有遷墜，玄儒之教不能出俗，陶瑩心神，開發慧悟，莫先乎釋氏。乃披經問道，威儀弘備，常惜寸陰。和上同學僧悝，擅名東夏。與和上影響惠基，共弘至教。悝山陰人，體度弘泰，風味宕遠。基每曰，能光益風化，唯行悝而已。和上以人間諠動，乃移住法華寺，自非法事，足不下山。永明中，上虞縣城山寺，是蔡興宗所立，年歲稍久，風範雕喪。既闕總領，請和上鎮正，乃拂衣就之。於是闡揚法教，開示誘施，齊齊烏眾，等化之常悅，念西方，要期安養。春秋五十九，永明十一年卒。又有同學惠通，弟子僧誕（云云）。

名僧傳第十一

　　法遇（別傳云曇遇，又別記云道遇也），不知何處人也。少而慷慨，養索自居，鄰豪妻之以女，郡守徵以爲吏，皆不從。專慕大法，投釋道安爲師，既得沐浴玄化，諮諏味理，執樔精懇，禁行無虧，鍾摩頂之愛，留起予之賞。於是下帷就業，博究深經。義陽太守陳笛阮保，聞風欽悅，修書通好，信使往還，果有嚫遺。晉太元二年，寺荷本圍襄陽，與曇微曇翼遠惠等，下集江陵長沙等，法輪移軔，學徒雲湊，聽受之眾，常四百人。有一僧，於寺飲酒，癈夕燒香，遇罸而不遣。安聞之，以竹筒封一荆子，手題寄遇，遇開封見杖，即曰：「此由飲酒僧也。我訓眾不勤，遠貽憂賜。」令維那繫磬聚眾，以杖筒量香橙上，行香畢，出眾前，向筒致化，化竟伏地，命維那行杖三下，內杖筒中起，又作垂淚嗚咽。時境內道俗莫不歎息。既而與惠遠書曰：「吾不能率眾，和上隔在異域，猶遠垂憂，吾罪深矣。」年六十一，卒於江陵（云云）。

名僧傳第十二

　　道恒者，藍田人。年八九歲，與群小兒，聚沙爲佛塔。隱士張忠見之曰：「此兒有日龍二理，仕官則位至公輔，爲道則振隆大法。恨吾老矣，不得見之。」恒少而偏孤，事後母以孝聞。家道清貧，固窮守愼，手學書讀賣，以供養母，終服。與同學道標，俱有名譽，及什公入境，並參詳譯。姚興甚相賞遇，謂有經國之才，有勑，奪恒標法服。詔曰：「卿等體閑樂道，服膺法門。瞭然之操，誠在可嘉。但朕君臨四海，治急須才，方欲招肥遁於山林，撫陸沇於屠肆，況卿等周旋諝舊，朕所言盡，各抱干時之能，而潛獨善之地。此

豈朕求賢之至情，卿等篤化之深趣？昔人云：國有驥而不乘，方遑遑而更索。此之謂也（云云）。」

名僧傳第十三

論曰：問三乘漸解實相曰：「經云：三乘同悟實相，而得道爲實相。理有三耶，以悟三而果三耶。實相唯空而已，何應有三？若實相理一，以悟一而果三者，悟一則不應成三。」答曰：「實相乃無一可得，而有三，緣行者悟空有淺深，因行者而有三。」問曰：「若實相無一可得，悟之則理盡，不悟則面墙，何應有淺深之異，因行者而有三？」答曰：「若行人悟實相無相者，要先識其相，然後悟其無相，以何爲識相。如彼生死之相，因十二緣，唯如來洞見因緣之始終，悟生死決定相畢竟不可得，如是識相非相，故謂之悟實相之上者。菩薩觀生死十二因緣，唯見其終，而不識其始。雖悟相非相，而不識因緣之始，故謂之悟實相之中者。二乘之徒，唯總觀生死之法是因緣而有。雖悟相非相，不著於生死，而識因緣之始終，故謂之悟實相理實無二。因於行者，照有明闇，觀彼諸因緣，有盡與不盡，故於實相而有三乘之別。」問曰：「菩薩之與二乘，既不窮因緣之始終，何得稱悟實相而得道？」答曰：「菩薩之與二乘，雖不洞見因緣之始終，而解生死是因緣而有，知生死定相不可得。故能不染著於生死，超三界而得道（云云）。」

又問無神我曰：「經云：外道妄見我，名之爲邪倒。今明佛性即我，名之爲正見。外道所以爲邪，佛性以何爲正？」答曰：「外道妄見神我，無常以爲常，非邪而何？佛法以第一義空爲佛性，以佛爲眞我，常住而不變，非正而何？」問曰：「何故謂佛性爲我？」答曰：「所以謂佛性爲我者，一切眾生，皆有成佛之眞性。常存之性，唯自己之所寶，故謂之爲我。」問曰：「若外道妄見神我，以爲邪倒者，未知眾生爲有神耶？爲無神耶？無神者恐空修梵行，修善造惡誰受報應。」答曰：「眾生雖無常住之神，而有善惡之心。善惡之心，爲萬行之主。天堂地獄以心爲本，因果相續由斯以生。故常而不存，滅而不絕，所謂中道者也。」問曰：「無常之神，雖有善惡之心，善惡之心，念念不住，造善惡之心，既當境自滅，未來之心非造善惡之主，云何使未來之心橫受過去之報？有似甲爲乙受禍冥司幽罸何其熙哉。」答曰：「難云，未來之心，不造過去善惡之業，何得橫受過去善惡之報？三後來難，可謂發明奇唱。夫報應之道，不可思議，十住菩薩如能髣髴，豈凡夫未學所可厝壞？且依文句

忌言之也。經云：五道受生，以心爲本。無常心者，念念常遷。我有古今之異，前心不待後心，而後心因前而有，生死以之無窮，果報以之不絕。經云：劫初穀種，能生未來無窮之穀。神無不滅，心無不因，推穀足以知人，知人足悟無神，是以經云，一切諸法本因緣，空無主，無主之義，豈非無神之明證哉？」

名僧傳第十五

覺世，京兆人也。年十二出家，篤信行，無嗜慾，觀世榮利若浮雲，烏學善泥洹大品。立二諦義，以不空假名爲宗，論議清辨，與惠懃齊名。其高談玄勝，以理會心，商略過之。少遊彭城，後來京旬，憩長樂寺。太始中，多通方等經，世手不執卷，而思徹微眇，磐疑石難莫不冰釋，精進勇猛，三業俱勤。弟子僧瑤遇酒小過，戒之曰：「縱情殆惰，醉酒飽食，此皆罸性之斧也，婆寒不爲，況復息心，若能依律懇懺，特恕一反。若其不爾，便宜遠去。」於是門徒肅然，莫不戰慄，四輩崇仰，遠人慕義。春秋五十九（云云）。

名僧傳第十六

曇斌，本姓蘇，南陽人也（王巾云，京兆人也）。年十餘出家，事沙門道禕爲弟子，患腳疾。不敢下都。元嘉二年乃往江陵，憩於辛寺，餐聽經論，兼修禪律，每苦潭思，情未能達。後於四層寺，中食竟，登般若臺，讀經倦臥，夢見一人，白銀色相好分明，似是彌勒，舉手摩其頂曰：「善男子，汝所疑義，數論經書備已解釋，遊方自見。」及窹懂惪，因下京都，值僧業律師，在吳講十誦，即往就聽。事竟還都，從靜林法師，於多寶寺誦決所疑。琅耶顏延之，於講座相遇，謂多寶寺主寶譽曰：「此儜道人當爲往器。」後就吳興小山法瑤，聽泥洹勝鬘，又從南林法業，受花嚴雜心。食不求飽，勤不告勞，乘月讀經，不赴齋會。法業問曰：「齋會嚫施足以市油，何故不赴？」答曰：「形動神疲，則慮不得專，不得專則雖學無功。」

曇濟，河東人也。十三出家，爲導法師弟子，住壽陽八公山東寺。少有器度，汪汪然，儀望端肅，機悟通舉，讀成實論涅槃，以夜繼日，未常安寢，高談遠論，以此自娛，善言謔巧應對。及自當師匠，虛心待物，動止云爲莫非體度，綱維正法，開示未聞。年始登立，譽流四海。天子聞風，請出都邑。以宋大明二年，過江住中興寺，法輪移甘露灑澤，四方義學異軌同到，理愜物心，道俗嗟仰，著《七宗論》。第一本無立宗，曰如來興世，以本無佛教，

故方等深經，皆備明五陰本無。本無之論由來尙矣，何者？夫冥造之前，廓然而已，至於元氣陶化，則群像稟形，形雖資化，權化之本，則出於自然。自然自爾，豈有造之者哉？由此而言，無在元化之先，空爲眾形之始，故稱本無，非謂虛豁之中能生萬有也。夫人之所滯，滯在未有，苟宅心本無，則斯累豁矣。夫崇本可以息末者，蓋此之謂也（云云）。

名僧傳第十八

　　夫禮法者，外典之篤教。戒律者，內聖之至範。杜利慾之萌，絕邪狂之路，使三障五蓋，同歸道場，流遁輕薄，咸濟仁壽，豈非慈悲博大神化無方者乎？自正覺善逝，迦葉撰律爲八十誦，誦者謂常應誦持也，而微言稍遠，大義相乖，遂波握掌藏，乃抄爲十誦。婆麤富羅抄爲僧祇，又彌沙塞抄爲五分，曇摩毱多抄爲四分，與迦葉維所抄，合爲五部。是以長者夢疊，已表當分之相，亦猶春秋分爲五，詩分爲四之類也。沙門法顯，以義熙二年，從外國還，得僧祇彌沙塞律二部，止獲胡文，未得宣譯。義熙九年，有弗若多羅，至長安，與童壽，共出十誦律。到十二年，佛陀邪舍，與佛共出四分律。其年佛馱跋陀，又出僧祇律。宋景平元年，沙門佛馱什，與智勝，共出五分律，余迦葉維一部未傳中國。自茲迄今，法流稍廣，四部律律學處處成群諒足導揚前縱，嗣徽後代，其聲業尤著者，並爲之傳（云云）。

名僧傳第十九

　　佛馱跋陀（或云浮頭婆馱，梁言覺賢），北天竺人也。九歲失父母，爲外家所養，年十七出家。師令誦經，五人同業，四人一月，敵其一日。博覽經律，精力過人，篤好禪思，遇境斯得，雅遊九次，妙入八解。同學僧伽達多，心相賞遇，同遊罽賓，達多閉室安禪，先自念言曰：「無得覺我者也。」有頃忽見覺賢對倚彈指，達多問曰：「何從得入？」答曰：「向往兜率，見子意云無得覺我，故相觀耳。」達多方悟，非凡夫人焉，苦從謂問，乃云得阿那含也。

　　曇摩密多（梁言法友），少稟道化，喰味玄秘，爲三寶之勇卒，法城之巨塹。諷誦經藏，堅持律部，偏好禪那，兼修定品，心安虛靜，思達玄微，志願遊方，弘通禪悅。於是泛泊來東，以宋永初三年，始至江陵，住長沙寺。旬日之中，得一舍利，形質雖小，光色異常。以鉢水汎之，遙漾右轉，乍浮乍沈，光藻炳煥，眾皆驚此神奇，嗟歎盈路。元嘉初來集京師，住祇洹寺，譯普賢觀經一分，虛空藏觀一分，至十年移憩定林，業遠囂動，專務清寂，更華，

寺後別禪堂，師友十餘，並雅精業，晝夜不休，供施雲集。以十八年，更譯禪秘要三分，五門禪經一分。春秋八十，元嘉十九年六月，卒於寺（云云）。

僧伽羅多哆（梁言僧濟），西域人也。少失二親，又無兄弟，師心伉節，捨俗襲道，夷放小欲，虛心慕遠，不尚榮華，唯以得意爲貴。僧伽達多，見而奇之。語經律，通禪教，人息不息，篤學無倦，安思三空，寂觀五淨，延促由心，遊戲適我。宋永平二年，自外國達於帝京，棲宅丘林，養索川嶽。以元嘉十年，卜居鍾山之陽，剪開榛蕪，造立精舍，聳剎陵雲，高堂架日，鑿澗延流，傍岩列樹，當時之威德，故號曰宋熙。禪學之眾，三十餘人，四輩供施，相繼不絕，濟不畜私財，有必入眾，禪席常溫，法言不輟。春秋五十有九，元嘉二十七年卒（云云）。

名僧傳第二十

道韶，本姓凡，燉煌人也。少出家，勤道業，讀誦大乘，披覽戒律，備學諸禪，頭陀爲事業，披服弊衣，或冢間而坐。年過知命，操節愈明，每至獨處山林，單行獸窟，遍入諸門，歷觀生死。嘗夜坐樹下，忽雷電霹靂，折樹甫枝，猛虎群號，轉石奔落，韶端然不動，禪嘿無異。明村人獻供，問路泥深淺，村人云不雨久，方悟鬼神所爲焉。其日中晡，又見索甲彌山，舟旗竟野，俄而有人，來問韶曰：「沙門何故奪僕所住？」韶答曰：「本來相就，欲以道變俗，謂君是善神，共求勝果，不虞見恠，神有恧焉。」韶剛正質直，少長一槩，獨處山間，三十餘載。時遇惡魔，多類此也。後於房中坐禪，舉身皆冷，唯心下微溫，眷屬皆悲，謂已遷滅，經四日乃起。問其故，自說見閻羅王投其手，覺身便冷，謂韶曰：「君今來此，當案行地獄，指示罪人，此皆不信正法，造三惡業。君命尚延，可教化人間。」韶曰：「世間有佛經，善教猶不遵修，況我常人言豈生信？」閻羅王曰：「當爲君現證，令人信也。」因投右臂，牽使長八寸，而左手如故。及起右臂果長，於是精勤有倍恒日，勸導道俗，講說經戒。每中食，輒得舍利。諸有起塔者，皆給與之。自爾以後，氣力康勝。復得十年，年至六十餘，卒竹林寺。釋智紹昔至抱罕，親見臂有短長（云云）。

僧印，姓樊氏，金城楡中人，釋玄高弟子。性腹清純，意懷篤至，與之久處者，未當見慢忤之色。下接庸隸，必出矜愛之言。振恤貧餧，有求無逆，心道聰利。修大乘觀，所得境界，爲禪學之宗。省削身口，具持淨

律，嘗在江陵，教一比丘受禪，頗有所得。印語之曰：「上坐所學，應得異境，若得便能隨願往生。」修之不已，果值異應，即以告印。印戒之曰：「此法乃將來美事，然脫不幸大命應終。」此僧欣然曰：「由來願生西方。」得應之後，或有勸往兜率者。此僧嗟疑良久，至三更方決云，定向兜率，言意就臥。同學起看，命已逝矣，印晝夜誦經禮懺無廢。後還長安大寺，年六十餘卒。

惠攬，本姓成，酒泉人也。道行峻梁，德聲遠振，與玄高俱以寂觀見崇於西土，遂遠遊外國，供養羅漢，禮敬佛鉢，習禪於罽賓達摩達。以元嘉四年，於樹上，得菩薩戒本。人定見彌勒，云是我與汝。漢地道士，多發大心，欲使大德宣流。達摩問言，何處受之。答曰當於尼揵訶羅國，影邊受之。此國去罽賓，五千餘里，詣彼受之，還授惠攬，謂攬曰：「汝宜還東國，多有利益。」來至於置沙洲，皆集大眾，從攬師受，舉國禪思，思法忘餐，蜀聞禪學，莫不師焉（云云）。

名僧傳第二十一

納衣，本姓史，名宋，不如何許人也。多服納衣，或時麻衣，而寒暑不易，故世以服為之號，故曰納衣，或曰麻衣。身首瘡痒，不甚洗浴。晉義熙中，常在廣陵白土像，謳唱引莳，以自欣暢，得直隨以布施。晝遊夜伏，莫知其棲息之處。運力終日，食不加口，靡有知其之所將餌。八方殊聲，莫不必能。時高檀祇為江都令，聞而怪之，使史攝來應對。機樞稽古，博達辨說，玄儒賦詩一首，曰：「有欲苦不足，無欲亦無憂。未若清虛童，帶索披玄喪。浮遊一世間，汎苦不繫舟。」檀遺布二十，返而遺之，出城便以乞路人，海行里外蕭然都盡。不以姓名鄉居語人，時世莫有知者。後人海行，於孤洲上，遇一沙門，求寄書與史宗，云其在白椽，披著納衣道人是也。仍量書船中，同侶欲取看之，而書著船不肯脫。及至白土，歘然風起，飛書就宗，宗接而將去，人益異之，競來敬事。拂衣南遊，憩於永興縣龍山大寺。常過魚梁，魚人將獲，行有屠膾，納衣意甚憫然，乃入上流浴群魚散，其潛樣物類皆如此。為人清達，不悅榮華，性用深點，雅懷利益，善談玄儒，洞眞實相。會稽謝劭魏邁之等，皆篤論淵博，並從其師受。後同止沙門，夜聞有與宗共語者，頗說蓬來山事，曉便不見，莫知所適。尋陽陶淵明記，白土埭遇三異，法師此其一也（云云）。

惠通，不知所從來，多見在尋陽，常自稱鄭散騎。江陵人邊僧歸，商行至壽陽，將還江陵。通欲寄物於其擔上。僧歸不肯受，通強之，僧歸爲受，亦不覺重。行數里別去，謂僧歸曰：「我有婦，在荆州三層寺作尼，名惠緒。汝至彼可爲相聞道我尋往也。」言畢忽然不見。僧歸至荆州，具爲惠緒言之。結尼禪行道德人也，既無此兒，不解所以。後至壽陽，尋之不知處。通後來荆州，到惠緒房，緒已死矣。訊問委悉，寺中知必通也。由留荆洲，與人行見丘墓，皆識名字氏族。四月八日，於上明東寺齊，隨眾僧行道。於眾指示人云：「某人經作劫。」如是者數人，群盜一時走去。於江津路值一人，以馬杖鞭通。通曰：「汝忩歸看汝家何如。」此人至家，火已燒其宅矣。齊永元初，就任漾求酒曰：「宜應遠行，永不復相見。」爲謝諸知識，並宜精進，愼幼退轉。飲酒畢，至市東牆臥地。既視死矣，數十日忽復於市見之，市人遂視，久久乃沒也（云云）。

名僧傳第二十二

道汪，本姓潘，長樂人也。世規家訓，以廉約爲風，姿禪高秀，長七尺七寸。幼有不恒之識，宗族固已異之。少孤隨叔在京師，年十三，投盧山遠公出家，研味禪律，停山十餘載。新出諸經，靡不精綜，《大涅槃經》後傳江左，復還京師，計論大義。□□費游文子雅相知愛，命子姪咸師之，茹蔬飡素五十餘年。博綜經律，窮覽數論，兼涉外典，識瞻開誘，才強計辨。自龍花祇洹天竺武擔相思長磧諸寺，繕基啓刹，莫不仰止高軌，修禪習誦，日夜無綴，嶿蜀佛法由茲大盛。益土有流寓之民，數千餘家，淫祀倒見，不識正道。自汪至後，敬挹清塵，宗崇釋氏者，殆將本半寧。蜀郡常元祖，少事父母以孝門，深信大法。元嘉二十四年卒，與其友人夢云：「我從任法師，受菩薩戒，今得生兜率天，爲善利天子，因卿語兒輩，勿復祭奠。刺史吳郡陸簡子，天相禮遇（云云）。」

名僧傳第二十三

惠永，河內人也，出家爲竺曇現弟子。現篤志直方，少有清節，長慕肥遁，山棲養志。以晉太和中，於尋陽盧山北嶺，創立寺廟。永以北嶺下尙多喧動，移於南嶺之上，築茸房宇，構起堂殿，與煙霞交接，名曰淩雲精舍。於是棄絕人事，隱居幽嶽，弊衣荣食，禪誦爲務。時有往者，轉聞香氣芬馨，流於各內。永室中堂有一虎，若有畏者，駈令上山，客去便還，甚能馴伏，

由是道俗景仰焉。永嘗獨下山，薄脫而歸。至烏橋，烏橋營主飲酒大醉。乘馬當道，終不相過。日轉逼暮，求請不從。振錫向馬，馬驚反擲，營主落地頓仆，不能即起，馬僻易入草。明旦營主入山懺謝，謂永使神力。永曰：「貧道體君飲酒，初不相怪，以常扣錫，遂至於斯。苦審有此改，當是戒神見護耳。」永性謙恭精苦，雖遇疾病，而長齊不廢。春秋八十三，晉泰元五年卒（云云）。

惠精，又名曇戒，本姓卓，南陽人，晉外兵郎棘陽令潛之弟也。幼而家貧，無衣著，不得從師友，負薪炙火，披翫六籍。後聞于法道講《放光經》，借衣聽焉，告其兄曰：「始悟儒淺近，道教虛曠。不能復馳騁方內，政欲自放人外耳。」潛曰：「誠復人各有心，何能獨善其志。」年十九投釋道安，安津為同學，甚相知敬。遊方請業數四年中，忽請安曰：「世間之苦難可大堪，百年俄頃復不待人。雖苦之速，德行為先，精學足以導心。今就行道去。」安曰：「兼之為勝，如不能兼，各從其志，吾助爾喜。」誦經五十萬言，禮佛為業。時禪法未傳，依經獨坐。晉臨川王雅相禮待，資給四事，後與安同憩長安太後寺，安平後隆安中疾病，口誦彌勒，未嘗懈息。弟子智生侍疾，問曰：「何不願生西方，而專呼彌勒？」答曰：「吾等道安八人先發誓願，願生兜率，面見彌勒，道願悉以先見，唯吾尚存，欲遂本願。」語畢，即有光照於身，容顏更悅，俄而遷化。春秋七十，葬於道安墓右（云云）。

竺法純者，未詳何處人也，住會稽山陰顯義寺。精進苦行，遊心虛寂，眾甚敬焉，請為寺主。晉元興中，為寺治墻，至蘭上買故屋材，向暮與榜船人并屋主嫗人入湖。須臾風起，雲氣四塞，自念與女子同殞，實寄恥辱，飄霰驟疾，驚浪飛奔，船小水入。歸告觀世音，並經誦。俄而湖中有空船，橫來迅疾如飛，直至船側，誦念彌篤。有頃至純別加尋訪，船遂主無，其舟誠所感如此（云云）。

竺惠慶，廣陵人也。清心高邈，識慮虛遠，不修世儀，專篤戒行，溫仁貞素，雅有風德，柔蔬時食，少長一槩，汎學經律，泛研禪誦。誦《法華》《十地》《維摩》《思益》，雖不南面稱法師，而理懷簡表。晉義熙中，遊步長安，備浪道藝。宋元喜時，復入廬山，求諸德勝。時荊楊大水，襄淩浩汗。慶始達，小雷景風總至，同侶強力先皆入浦，慶船遲重，後來未及，楊侯鼓怒，聳浪浮天。慶生平計盡，願望唯佛。於是誦念觀世音，心無異向。岸上之人望見其船，迎風截浪，狀若人牽。俄頃之間，安全到岸。於是散落躙磨，澄心淨域，遊處

之地，莫不弘道。三歸五戒弟子，貴賤數萬人，舉言發響，如風靡草。盛造經書，頻營法集。春秋六十有二，元喜二十九年卒（云云）。

惠果者，豫洲人。清規索履，爰自童齔，奉親孝，事師敬，家貧衣食不給。元喜四年，負笈南遊至京師，住瓦官禪房，簞食屢空，不啖魚肉，燒香禮懺尤勤諷誦，《十地》《法華》三乘方等靡不通覽。清聲秀譽，與僧據齊名。果嘗於清前，忽見一人，身著衣帙，斂板致敬。果問曰：「汝是何人？」答曰：「昔爲此寺沙門，今報爲噉糞之鬼。」果曰：「昔何所名，今那著帙？」答曰：「名不足道，臨出寺遇事還俗。」果曰：「爲何罪過，而作此鬼？」答曰：「昔作直月，多請飯食，以醬酢乞人，法師道德，幽顯同敬，請作功德，令離此身。」果曰：「當爲禮誦，都有物不？」答曰：「昔有三千錢，埋東房前大柿樹下，去時不得取，願取爲功德也。」言訖不見。果告眾掘得三千，爲造《法華經》一部，餘物設會。會後一月餘日，夢見此鬼，自云，當得更生，故未能稱大差於此也。果仁愛遠被，爲世津梁，皆類此也。春秋七十六，泰始六年卒（云云）。

名僧傳第二十四

道海，江陵人也。屬行勸修，少長一節，安貧守約，不改其操。嘗於長沙寺，冬齊將訖，時諸僧共作無量壽齊。海素空磬，無以從眾，乃發憤增屬，然二指以供養。因遂頓問，殆將仆絕。時諸師僧云，但歸命觀世音菩薩，可得痛愈。於是鍛心正念，俄爾便愈。後日暮出塔下經行，因便危篤，至明日將夕曰：「今有勝人在空中，遙來迎之，從公室宅，猶尚卑陋，將是福業未積，因明稱報應，誨誘其功。」言訖安臥，懽然而盡（云云）。

道法，本姓遭氏，燉煌人。禪思出於人表，苦行照見三塗。聞庸蜀粗懷信向。冒岑而遊焉王休真費鏗之請，爲興樂香積二寺主，乞食供齋，常減其分，以施虫鳥，坐禪習誦，晝夜無廢。每至夕，輒脫衣，於彌勒像前，養飴蚊虻，如是多年。後見彌勒，放種種光，齊中白光，直入地獄，見諸先緣及一切眾生受苦之，又善神呪。元徽二年因於禪思，卒於繩床（云云）。

僧業，本姓馮，蜀郡城都人。索行貞，奉持律業，蔬食勇猛，心形不綴。宕渠太守江陽錢，生世事外道，忽夢入寺禮拜，見一白玉珠，長四寸，懸在空中。復有散衣，高覆其上。又一重珠，隨其手中。既旦遇見僧業，共述所夢。業便獎發，遂能精進。共市地，以元徽五年，立寺焉，謂爲慈氏寺。以所悟爲名，業乃移住之。厭惡穢形，期彼常樂（云云）。

名僧傳第二十五

　　法惠，本姓李氏，高昌人。少好射獵，酣酒弦歌。其婦美豔，一國無雙。高富子弟，爭與私通。惠他日出遊，爲豪富所打。友人報語，惠自思惟，己有大力，必當見殺，避往龜茲，乃願出家。貧無法服，外國人死，衣以好衣，送尸陀林，辭訣而反。惠隨他葬家人去彼，剝死人衣，遇起屍鬼起，相敢臾更爲上下，凡經七反，惠率獲勝，剝取衣裳，貨得三千，以爲法服，仍得出家。修學禪律，苦行絕群，蔬食善誘，心無是非，後還高昌，住仙窟寺。德索既高，尼眾依止，稟其誠訓，唯都郎中寺馮尼每謂惠曰：「阿闍梨未好，可往龜茲國，金華寺帳下直月間，當得勝法。」惠信尼語，往至龜茲，到見直月，直月歡喜，呼進房內，以蒲陶酒，一斗五升，服令其飲。惠大驚愕，「我清淨久，本來覓法，翻飲非法之藥。」苦執不肯。直月急推令去，惠即退思，遂不敢違，違便頓飲盡，醉問而臥。直月鑕房，乃更餘行。及惠酒醒，追自拔惱，「我忽犯戒，悔過自責，槌打身體，欲自害命。」於此少時，得第三果。直月還問曰：「得和後，還高昌，大弘經律，道俗歸敬，傾動鄉邑。」齊永元年，無疾坐亡，手屈四指云（弟子惠化所述云云）。

名僧傳第二十六

　　僧表，本姓高，涼洲人也，志力勇猛。聞弗樓沙國有佛鉢，鉢今在罽賓臺寺，恒有五百羅漢供養鉢，鉢經騰空至涼洲，有十二羅漢，隨鉢停。六年後還罽賓，僧表恨不及見。乃至西踰葱嶺，欲致誠禮，並至于賓國，值罽賓路梗。于賓王寄表有張志模寫佛鉢與之，又問寧復有所願不。對曰：「讚摩伽羅有寶勝像，外國相傳云，最似眞相，願得供養。」王即命工巧，營造金薄像，金光陝高一丈，以眞舍利置於頂上。僧表接還涼州，知涼土將亡，欲反淮海，經蜀欣平縣，沙門道汪，求停鉢像供養。今在彼龍華寺，僧表入矣，禮敬石像，住二載，卒于寺（云云）。

　　智嚴，西涼洲人也。才幹清秀，業行精懇，茶蔬布衣，博施慈愛，□□又疑兒童時曾受五戒，有所犯。後受具足，恐不得戒，積年禪觀，不能自決，大爲憂苦。遂更與弟子智羽智達，泛海重至天竺，以事問羅漢，羅漢復不能決，乃爲入定，往兜率問彌勒。彌勒答云得戒，嚴大歡喜。於是步還至罽賓，無疾而卒，時年七十八。弟子智羽智達，還傳此語（云云）。

　　寶雲，河北人也。志局簡正，師友稱之。太元十四年，入廬山，時年十八矣。值造波若臺，通債少僧貞石築土。雲投一石，石相擊，誤中一犢子死，

憨恨惆悵，彌歷年所。隆安元年，乃辭入西域，誓欲眼都神迹，躬行懺悔，遂遊于闐，及天竺諸國。與智嚴法顯發軫，是同遊造各異。於陀歷國，見金薄彌勒成佛像，整高八丈，雲於像下，筭誠啓懺，五十日。夜見神光照燭皎然如曙，觀者盈路，彼諸宿德沙門，並云靈輝數見（云云）。

法盛，本姓李，壟西人，寓於高昌。九歲出家，勤精讀誦。每曰：「吾三堅未樹，五眾生滅，合會有離，皆由癡愛。若不斷三毒，何求勉脫。」年造十九，遇沙門智猛，從外國還，述諸神迹，因有志焉，辭二親，率師友，與二十九人，遠詣天竺。經歷諸國，尋覓遺靈，及諸應瑞，禮拜供養，以申三業。□憂長國東北，見牛頭栴檀彌勒像，身高八尋，一尋是此國一丈也。佛滅度後四百八十年中，有羅漢名可利難陀，為濟人故，舛兜率，。寫佛眞形，印此像也，常放光明，四眾伎樂四時咲樂。遠人皆卒從像悔過，願無不剋，得初道果，歲有十數。盛與諸方道俗五百人，願求捨身，必見彌勒，此願可諧，香煙右旋，須臾眾煙合成一蓋，右轉三幣，漸漸消盡（云云）。

名僧傳第二十七

僧供，豫洲人也。少持高節，以戒德知名。住瓦官寺，後招率同志，造丈六金像，鑄始畢未出模，未知美惡。值義熙十二年銅禁甚嚴，有犯入死，供為官所錄，在湘府判奸，鑲械堅重，無復生冀，一心念觀世音，兼晝夜誦經一月許日。夢見其所鑄像，來至獄中，以手摩供頭，問曰：「汝怖不？」供啓言，恐必死。像曰：「無所憂。」供觀像相貌，見胸前方一尺許銅色燋沸，羅辟既定。至形日，參軍應來監殺，當駕車而牛不肯入。既入便奔，車即壞敗，遂更剋日，乃有勅至彭城，若未殺僧供者可原，遂獲勉濟。還見所鑄像，胸前果有燋沸，供既瑞驗，清答日勤，以至捨命（云云）。

道矯，高陸人也。性清約，蔬食禪誦。住龍花寺，專當寺任，恪居客眾。元嘉十六年，罄率衣資，開誘聞業，與建康民朱舛孫，共起佛殿三間，並諸花幡，造夾苧彌勒佛倚像一軀，高一丈六尺，神儀端儼，開發信悟。春秋九十三，二十六年卒（云云）。

曇副，本姓鄒，鄴陽人也。清貞有風望。十餘入道，憩安樂寺，宿植其因，產業豐積。雖蘊金盈遺，不以累心。行慈悲，知止足，常內懷矜傷，以濟物為務，為沙門寶誌所敬。常言此人五法城之侶也，每記之云，君當生兜

率勸慈氏，符其本願，會其夙心。乃捨貲財，造法花無量壽彌勒四天王遺教，乃賢劫千佛名，僧尼戒本，各一千部，作布薩籌十萬枚，傳布遐方，流化殊域，開暢微遠，竭財弘教，盡思幽深，應門到廣，戒行精峻，唯至唯勤，乃通夢想。有人語之曰：「若兜率之業已辨，無所復慮也。」又夢彌勒佛手摩其頂，天香幡氣神龍現體，一二年中靈應想襲。春秋六十餘，齊建四年卒，武陵都尉舟揚仁益弟之立碑（云云）。

名僧傳第二十八

釋法祥，精進有志節。以元嘉九年，立彌勒精舍（云云）。

文曆二年五月晦日（午時）於笠置寺福城院南堂，書寫之畢。柳宗性自去十三日參籠當山，《名僧傳》三十卷中令抄出。彌勒感應之要文之次，其外至要之釋，聊所記置之也。此書世間流布，惟希之間，發慇懃大願，抄彌勒要文之今。雖似交餘事，只爲備後覽也，門迹之輩可哀其志矣。仰願以此處處要文抄出書寫之功，必結生生常隨彌勒值遇之緣矣。

右筆笠置寺住侶沙門　宗性

（附）名僧傳說處

第一

僧祐三藏記薩婆多部事

摩騰事

法蘭事

僧會三七日祈請得舍利感應事

舍利威神豈直光明而已劫燒之火不能燔金剛之杵不能壞事

第二

羅什見中百二論始悟大乘事

夢釋迦如來以手摩羅什頂曰汝起欲想即土悔心事

羅什三藏譯法華等諸經論三十八部二百九十四卷事

漢土三千徒眾從羅什法事

羅什臨終眾僧告別曰事

羅什燒身之後舌猶存事

涅槃後分宋地無緣事

第三

靈鷲山本名虎市山事

滿二十受戒西土此土異說事

求那跋陀唯一心稱觀世音投身江中童子度之事

求那跋陀祈雨必有感事

第四

葸中有蟲食必害人事

第五

道安造彌勒像事

道安與弟子法遇等於彌勒像前立猩願同士兜率事

道安令弟子銅佛像頂上有一舍利晃然放光照於室內事

道安遇客僧問罪根淺深及西北空晴見兜率宮殿事

惠戒生兜率事

道安等八人生兜率事

法遇生兜率事

道安即印手菩薩事

第六

一鉢水上舍利右旋五色光耀清徹滿室事

廬山西林惠永惠遠已後正教陵遲事

第七

曇鑒誓生安養事

觀世音菩薩能救苦厄事

虛壞善誘彌老彌勒事

第八

帛法師誦經日八九千言事

于法蘭白山造靈鷲寺事

支道琳石城山立栖光精舍事

帛法祖著顯宗論見稱當時事

竺法義遇篤病唯專念觀世音夢一沙門出其腸洗濯還內腹中頓癒事

第九

廬山惠遠以道安敬爲眞吾師事

惠遠以錫杖扣地清流湧出構立堂房遂號龍眾精舍事

阿育王所造文殊師利像乘波而至事

廬山惠遠於無量壽像前建齊立誓事

清信之士一百二十三人集廬山之陰般若臺精舍無量壽像前率事

建立精舍唯置一釋迦像事

遠常謂大智論文句繁積初學難尋事

第十

曇諦講法華大品維摩各十五遍事

惠持九歲隨兄同爲書生俱依釋道安抽簪落髮事

惠持辭惠遠之處入蜀之時契以西方爲期事

廬山西寺竺道生事

廬山惠遠習有宗事

道生曰稟氣二儀者皆是涅槃正因闡提是舍生何無佛性事

二乘智惠總相觀空菩薩智慧別相觀空事

因善伏惡得名人天業其實非善是受報也事

畜生等有富樂人中果報有貧苦事

一闡提者不具信根雖斷善猶有佛性事

僧行常惜寸陰和上同學事

僧行常悅念西方要期安養事

第十一

道俗男女向西致敬事

龍樹再現馬鳴重出事飲酒僧事

惠嚴造彌勒像事

第十二

僧叡誓生安養行立坐臥常向西面事

釋迦掩室於摩竭淨名杜口於毗耶須菩唱無說以顯道釋梵以絕聽而雨花事

維摩詰言若彌勒得滅度者一切眾生亦當滅度事

第十三

是以釋迦玄音始發讚佛智甚深多寶稱善嘆平等大會事

唯如來洞見因緣之始終菩薩雖悟其終不識彼始事

第十四

千載一遇事

第十五

惠目造釋迦倚像高一丈六尺事

惠目願主淨國事

醉酒飽食此皆罰性之斧事

第十六

曇斌夢見彌勒事

曇濟以夜繼日未常安寢事釋迦興陶神之化慈氏唱方外之教事

第十七

曇度無求名譽事

僧淵從僧嵩法師受成實論事

智林著毗曇雜心義記注十二門論及中論並傳於世事

曇度著成實義記八卷傳北土事

應以聲聞得度者故現聲聞事

法瑗夏於靈根講花嚴經事

惠沼永明八年講百論至破魔品忽然從化春秋五十有七事

齊彌勒寺惠隆事

曇通即從咨稟毗曇雜心事

法安著十地義疏沙門傳五卷並傳於世事

僧達從瑗公受毗曇華嚴事

彌陀寺僧顯事

法常從僧義讀阿毗曇事

僧印稱法華經二百五十二遍事

僧寶祈心安養臨彌陀佛因索香火快起合掌奄忽而卒事

第十八

青眼律師事

惠猷著十誦義記八卷事

成具邃臻淵奧毗曇雜心事

法琳誦無量壽經及無量壽觀西方諸聖皆集令同學禮懺事

僧祐辭妻子出家為道事

第十九

海跋摩瞿沙事

華嚴有東方菩薩住所仙人起山事

佛馱跋陀往兜率見慈氏事

支法領昔遊于奠得華嚴等經三萬六千偈事

曇摩蜜多旬日之中得一舍利形質雖小光色異常事

曇摩蜜多譯禪祕要三分五門禪經一分事

畺良耶舍晝夜懃習諷誦毗曇事

僧伽羅多哆少失二親又無兄弟事

第二十

僧光光不下山五十三載事

邃澗方丈以石為橋橋上有石如壁斷人行路事

晉涼洲釋惠紹事

智通結誠安養事

道韶得舍利起塔事

法成吾死相已見故悅事

僧諮供給四事誦經彌勒事

僧印決云定向兜率事

惠欖入定見彌勒事

道忠誦大品法華金光明經事

惠印洞鑒法華深明十誦事

法悟誦法華大小品經事

齊靈根寺惠暉事

第二十一

晉雒陽釋曇始稱為白足和上事

文殊與沙門問答事

牛頭象頭馬頭師子頭四河事

雲山即葱嶺事
齊江陵長沙寺釋惠遠二月二十三日諸天相迎事
飲酒臥地死事

第二十二
普明誦法華見普賢乘象事
自龍華祇洹天竺事
從汪法師受菩薩戒今得生兜率天事
惠豫死時三人著朱衣武冠故來相迎事

第二十三
僧顯無量壽佛爲萬劫大師事
觀世音能令群生現世得願事
飲酒初不相怔事
曇戒願生兜率事
僧齊稽首無量壽佛事
法珍願生安養合掌端坐終事
法純念觀世音空船來迎事
道固喚觀世音願見出道事
僧弘願當生淨土事
僧暢誦經爲業願生西方事
惠慶誦念觀世音望見其船事
昔有三千錢埋東房前大柿樹下去時不得取願取爲功德也事

第二十四
宋臨川招提寺釋惠紹事
惠紹燒身處三日後生梧桐事
通海歸命觀世音菩薩可得痛噉事
通法見彌勒放種種光齊中白光直人地獄事
慈氏寺事
感得舍利事
法光年三十頓絕五穀但餌杉葉事

第二十五

法恒於像前得舍利事

法進睡見釋迦文佛與諸菩薩任栴檀林中爲其授戒事

惠標造金像五軀及高座帳事

僧高與永昌王共修復古塔事

惠進願捨此身令生淨國事

出家人不得妄語非畏威也事

超辨加勤禮懺法華彌陀事

法明誦法華無量壽事

惠寅辛酒不嘗無所嗜好事

法惠飲酒悔過濁第三果事

法定誦法華藥王觀普賢觀事

第二十六

法顯南天王寺得僧祇律薩婆多律抄雜阿毗曇心事

法顯念觀世音事

造金薄像以眞舍利置于頂上事

智嚴入定往兜率問答彌勒事

寶雲見金薄彌勒成佛像事

寶雲遊外國出觀世音授記經事

波斯匿王造栴檀像事

涅槃後分宋地無緣事

牛頭栴檀彌勒像升兜率天寫佛眞形事

通俗五百人願求捨身必見彌勒事

第二十七

僧護造釋迦丈六金像事

僧供造丈六金像事

僧供一心念觀世音事

僧詮寫彌陀經數千部事

僧詮祈誠西方願生安養事

僧供造金無量壽像事

僧亮造丈六金像事

道靜造無量壽金像高五尺事

僧昌造佛像十五軀皆高一丈八尺事

道矯造夾苧彌勒佛像事

曇副當生兜率事

曇副夢彌勒佛手摩其頂天香播氣事

第二十八

僧受立彌勒精舍事

阿育所起塔定有舍利事

法意向西方作禮事

法意見觀世音事

僧智禪房有丈六金像事

惠敬造丈六無量壽像事

第二十九

惠璩飲酒一鉢事

曇光悶眠便見形像事

通儒唯以讀誦法華首楞嚴勝鬘淨名為業事

僧憲願我此生弘菩薩道事

第三十

曇遷注十地經事

僧弁千變萬化音聲妙異事

曇憑我未來常有八弁為眾說法事

法意能誦朕經事

自文曆二年五月十五日（午時），至同十八日（午時）於笠置寺福城院南堂，《名僧傳》一部三十卷之中，至要說處，隨引見令記錄畢，其本東大寺東南院經藏之本也。是則為拾彌勒結緣之先蹤，為記兜率往生之舊跡，借請彼本，所致此勤也。仰願依此微功，答其深志，兜率天之秋暮，必遂往生於內院之雲，龍華樹之春朝，早浩芳緣於三會之風矣。

有筆笠置寺住侶沙門　宗性

《安世高別傳》

　　《安世高別傳》，或名《安侯道人別傳》，不題撰人，卷數不詳，《隋書・經籍志》、兩《唐志》不見著錄，佚文見於《高僧傳》，記載了安清以後禪法由陳慧而至康僧會的傳承關係，陳士強《大藏經總目提要・文史藏》認爲，「也許是漢地最早的一部佛教傳記」。安清，字世高，安息國王正后之太子，漢桓靈時期遊化中國，爲早期傳法之外國僧侶，世稱安侯，其事跡主要見於《高僧傳》卷一《漢洛陽安清傳》。

　　晉太康末，有安侯道人來至桑垣，出經竟，封一函於寺，云：「後四年可開之。」吳末行至楊〔一〕州，使人貨一箱物，以買一奴，名福善。云「是我善知識」，仍將奴適豫章。度䢼亭廟神爲立寺竟。福善以刀刺安侯脅，於是而終。桑垣人迺發其所封函，財〔二〕理自成字云：「尊吾道者，居士陳慧；傳禪經者，比丘僧會。」是日正四年也。(《高僧傳》卷一)

〔校記〕
〔一〕楊，湯用彤校注《高僧傳》云：「金陵本『楊』作『揚』。」
〔二〕財，湯用彤校注《高僧傳》云：「《金藏》無『財』，三本、金陵本『財』作『材』。」

《安和上傳》

　　《安和上傳》，不題撰人，卷數不詳，《隋書・經籍志》、兩《唐志》不見著錄，佚文見於《世說新語》。安和上，即釋道安也，道安，姓衛氏，東晉時人，其事跡主要見於《高僧傳》卷五《晉長安五級寺釋道安傳》

　　釋道安者，常山薄柳人，本姓衛，年十二作沙門。神性聰敏而貌至陋，佛圖澄甚重之。值石氏亂，于陸渾山木食修學，爲慕容俊所逼，乃住襄陽。以佛法東流，經籍錯謬，更爲條章，標序篇目，爲之注解。自支道林等皆宗其理。無疾卒。(《世說新語・雅量篇》注)

《安法師傳》

《安法師傳》，不題撰人，卷數不詳，《隋書·經籍志》、兩《唐志》、《出三藏記集》皆不見著錄，佚文見於《世說新語》，所記非安公本人，乃其弟子竺法汰，當是因安公而述及其弟子也，惜乎記安公之文字已不可見矣。釋道安，見《安和上傳》條。

竺法汰者，體器弘簡，道情寘到，法師友而善焉。（《世說新語·文學篇》注）

《道安傳》

《道安傳》，不題撰人，《隋書·經籍志》、兩《唐志》均不見著錄。《太平御覽經史圖書綱目》列之，則此書北宋之時尚見存，後亡佚。佚文見於《太平御覽》所引一條。

初魏晉沙門依師爲姓，故姓各不同。安以爲大師之本，莫尊釋迦，乃以釋命氏。後獲《增一阿含經》，果稱「四河入海，無復河名」，既懸與經符，遂爲永式。（《太平御覽》卷六百五十五）

《高坐別傳》

《高坐別傳》，不題撰人，卷數不詳，《隋書·經籍志》、兩《唐志》不見著錄，佚文見於《世說新語》。高坐，亦作高座，即帛尸梨密多羅，漢名吉友，西域人，其事跡主要見於《高僧傳》卷一《晉建康建初寺帛尸梨密傳》。《世說新語》尚有《高坐傳》，其存世現狀與《高坐別傳》同，然是否爲同一傳記別名而出，已不能確定，故分條而載之。

　　和尚胡名尸黎密，西域人。傳云國王子，以國讓弟，遂爲沙門。永嘉中，始到此土，止於大市中。和尚天姿高朗，風韻遒邁。丞相王公一見奇之，以爲吾之徒也。周僕射領選，撫其背而歎曰：「若選得此賢，令人無恨。」俄而周侯遇害，和尚對其靈坐，作胡祝數千言，音聲高暢，既而揮涕收淚，其哀樂廢興皆此類。性高簡，不學晉語。諸公與之言，皆因傳譯。然神領意得，頓在言前。（《世說新語・言語篇》注）

《高坐傳》

　　《高坐傳》，見《高坐別傳》條。

　　亮、周顗、桓彝一代名士，一見和尚，披衿致契。曾爲和尚作目，久之未得。有云：「尸利密可稱卓朗。」於是桓始咨嗟，以爲標之極似。宣武嘗云：「少見和尚，稱其精神淵箸，當年出倫。」其爲名士所歎如此。（《世說新語・賞譽篇》注）

　　王公曾詣和上，和上解帶偃伏，悟言神解。見尚書令卞望之，便斂衿飾容。時歎皆得其所。（《世說新語・簡傲篇》注）

《佛圖澄別傳》

　　佛圖澄（232-348），東晉時高僧，西域人，有神僧之譽。佛圖澄傳記，凡有五種，《晉書・佛圖澄傳》、《高僧傳・佛圖澄傳》、《法苑珠林》卷三十一《潛遁篇・感應緣》有《西晉沙門竺佛圖澄》《佛圖澄別傳》《佛圖澄傳》（或作《浮圖澄傳》）。所記內容多有交叉，其中《西晉沙門竺佛圖澄》或出自《佛圖澄別傳》《佛圖澄傳》，疑不能定，姑附列於後。

　　道人佛圖澄，不知何許人，出於燉煌，好佛道，出家爲沙門。永嘉中，至洛陽，值京師有難，潛遁草澤間。石勒雄異好殺害，因勒大將軍郭默略見

勒。以麻油塗掌，占見吉凶。數百里外聽浮圖鈴聲，逆知禍福。勒甚敬信之。虎即位，亦師澄，號大和尚。自知終日，開棺無屍，唯袈裟法服在焉。（《世說新語・言語篇》注）

石虎時，自正月至六月不雨，〔一〕澄詣滏口祠，稽首曝露。即有二白龍降於祠下，〔二〕於是雨溢數千里。〔三〕（《北堂書鈔》卷九十　又見於《太平御覽》卷六十四、卷九百三十）

〔校記〕

〔一〕此句，《太平御覽》卷六十四無「至六月」三字，《太平御覽》卷九百三十作「自正月不雨，至六月」。

〔二〕即有，《太平御覽》卷六十四、卷九百三十皆作「即日」。

〔三〕此句，《太平御覽》卷六十四作「於是雨遍千里也」，卷九百三十作「於是雨遍千里」。

澄以鉢盛水，燒香咒之。須臾，鉢中生青蓮花。（《太平御覽》卷七百五十九）

石勒時天旱，沙門佛圖澄於石井崗掘得死龍〔一〕，長尺餘。漬之以水，良久乃蘇。呪而祭之，龍騰空而上，天即雨降。〔二〕因名龍崗〔三〕。（《太平御覽》卷九百三十　又見於《事類賦》卷二十八）

〔校記〕

〔一〕沙門佛圖，《事類賦》無；「崗」，《事類賦》作「岡」，二字相通，下同。

〔二〕天即雨降，《事類賦》作「即大雨降」。

〔三〕龍崗，《事類賦》上有「石井爲」三字。

《佛圖澄傳》

澄以鉢盛水，燒香呪之，〔一〕須臾鉢中生青蓮華。〔二〕（《藝文類聚》卷七十三　又見於《藝文類聚》卷八十二《法苑珠林》卷四十九《太平御覽》卷九百八十一、卷九百九十九百　案：《藝文類聚》卷七十三原云出《浮圖澄傳》，《太平御覽》卷九百九十九百　原云出《浮圖澄傳》。）

〔校記〕

〔一〕燒香呪之，《藝文類聚》卷八十二作「澄呪」，且引文始於此。

〔二〕須臾鉢中生青蓮華，《藝文類聚》卷八十二作「鉢中青蓮花生」，《法苑珠林》、《太平御覽》卷九百八十一作「須臾生青蓮花」，《太平御覽》卷九百九十九百作「須臾青蓮華出」。

襄國城塹水源暴竭，石勒問澄，澄曰：今當勅龍取水。乃置澄上坐繩床，燒安息香，呪數百言，水大至。（《緯略》卷一　又見於《能改齋漫錄》卷一）

石虎時，自正月至六月不雨，澄詣滏口祠，稽首暴露，即有二白龍降於祠下，於是雨遍數千里。（《太平御覽》卷十一）

後趙尚書張離、張良家富，事佛起大塔。澄謂曰：「事佛在於清淨無欲，慈矜爲心。檀越雖儀奉大法，而貪悋未已，遊獵無度，積聚不窮，方受見世之罪，何福報之可希也？」（《太平御覽》卷六百五十八）

石季龍造太武殿初成，圖畫自古賢聖、忠臣、孝子、烈士、貞女，旬餘頭悉縮入肩中，惟冠髣髴髭微出。（《施注蘇詩》補遺卷上）

澄能聽鈴音以知吉凶，往投石勒。及劉曜攻洛陽，勒將殺之，其羣下咸諫以爲不可，勒以訪澄。澄曰：「相輪鈴音云：『秀支替戾岡，僕谷敄禿當。』此羯語也。秀支，軍也；替戾岡，出也；僕谷，劉曜胡位也；敄禿當，捉也。此言軍出當捉得曜。」勒遂擒曜。德久用此事，不無深意。（《梅磵詩話》卷中又見於《東坡詩集注》卷十七　案：此事亦見於《高僧傳・佛圖澄傳》。）

附：

西晉末竺佛圖澄西域人，形貌似百歲人，左脅孔圍可四五寸，以帛塞之。齋日就水邊抽腸胃出，洗已內孔。夜則除帛光照一室以讀書。雖未通群籍，與諸學士輒辯析無滯，莫不伏者。至永嘉中游雒下，時石勒屯兵河北，以殺戮爲威，道俗遇害不少。澄往造軍門豫定吉凶，勒見每拜，澄化令奉佛，減虐省刑，故中州免者十而八九。勒與劉曜相拒構隙以問澄，澄曰：可生擒耳，何憂乎？麻油塗掌令視見之。曜被執朱繩縛肘後，果獲之，如掌所見。至建平四年四月八日，勒至寺灌佛微風吹鈴有聲，顧謂眾曰：解此鈴音者不？鈴言，國有大喪不出今年。至七月而勒死。石虎即位，師奉過勒，賜以輿輦入出乘馬。所有祥感其相極多，略而不述。虎末年澄告弟子曰：禍將作矣，及期未至吾且過世。至戊申年，太子殺其母弟，虎怒誅及妻子。明年虎死，遂有冉閔之亂。葬於鄴西，一云澄死之日，商者見在流沙。虎開棺唯見衣缽，澄在中原時遭凶亂，而能通暢仁化其德最高。非夫至聖何能救此塗炭。凡造寺九百八十餘所，通濟道俗者中分天下矣。（《法苑珠林》卷四十一）

《道人善道開傳》　　晉康泓撰

《道人善道開傳》，又名《單道開傳》，史志目錄中見有《隋書・經籍志》著錄，而兩《唐志》未著錄，《高僧傳》卷九僅存有傳贊八句，餘皆散佚。康泓，爵里不詳。

蕭哉若人，飄然絕塵。外軌小乘，內暢空身〔一〕。玄象輝曜〔二〕，高步是臻〔三〕。殆茹芝英，流浪岩津。（《高僧傳》卷九　又見於《十六國春秋》卷二十一）

〔校記〕

〔一〕空身，《十六國春秋》作「法身」。

〔二〕輝曜，《十六國春秋》作「暉曜」。

〔三〕臻，《十六國春秋》作「遵」。

《支遁別傳》

《支遁別傳》、《支遁傳》、《支法師傳》，三傳乃現存支遁之別傳，皆不題撰人，卷數不詳，《隋書・經籍志》、兩《唐志》、《出三藏記集》皆不見著錄，佚文見於《世說新語》。支遁，字道林，本姓關，東晉時僧人，其事跡主要見於《高僧傳》卷四《晉剡沃洲山支遁傳》。《高僧傳》卷四載，支遁壽終，「郗超爲之序傳，袁宏爲之銘贊，周曇寶爲之作誄」，據此可知郗超曾作有支遁別傳，陳士強《大藏經總目提要・文史藏》據此認爲《支遁傳》（又名《支法師傳》），乃郗超所撰。郗超的確曾爲《東山僧傳》，爲僧人類傳之最早者，有能力也有實踐，然而《世說新語》引文未註明作者，據此而認定《支遁傳》等爲郗超撰述，實爲推測，史料缺如，姑存疑爲上。

遁任心獨往，風期高亮。（《世說新語・賞譽篇》注）

遁神心警悟，清識玄遠，嘗至京師，王仲祖稱其造微之功，不異王弼。（《世說新語・賞譽篇》注）

《支遁傳》

《支遁傳》，見《支遁別傳》條。

遁神悟機發，風期所得，自然超邁也。（《世說新語·品藻篇》注）

法虔，道林同學也。俊朗有理義，遁甚重之。（《世說新語·傷逝篇》注）

遁太和元年終於剡之石城山，因葬焉。（《世說新語·傷逝篇》注）

遁每標舉會宗，而不留心象喻，解釋章句，或有所漏，文字之徒，多以為疑。謝安石聞而善之曰：「此九方皋之相馬也，略其玄黃，而取其俊逸。」（《世說新語·輕詆篇》注）

《支法師傳》

《支法師傳》，見《支遁別傳》條。

法師研十地，則知頓悟於七住；尋莊周，則辯聖人之逍遙。當時名勝，咸味其音旨。（《世說新語·文學篇》注）

《于法蘭別傳》

《于法蘭別傳》，不題撰人，卷數不詳，《隋書·經籍志》、兩《唐志》、《出三藏記集》皆不見著錄，佚文見於《高僧傳》卷四《于法蘭傳》引。于法蘭，東晉僧人，其事跡主要見於《高僧傳》卷四《晉剡山于法蘭傳》。

蘭亦感枯泉漱水，事與竺法護同。（《高僧傳》卷四）

《于法蘭像贊》　　晉支遁撰

《于法蘭像贊》，《隋書·經籍志》、兩《唐志》、《出三藏記集》皆不見著錄，佚文見於《高僧傳》卷四《于法蘭傳》引。支遁，見《支遁別傳》條。

于氏超世，綜體玄旨，嘉遁山澤，馴洽虎兕。（《高僧傳》卷四）

《眞諦傳》　　晉曹毗撰

《眞諦傳》，又名《眞諦三藏傳》，卷數不詳，《隋書·經籍志》、兩《唐志》、《出三藏記集》皆不見著錄，《歷代三寶記》卷十一記載曰：「武帝末世至承聖年，西天竺優禪尼國三藏法師波羅末陁，梁言眞諦，遠聞蕭主菩薩行化，搜選名匠，軌範聖賢，懷寶本邦，來適斯土，所賫經論樹葉梵文，凡二百四十夾。若具足翻，應得二萬餘卷，多是震旦先所未傳。屬梁季崩離，不果宣吐，遇緣所出，略記如前，後之所翻，復顯陳錄，載序其事，多在曹毗《三藏傳》文。」則《眞諦傳》所記多爲眞諦行化、譯經之事，佚文見於《續高僧傳》卷十八二句，皆散佚不存。眞諦，北天竺人，其事跡主要見於《續高僧傳》卷一《拘那羅陀傳》，被尊爲攝論宗之祖，亦是佛教傳譯史上四大家之一。曹毗，眞諦之菩薩戒弟子，曹愷之叔子，非東晉之曹毗也。明敏深沈，雅有遠度，受學《攝論》。禪定僧榮、日嚴法侃等，皆資其學。

不久有大國不近不遠，大根性人能弘斯論。（《續高僧傳》卷十八）

《遠法師銘》　　晉張野撰

《遠法師銘》，不題撰人，卷數不詳，《隋書·經籍志》、兩《唐志》、《出三藏記集》皆不見著錄，佚文見於《世說新語》。張野，東晉後期人，其事跡不詳。

　　沙門釋惠遠，雁門樓煩人。本姓賈氏，世爲冠族。年十二，隨舅令狐氏遊學許、洛。年二十一，欲南渡，就範宣子學，道阻不通，遇釋道安以爲師。抽簪落髮，研求法藏。釋曇翼每資以燈燭之費。誦鑒淹遠，高悟冥賾。安常歎曰：「道流東國，其在遠乎？」襄陽既沒，振錫南遊，結宇靈嶽。自年六十，不復出山。名被流沙，彼國僧眾，皆稱漢地有大乘沙門。每至然香禮拜，輒東向致敬。年八十三而終。（《世說新語·文學篇》注）

《僧瑜傳贊》　　宋張辯撰

　　《僧瑜傳贊》，不題撰人，卷數不詳，《隋書·經籍志》、兩《唐志》、《出三藏記集》皆不見著錄，佚文見於《高僧傳》。張辯（411？-475？），劉宋時人，張氏兄弟，演、鏡、永、辯、岱，俱知名，謂之「張氏五龍」，略見於《南齊書》卷三十二《張岱傳》。

　　悠悠玄機，茫茫至道，出生入死，孰爲妙寶。其一
　　自昔藥王，殊化絕倫，往聞其說，今覯斯人。其二
　　英英沙門，慧定心固，凝神紫氣，表迹雙樹。其三
　　其德可樂，其操可貴，文之作矣，式飄髣髴。其四（《高僧傳》卷十二）

《曇鑒傳贊》　　宋張辯撰

　　《曇鑒傳贊》，不題撰人，卷數不詳，《隋書·經籍志》、兩《唐志》、《出三藏記集》皆不見著錄，佚文見於《高僧傳》。張辯，見《僧瑜傳贊》條。

　　披荔逞芬，握瑾表潔。渾渾法師，弗淄弗湼。
　　暐暐初辰，條蔚暮節。神遊智往，豈伊實訣。（《高僧傳》卷七）

《訶梨跋摩傳》　齊釋玄暢撰

　　《訶梨跋摩傳》，卷數不詳，《隋書·經籍志》、兩《唐志》皆不見著錄，《出三藏記集》卷十一或錄爲《訶梨跋摩傳序》，嚴可均《全齊文》卷二十六有輯。是傳乃釋玄暢據佛教論書以及西域所傳撰成。釋玄暢，字申之，南朝齊時人，其事跡主要見於《高僧傳》卷八《齊蜀齊后山釋玄暢傳》。

　　訶梨跋摩者，宋稱師子鎧，佛泥洹後九百年，出在中天竺，婆羅門子也。若人之生也，固亦命世而誕，幼則神期秀拔，長則思周變通。至若世典《圍陀》，並是陰陽奇術，提舍高論，又亦外誥情辯。皆經耳而究其幽，遇心而盡其妙，直以世訓承習，弗爲心要也。遇見梵志，導以眞軌，遂抽簪革服，爲薩婆多部達摩沙門究摩羅陀弟子。其師既器而非凡，即訓以名典，迦旃延所造《大阿毗曇》，乃有數千偈。而授之曰：「此論蓋是眾經之統例，三藏之要目也。若能專精尋究，則悟道不遠。」於是跋摩敬承鑽習，功不踰月，皆精其文義，乃慨然而歎曰：「吾聞佛旨虛寂，非名相所議；神澄妙絕，罕常情攸測。故爲先達之所遵崇，我亦注心歸仰。如今之所稟，唯見浮繁妨情，支離害志，紛紜名相，竟無妙異。若以爲先聖應期適時之漸，斯則教之流，非化之源矣。」遂乃數載之中，窮三藏之旨，考九流之源，方知五部創流蕩之基，迦旃啓偏競之始，紛綸遺蹤，謀方百轍。由使歸宗者昧其繁文，尋教者惑其殊軌。夫源同末異，乃將衰之徵。然頹綱不振，亦弘道者之憂也。遂抗言五異，辯正眾師，務遵洪範，當而不讓。至乃敏捷鋒起，苞籠羣達，辯若懸河，清對無滯。

　　于時眾師雷動，相視闕如。後以他日集而議曰：「此子恃明，淩轢舊德，據言有本，未易可傾，邁年值此，運也如何！」或有論者曰：「豈唯此子才明過人，抑亦吾等經論易窮耳。意謂學無自足，闇則諮明。明昧之分，已自可知，何爲苟守偏識，不師廣見耶？」諸耆德曰：「相與誠復慕明情深，而忝世宗仰，于茲久矣。當不能忽廢舊業，問道少年明矣。何者？夫根同葉散，像數自然，五部之興，有自來矣。但常敦其素業，祗而行之，既生屬千載之末，孰能遠軌正法之初哉！且跋摩抽簪之始，受道吾黨，中參異學，已自離群。夫師祖不同，所以五部不雜，黜異之制，蓋先師舊典，幸可述其獨見之明，以免雷同之眾。」跋摩既宏才放達，廣心遠度，雖眾誚交喧，傲然容豫，深體忘懷，明遊常趣，神用閑邃，擇木改步。

　　時有僧祇部僧住巴連弗邑，並遵奉大乘，云是五部之本，久聞跋摩才超群彥，爲眾師所忌，相與慨然，要以同止。遂乃研心方等，銳意九部，採訪微言，搜簡幽旨。於是博引百家眾流之談，以檢經奧通塞之辯，澄汰五部，商略異端，考核迦旃延，斥其偏謬，除繁棄末，慕存歸本，造迷明論，厥號《成實》，崇附三藏，准列四眞，大明筌極，爲二百二品。志在會宗，先隆遺軌，庶廢乖競，共遵通濟。斯論既宣，淵懿向萃，旬日之間，傾震摩竭。

　　于時天竺有外道論師，云是優樓佉弟子，明鑒縱達，每述譏正之辯，歷國命誚，莫能制者。聞華氏王崇敬三寶，將阻其信情，又欲振名殊方，遂杖策恒南，直至摩竭。王聞不悅，即宣募境內，有能辯屈之者，當奉爲國師。闔境豪彥，皆憚其高名，咸曰：「才非跋摩，孰堪斯舉。」王聞甚悅，即勅奉迎。跋摩既至，王便請昇論堂，令與外道決其兩正。于時外道志氣干雲，乃傲然而詠曰：「吾大宗樓迦，偉藉世師。繁文則六諦同貫，簡旨則知異于神。神爲知王，唯斷爲宗，敢有抗者，斬首謝焉。」跋摩既宏才邈世，覩之杪然，神期淩霄，容無改顏。乃慨然對曰：「異哉子之談也。子所以跨遊殊方，將欲崇其神而長其知也。又以斷爲宗，而自誣其旨。子無知乎？神可亡乎？神既非知，爲神知知，知神乎？若神知知，知神者誰？知若知神，知亦神乎？」外道乃退自疑曰：「理必若斷，我無知矣。知若知神，神非宗矣。」於是沉惟謝屈，心形俱伏。王及臣民，慶快非恒，即與率土，奉爲國師。王乃遣其舊眾。昔忌名賢，本眾相視，懷愧闕然，咸共追遜，固請舊居。王又曰：「夫制邪歸正，其德弘矣。但弘教之賢，業尙殊背，乖迕遺筌，濁亂像軌，請以檢一，令謬昧欽明。」王即宣告，號爲像教大宗。由使八方論士，淵異之徒，感思舊決，明契而萃。

　　跋摩以絕倫之才，超群之辯，每欲師聖附經，藉同黜異，遂博舉三藏開塞之塗，大杜五部乖競之路，難其所執，釋其所難，明辯恢廓，苞羅眾說，理亂叩機，神王若無。於是群方名傑，莫能異見，咸廢殊謀，受道眞軌。淳化以之而隆，邪藹以之再騫。非夫神契實津，道參沖旨，孰能蕩定群異，令廢我求通者哉。所以粗述始末，垂諸好事云爾。（《出三藏記集》卷十二　案：此傳前有文曰：「余尋訶梨跋摩論明經，樞機義奧，後進所馳。荆州楊公製傳，頗微事跡。故復兼錄，附之序末。雖於類爲乖，而顯證是同焉。」後有文曰：「造諸數論大師傳，並集在薩婆多部。此師既不入彼傳，故附於此。」前後之文，實乃述僧祐錄此傳於此之緣由也。）

《廬山香鑪峰寺景法師行狀》　齊虞羲撰

　　《廬山香鑪峰寺景法師行狀》，齊梁時虞羲撰，諸家史志目錄不見著錄，嚴可均《全齊文》未輯錄，今見於《廣弘明集》卷二十三，記齊釋僧景出家、修行等一生事跡，頗雜神異之事。虞羲，字子陽（李善《文選》注引《虞羲集序》），一說字士光（《南史·江淹任昉傳》），會稽餘姚（今浙江餘姚市）人，生卒不詳，乃齊梁間詩人，以《文選》所錄《詠霍將軍北伐》最爲有名。

　　法師諱僧景，本姓歐陽，衡陽湘鄉人也。資無始之良因，得今生之遠悟。黃中通理，幼而自然，好誦經，善持操，行止有方，身口無擇。十歲而孤，事母盡孝，母爲請室，良家非其好也，辭不獲命。弱冠以世役見羈，於時戎馬生郊，羽檄日至，躬擐甲冑，跋履山川，且十年矣。雖外當艱棘，而內結慈悲，故未離人羣，已具息心之行。後行經彭蠡，見廬嶽而悅之，於是有終焉之志。復反湘川，稍棄有非所，味道忘食，日一荣蔬，後得出壘門，便離妻室。忽夢廬山之神，稽首致敬曰：廬山維岳，峻極於天，是曰三宮，壁立萬仞，欲屈眞人居之。眞人若不見從，則此山永廢矣。又夢受請，而行至香鑪峰石門頂，見銀閣、金樓、丹泉、碧樹，崢嶸刻削，希世而有，於是雞鳴戒旦，便飄爾晨征。於時，江陵僧徒多有行業，或告法師曰：「荊州法事大盛。」乃因此東枻，自夏首西浮。遇僧淨道人，深解禪定，乃曰：「眞吾師也。」遂落髮從之，住竹林禪房。始斷粒食，默然思道，或明發不寐。刺史聞風而悅，欲相招延。或曰：「此公乃可就見，不可屈致也。」於是累詣草廬，遂服膺請戒，江漢人士，亦迴向如雲。先是神山廟靈驗如響，侵迮見災，且以十數。法師考室其旁，神遂見形爲禮，使兩神童朝夕立侍。有女巫見而問之，法師不答。廬山神復來固請，以永明十年七月，振錫登峰，行履所見，宛如夢中。乃即石爲基，倚岩結構，匡坐端念，虎豹爲群。先德曇隆、慧遠之徒，亦卜居於此。既人跡罕至，遂不堪其憂，且山氣氛氳，令人頭痛身熱。曾未幾時，莫不來下，唯法師獨往，一去不歸。既卻禾黍之資，不避霜露之氣。時捫蘿越險，行動若飛。或有群魔不喜法師來者，能使雷風爲變以試，法師既見神用確然，魔群乃止。久之復隨險幽尋造石梁石室，靈山秘地，百神之所遨遊

也。法師說戒行香，神皆頭面禮足。昔神人吳猛得入此遊觀，自茲厥後，唯法師復至焉，羲皇已來，二人而已矣。

初，法師入山二年，禪味始具，每斂心入寂，偏見彌勒如來。常云：宿植之緣也。建武四年春，忽語弟子曰：「吾壽當九十，但餘年無益於世，而四大有累於人，思拯助眾生，不得久留此矣。」七月二十一日，標極嶺西頭為安屍之處，人莫之知也。復七日而疾，疾後七日而終，春秋五十八。臨終合掌曰：「願即生三途，救一切眾苦。」又曰：「吾以身施烏鳥，慎勿埋之。」

初法師喚下寺數人，安居講授。或謂法師曰：今欲出山尋醫，又勸進飲食。法師曰：「吾累在此身，及吾無身，吾有何累？勿多言也。」遷化旬有六日，容貌如生，兩指屈握，伸之隨復如故。宿德比丘皆曰：「夫得道人，多以七為數，法師自疾至沒不其然歟！」兩指不伸，亦良有以也。

初鑪峰孤絕，羽翼所不至。自法師經始，常有雙鳥來巢，及法師即化，鳥亦永逝矣。唯法師宿藉幽源，久素淨業。故慈悲喜舍，習與性成，微妙玄通，因心則有。入山林而不出，絕榮觀而超然。若乃八珍強骨之資，九轉延華之術，皆如脫屣矣。唯直心定志在無價寶舟，愛護化城期為彼岸，鑽仰不測，故未得而名焉。（《廣弘明集》卷二十三）

《南齊禪林寺尼淨秀行狀》　　梁沈約撰

《南齊禪林寺尼淨秀行狀》，沈約撰。淨秀，蕭梁時人，《釋氏六帖》卷八《高行諸尼部》第十一《淨秀持齋》曰：「淨秀本姓梁，安定烏氏人也。祖疇，征虜司馬；父粲之，龍川縣都鄉侯。秀幼而聰睿，七歲自然持齋。」云云。釋寶唱《比丘尼傳》卷四有《禪林寺淨秀尼傳》。

比丘尼釋淨秀，本姓梁氏，安定烏氏人也。其先出自少昊，至伯翳佐禹治水，賜姓嬴氏。周孝王時，封其十六世孫非子於秦。其曾孫秦仲，為宣王侯伯。平王東遷，封秦仲少子於梁，是為梁伯。漢景帝世，梁林為太原太守，徙居北地烏氏，遂為郡人焉。自時厥後，昌胤阜世，名德交暉，

蟬冕疊映。漢元嘉元年，梁景爲尙書令，少習《韓詩》，爲世通儒。魏時，梁爽爲司徒左長史、秘書監，博極群書，善談玄理。晉太始中，梁闡爲涼、雍二州刺史，即尼之㴱祖也。闡孫撝，晉范陽王虓驃騎參軍事、漁陽太守。遭永嘉蕩析，淪於僞趙，爲秘書監、征南長史。後得還晉，爲散騎侍郎。子疇，字道度，征虜司馬。子粲之，仕宋征虜府參軍事，封龍川縣都亭侯。尼即都亭侯之第四女也。挺慧悟於曠劫，體妙解於當年，而性調和綽，不與凡孩孺同數。弱齡便神情峻徹，非常童稚之伍，行仁尙道，洗志法門。至年十歲，慈念彌篤，絕粉黛之容，棄錦綺之翫，誦經行道，長齋蔬食。年十二，便求出家，家人苦相禁抑，皆莫之許。於是心祈冥感，專精一念。乃屢獲昭祥，亟降瑞相。第四叔超，獨爲先覺，開譬內外。故雅操獲遂。上天性聰叡，幼而超群。年至七歲，自然持齋。家中請僧行道，聞讀《大涅槃經》，不聽食肉，於是即長蔬不噉。二親覺知，若得魚肉，輒便棄去。昔有外國普練道人，出於京師，往來梁舍，便受五戒。勤翹奉持，未嘗違犯。日夜恒以禮拜讀誦爲業，更無餘務。及手能書，常自寫經，所有財物，唯充功德之用。不營俗好，少欲入道。父母爲障，遂推流歲月，至年二十九，方獲所志，落鬈青園，服膺寺主。上事師虔孝，先意承旨，盡身竭力，猶懼弗及。躬修三業，夙夜匪懈。僧使眾役，每居其首，精進劬勤，觸事關涉。有開士馬先生者，於青園見上，即便記云：此尼當生兜率天也。又親於佛殿內坐禪，同集三人，忽聞空中有聲，狀如牛吼。二尼驚怖，迷悶戰慄，上恬然自若，徐起下牀，歸房執燭，檢聲所在。旋至構欄，二尼便聞殿上有人相語云：各自避路，某甲師還。後又於禪房中坐，伴類數人，一尼鼾眠，此尼於睡中見有一人，頭屆於屋，語云：勿驚某甲師也。此尼於是不敢復坐。又以一時坐禪，同伴一尼，有小緣事，暫欲下牀，見有一人抵掌止之曰：莫撓某甲師。於是閉氣徐出，歎未曾有。如此之事，比類甚繁，既不即記，悉多漏忘，不得具載。

　　性愛戒律，進止俯仰，必欲遵承。於是現請曜律師講，內自思惟。但有直一千，心中憂慮事不辦，夜即夢見鴉鵲鵁鶄雀子各乘車，車並安軒，車之大小，還稱可鳥形，同聲唱言：我助某甲尼講去。既寤歡喜，知事當成。及至就講，乃得七十檀越，設供果食皆精。後復又請穎律師開律，即發講日，清淨罍水，自然香如水園香氣，深以爲欣。既而坐禪得定，至於中夜方起。更無餘伴，便自念言將不犯獨，即諮律師。律師答云：無所犯

也。意中猶豫恐違失，且見諸寺尼僧多有不如法，乃喟然歎曰：嗚呼！鴻徽未遠，靈緒稍隤。自非引咎責躬，豈能導物即自懺悔，行摩那睡。於是京師二部，莫不咨嗟。云如斯之人，律行明白，規矩應法，尚爾思愆。何況我等，動靜多過，而不慚愧者哉！遂相率普懺，無有孑遺。又於南園就穎律師受戒，即受戒日，淨曌水香，還復如前。青園諸尼及以餘寺，無不更受戒者。律師於是亦次第詣寺，敷弘戒品，闡揚大教，故憲軌遐流，迄屆於今。穎律師又令上約語諸寺尼，有高牀俗服者，一切改易。上奉旨制勒，無不祗承。律藏之興，自茲更始。後又就三藏法師受戒，清淨水香復如前不異，青園徒眾既廣，所見不同，師已遷背，更無觀侍。於是思別立住處，可得外嚴聖則，內窮宴默者。以宋大明七年八月，故黃修儀及南昌公主，深崇三寶，敬仰德行，初置精舍。上麻衣弗溫，藿食忘饑，躬執泥瓦，盡勤夙夜。以宋泰始三年，明帝賜號曰禪林。蓋性好閒靜，冥感有徵矣。而制龕造像，無不畢備。又寫集眾經，皆令具足，裝潢染成悉自然。有娑羅伽龍王兄弟二人現迹，彌日不滅。知識往來，並親瞻覿。招納同住十有餘人，訓化獎率，皆令禪誦。每至奉請聖僧，菓食之上，必有異迹。又於一時，虔請聖眾，七日供養，禮懺始訖，攝心運想，即見兩外國道人，舉手其語：一云咴羅，一云毗咴羅。所著袈裟，色如桑椹之熟。因即取泥，以壞衣色，如所見傚。於是遠近尼僧，並相傚斅，改服間色，故得絕於五大之過，道俗有分者也。此後又請阿耨達池五百羅漢，日日凡聖無遮大會，已近二旬。供設既豐，復更請罽賓國五百羅漢，足上為千。及請凡僧，還如前法。始過一日，見有一外國道人，眾僧悉皆不識，於是試相借問，自云從罽賓國來。又問來此幾時，答云來此一年也。眾僧覺異，令人守門觀其動靜。而食畢，乃於宋林門出。使人逐視，見從宋林門去，行十餘步，奄便失之。又嘗請聖僧浴，器盛香湯，及以雜物，因而禮拜。內外寂默，即聞器㭊杓作聲，如用水法，意謂或是有人出。便共往看，但見水杓自然搖動，故知神異。又曾夜中忽見滿屋光明，正言已曉，自起開戶，見外猶闇，即更閉戶，還牀復寢，久久方乃明也。又經違和極篤，忽自見大光明，遍於世界山河樹木，浩然無礙，欣爾獨笑。傍人怪問，具陳所見，即能起行，禮拜讀誦，如常無異。又於一時復違和，亦甚危困，忽舉兩手，狀如捧物，語傍人不解。問言為何所捧？答云：見寶塔從地出，意欲接之。旛花伎樂，無非所有，於是疾恙豁然而除，都無復患。又復違和，數日中亦殊

綿惙，恒多東向視，合掌向空，於一時中，急索香火，移時合掌，即自說云：見彌勒佛及與舍利佛目連等諸聖人，亦自見諸弟子，數甚無量，滿虛空中。須臾，見彌勒下生翅頭末城，云有人持旛華伎樂及三臺來迎於此。上旛華伎樂，非世間比。半天而住，一臺已在半路，一臺未至半路，一臺未見，但聞有而已。爾時已作兩臺，爲此兆故，即更作一臺也。又云：有兩樹寶華在邊，人來近牀，語莫壞我華，自此之後，病即除損，前後遇疾，恒有瑞相，或得涼風，或得妙藥，或聞異香，病便即愈。疾瘵之爲理，都以漸豁然而去，如此其數不能備記。又天監三年一夏違和，於晝日眠中，見虛空藏菩薩，即自圍繞誦唄。唄聲徹外，眠覺，所患即除。又白日臥，開眼見佛入房，旛蓋滿屋，語傍人令燒香，了自不見。上以天監五年六月十七日得病，苦心悶不下飲。彭城寺令法師，以六月十九日夜得夢見一處，謂是兜率天上，住止嚴麗，非世間比，言此是上住處，即見上在中。於是法師有語上：上得生好處，當見將接。上是法師，小品檀越，勿見遺棄。上即答云：法師丈夫，又弘通經教，自應居勝地。某甲是女人，何能益法師？又云：不如此也。雖爲丈夫，不能精進，持戒不及。上時體已轉惡，與令法師素疏，不堪相見，病既稍增，飲粥日少，爲治無益，漸就綿惙。至七月十二日，爾時天雨清涼，悶勢如小退，自云夢見迎來至佛殿西頭，人人捉旛竿，猶車在地。旛之爲理，不異世間隊擔、鼓旗旛也。至二十日，便絕不復進飲粥。至二十二日，令請相識眾僧設會，意似分別。至二十五日，云見十方諸佛，遍滿空中。至二十七日中後，泯然而臥，作兩炊久，方復動轉。自云上兜率天，見彌勒及諸菩薩，皆黃金色。上手中自有一琉璃清淨甖，可高三尺許以上。彌勒即放光明，照于上身。至兜率天，亦不見飲食，自然飽滿，故不復須人間食也。但聞人間食皆臭，是以不肯食。於彼天上，得波利餅。將還，意欲與令法師。有人問何意將餅去？答云：欲與令法師。是人言令法師是人中果報，那得食天上食，不聽將去。既而欲見令法師閒居，上爲迎法師來相見。語法師：可作好餚食，以餉山中坐禪道人；若修三業，方得生兜率天耳。法師不坐禪，所以令作食餉山上道人者，欲使與坐禪人作因緣也。自入八月，體中亦轉惡，不復說餘事。但云有三十二童子，一名功德天，二名善女天，是迦毗羅所領，恒來在左右，與我驅使。或言得人餉飲食，令眾中行之。復云空中晝夜作伎樂鬧人耳也。

（《廣弘明集》卷二十三）

《天台智者大師別傳》　隋灌頂撰

　　《天台智者大師別傳》，簡稱《智者別傳》，一卷，隋天台山國清寺沙門灌頂撰，不見於史志目錄，今存於《大正藏》第五十卷，《大正新修大藏經》第五十冊。智者大師，指智顗（538-597），字德安，俗姓陳，潁川人，乃天台宗創始人。灌頂（561-632），俗姓吳，字法雲，乃智顗之門人也。智顗之別傳，據灌頂《國清百錄序》，可知有諸宮法論、會稽智果和灌頂三種，以灌頂之《智者別傳》撰述精細而廣爲沿用，餘二家別傳皆散佚不傳。灌頂《智者別傳》記敘了智者大師一生行跡、著述以及佛教偉業，也成爲唐道宣《續高僧傳・智顗傳》之主要資料來源。宋曇照有《天台智者大師別傳注》二卷，日本又有可透《智者大師別傳句讀》二卷、忍鎧《智者大師別傳考評》一卷、體素《智者大師別傳新解》二卷，可見此別傳爲佛教之重要資料而備受重視。

　　大師諱智顗，字德安，俗姓陳氏，潁川人也。高宗茂績，盛傳於譜史矣。暨晉世遷都，家隨南出，寓居江漢，因止荊州之華容縣。父起祖，學通經傳，談吐絕倫，而武策運籌，偏多勇決。梁湘東王蕭繹之荊州，列爲賓客，奉教入朝領軍。朱异見而歎曰：「若非經國之才，孰爲英王之所重乎？」孝元即位，拜使持節散騎常侍益陽縣開國侯。母徐氏，溫良恭儉，偏勤齋戒。夢香煙五彩，輕浮若霧，縈迴在懷，欲拂去之，聞人語曰：「宿世因緣，寄託王道。福德自至，何以去之？」又夢吞白鼠，因覺體重。至於載誕，夜現神光，棟宇煥然，兼輝隣室。隣里憶先靈瑞，呼爲「王道」；兼用後相，復名「光道」，故小立二字。眼有重瞳，父母藏護，不欲人知，而人自知之矣。至年七歲，喜往伽藍，諸僧口授《普門品》，初啓一徧即得。而父母遏絕，不聽數往。每存理所誦，而惆悵未聞，奄忽自然通餘文句。後以經驗，無所遺失。鄉閭嗟異：「溫故知新，其若此乎！」

　　年十五，值孝元之敗，家國殄喪，親屬流徙。歎榮會之難久，痛凋離之易及。於長沙像前發弘大願，誓作沙門，荷負正法爲己重任。既精誠感通，夢彼瑞像，飛臨宅庭，授金色手，從窗牖入，三徧摩頂。由是深厭家獄，思滅苦本。但二親恩愛，不時聽許。雖惟將順，而寢哺不安。乃刻檀寫像，披

藏尋經，曉夜禮誦，念念相續。當拜佛時，舉身投地，恍焉如夢，見極高山，臨於大海，澄渟蓊鬱，更相顯映。山頂有僧，招手喚上，須臾申臂至于山麓，接引令登，入一伽藍。見所造像，在彼殿內。夢裏悲泣，而陳所願：「學得三世佛法，對千部論師說之無礙，不唐世間四事恩惠。」申臂僧舉手指像，而復語云：「汝當居此，汝當終此。」既從寤已，方見己身對佛而伏，夢中之淚委地成流，悲喜交懷，精勤逾至。後遭二親殞喪，丁艱荼毒。逮于服訖，從兄求去。兄曰：「天已喪我親，汝重割我心。既孤更離，安可忍乎？」跪而對曰：「昔梁荊百萬，一朝僕妾。于時久役江湖之心，不能復處磈磊之內。欲報恩酬德，當謀道爲先，唐聚何益？銘肌刻骨，意不可移。」

時王琳據湘，從琳求去。琳以陳侯故舊，又嘉此志節，資給法具，深助隨喜。年十有八，投湘州果願寺沙門法緒，而出家焉。緒授以十戒，導以律儀。仍攝以北度，詣慧曠律師，兼通《方等》，故北面事焉。後詣大賢山，誦《法華經》《無量義經》《普賢觀經》，歷涉二旬，三部究竟。進修「方等懺」，心淨行勤，勝相現前。見道場廣博，妙飾莊嚴，而諸經像縱橫紛雜。身在高座，足躡繩床，口誦《法華》，手正經像。是後心神融淨，爽利常日。逮受具足，律藏精通。先世萌動，而常樂禪悅，快快江東無足可問。

時有慧思禪師，武津人也，名高嵩嶺，行深伊洛。十年常誦，七載「方等」，九旬常坐，一時圓證，希有能有，事彰別傳。昔在周室，預知佛法當禍，故背比游南，意期衡嶽，以希棲遁，權止光州大蘇山。先師遙飡風德，如飢渴矣。其地乃是陳、齊邊境，兵刃所衝，而能輕於生，重於法，忽夕死，貴朝聞，涉險而去。初獲頂拜，思曰：「昔日靈山同聽《法華》，宿緣所追，今復來矣。」即示普賢道場，爲說「四安樂行」。於是昏曉苦到，如教研心。于時但勇於求法，而貧於資供。切栢爲香，栢盡則繼之以栗。卷簾進月，月沒則燎之以松。息不虛妣，言不妄出。經二七日，誦至《藥王品》，諸佛同讚：「是真精進，是名真法供養。」到此一句，身心豁然，寂而入定，持因靜發。照了《法華》，若高輝之臨幽谷。達諸法相，似長風之游太虛。將證白師，師更開演，大張教網，法目圓備。落景諮詳，連環達旦。自心所悟，及從師受，四夜進功，功逾百年。問一知十，何能爲喻！觀慧無礙，禪門不壅，宿習開發，煥若華敷矣。思師歎曰：「非爾弗證，非我莫識。所入定者，法華三昧前方便也。所發持者，初旋陀羅尼也。縱令文字之師千群萬眾，尋汝之辯不可窮矣。於說法人中，最爲第一。」

　　時有慧邈禪師，行矯常倫，辯迷時聽。自謂門人曰：「我所敷弘，眞獅子吼。他之所說，是野干鳴。」心眼未開，誰不惑者？先師正引經文，傍宗擊節，研覆考問，邈則失徵。揚簸慧風，則糠粃可識。淘汰定水，故砂礫易明。於是迷徒知反，問津識濟。仍於是夜，夢見三層樓閣。邈立其下，己坐其上。又有一人攘臂怒目曰：「何忽邈耶？何疑法耶？宜當問我。」先師設難數關，賓主往復，怒人辭窮理喪，結舌亡言。因誡之曰：「除諸法實相，餘皆魔事。」誡已，不復見邈，及與怒人。夕有聞者，謂爲詔寢。且詣思所，具陳是相，師曰：「汝觀《般若不退品》，凡幾種行類相貌九十六道。經云：『人若說法，神助怖之。』汝既晝折慢幢，夜驅惡黨。邪不干正，法應爾也。」

　　思師造金字《大品經》竟，自開玄義，命令代講。是以智方日月，辯類懸河，卷舒稱會，有理存焉。唯有「三三昧」，及「三觀智」，用以諮審，餘悉自裁。思師手持如意臨席，讚曰：「可謂法付法臣，法王無事者也。」慧曠律師，亦來會坐。思謂曰：「老僧嘗聽賢子法耳。」答云：「禪師所生，非曠之子。」又曰：「思亦無功，《法華》力耳。」代講竟，思師誡曰：「吾久羨南衡，恨法無所委。汝粗得其門，甚適我願。吾解不謝汝，緣當相揖。今以付屬汝，汝可秉法逗緣，傳燈化物，莫作最後斷種人也。」

　　既奉嚴訓，不得扈從衡嶽。素聞金陵，仁義淵藪。試往觀之，若法弘其地，則不孤付囑。仍共法喜等二十七人，同至陳都。然上德不德，又知音者寡。有一老僧，厥名法濟，即何凱之從叔也。自矜禪學，倚臥問言：「有人入定，聞攝山地動，知僧詮練無常，此何禪也？」答曰：「邊定不深，邪乘闇入。若取若說，定壞無疑。」濟驚起謝曰：「老僧身嘗得此定，向靈耀則公說之，則所不解，說已永失。今聞所未聞，非直善知法相，亦乃懸見他心。」濟以告凱，凱告朝野，由是聲馳道俗，請益成蹊。

　　大忍法師，梁、陳擅德，養道開善，不交當世。時有義集，來會蔣山。雖有折角重席，忍無所容，與先師觀慧縱橫，聽者傾耳。眾咸彈指合掌，皆言聞所未聞。忍歎曰：「此非文疏所出，乃是觀機縱辯。般若非鈍非利，利鈍由緣。豐富適時，是其利相。池深華大，鈍可意得。慶餘暉之有幸，使老疾而忘疲。」先達稱詠，故頌聲溢道。于時長干慧辯，延入定熙。天宮僧晃，請居佛窟。皆欲捨講習禪，緣差永恨。面而誓曰：「今身障隔不遂，稟承後世弘通，必希汲引。」

僕射徐陵，德優名重。夢其先門曰：「禪師是吾宿世宗範，汝宜一心事之。」既奉冥訓，資敬盡節，參不失時序，拜不避泥水。若蒙書疏，則洗手燒香，冠帶三禮，屏氣開封。對文伏讀，句句稱諾。若非微妙至德，豈使當世文雄屈意如此耶？

儀同沈君理，請住瓦官，開《法華經》題。勅一日停朝事，群公群集。金紫光祿王固、侍中孔奐、尚書毛喜、僕射周弘正等，朱輪動於路，玉佩喧於席，俱服戒香，同飡法味。小莊嚴寺慧榮，負才輕誕，其日揚眉舞扇，扇便墮地。雙構巨難，難不稱捷。合掌歎曰：「非禪不智，今之法座乎？」法歲法師，爾日並坐，撫榮背而嘲曰：「從來義龍，今成伏鹿。扇既墮地，以何遮羞？」榮答云：「輕敵失勢，猶未可欺也。」

興皇法朗，盛弘龍樹，更遣高足，構難累旬。磨鏡轉明，揩金足色，虛往既實，而忘反也。好勝者懷愧，不議而革新，斯之謂歟！建初，寶瓊相逢讓路曰：「少欲學禪，不值名匠。長雖有信，阻以講說。方秋遇賢，年又老矣。庶因渴仰，累世提攜。」白馬驚韶、定林法歲、禪眾智令、奉誠法安等，皆金陵上匠，德居僧首，捨指南之位，遵北面之禮。

其四方衿袖，萬里來者，不惜無貲之軀，以希一句之益。伏膺至教，飡和妙道。唯禪唯慧，忘寢忘飡。先師善於將眾，調御得所。停瓦官八載，講《大智度論》，說《次第禪門》。蒙語默之益者，畧難稱紀。雖動靜合道，而能露疵藏寶，恩被一切，草知我誰。昔浮頭、玄高，雙弘定慧。厥後沉喪，單輪隻翼而已。逮南嶽挺振，至斯爲盛者也。

陳始興王出鎮洞庭，公卿餞送。皆回車瓦官，傾捨山積，虔拜殷重。因而歎曰：「吾昨夜夢逢強盜，今乃表諸頓賊。毛繩截骨，則憶曳尾泥間。」仍謝遣門人曰：「吾聞闇財則應於絃。無明是闇也，脣舌是弓也。心慮於弦，音聲如箭，長夜虛發，無所覺知。若益一人，心弦則應。又法門如鏡，方圓如像。若緣牽心，輾轆無盡。若緣杜心，自然蹇澀。昔南嶽輪下，及始濟江東，法鏡屢明，心絃數應。初瓦官四十人共坐，二十人得法。次年百餘人共坐，二十人得法。次年二百人共坐，減十人得法。其後徒眾轉多，得法轉少。妨我自行，化道可知。群賢各隨所安，吾欲從吾志。蔣山過近，非避喧之處。聞《天台地記》稱有仙宮，白道猷所見者，信矣。《山賦》用比蓬萊，孫興公之言得矣。若息緣茲嶺，啄峰飲澗，展平生之願也。」陳宣帝有敕留連，徐僕射濟涕請住。匪從物議，直指東川。

即陳太建七年秋九月初入天台，歷遊山水，弔道林之枌木，慶曇光之石龕，訪高察之山路，漱僧順之雲潭。數度石梁，屢降南門，荏苒淹流，未議卜居。常宿於石橋，見有三人皁幘絳衣，有一老僧引之而進曰：「禪師若欲造寺，山下有皇太子寺基，捨以仰給。」因而問曰：「止如今日，草舍尚難，當於何時能辦此寺？」老僧答云：「今非其時。三國成一，有大勢力人能起此寺。寺若成，國則清，當呼為國清寺。」于時三方鼎峙，車書未同。雖獲冥期，悠悠何日？且旋塗出谷，見佛隴南峯，左右暎帶，最為兼美，即徘徊留意。有定光禪師，居山三十載，迹晦道明，易狎難識。有所懸記，多皆顯驗。其夕乃宿定光之草庵，咸聞鐘磬，寥亮山谷，從微至著，起盡成韻。問光此聲疎數。光舞手長吟曰：「但聞鳴槌集僧，是得住之相。憶睹招手相引時否？」餘人莫解其言。仍於光所住之北峯，創立伽藍，樹植松巢，引流繞砌。瞻望寺所，全如昔夢，無毫差也。

寺北別峯，呼為華頂，登眺不見群山，暄涼永異餘處。先師捨眾，獨往頭陀。忽於後夜，大風拔木，雷震動山。魑魅千群，一形百狀，或頭戴龍虺，或口出星火，形如黑雲，聲如霹靂，倏忽轉變，不可稱計。圖畫所寫「降魔變」等，蓋少小耳，可畏之相復過於是。而能安心，湛然空寂。逼迫之境，自然散失。又作父母、師僧之形，乍枕乍抱，悲咽流涕。但深念實相，體達本無。憂苦之相，尋復消滅。強、頓二緣，所不能動。明星出時，神僧現曰：「制敵勝怨，乃可為勇。能過斯難，無如汝者。」既安慰已，復為說法。說法之辭，可以意得，不可以文載，當於語下隨句明瞭。披雲飲泉，水日非喻。即便問曰：「大聖是何法門？當云何學？云何弘宣？」答：「此名一實諦，學之以般若，宣之以大悲。從今已後，若自兼人，吾皆影響。」

頭陀既竟，旋歸佛隴。風煙山水，外足忘憂。妙慧深禪，內充愉樂。然佛隴艱阻，舟車不至。年既失稔，僧眾隨緣。師共慧綽，種苣拾橡，安貧無感。俄而陳宣帝詔云：「禪師佛法雄傑，時匠所宗，訓兼道俗，國之望也。宜割始豐縣調，以充眾費。蠲兩戶民，用給薪水。」眾因更聚，亦不為欣。

有陳郡袁子雄，奔林百里。又新野庾崇，斂民三課。兩人登山，值講《淨名》，遂齋戒連辰，專心聽法。雄見堂前有山，琉璃映徹，山陰曲澗，琳琅布底，跨以虹橋，塡以寶飾。梵僧數十，皆手擎香爐，從山而出，登橋入堂，威儀溢目，香煙徹鼻。雄以告崇，崇稱不見。並席天乖，其在此矣。雄因發心改造講堂，此事非遠，堂今尚在。

但天台基壓巨海，黎民漁捕爲業。爲梁者斷谿，爲簄者藩海。秋水一漲，巨細塡梁。晝夜二潮，噉唼滿簄。髑骨成岳，蠅蛆若雷。非但水陸可悲，亦痛舟人濫殞。先師爲此而運普悲乘，捨身衣，並諸勸助，贖簄一所，永爲放生之池。于時計詡臨郡，請講《金光明經》。濟物無偏，寶冥出窟。以慈修身，見者歡喜。以慈修口，聞聲發心。善誘殷勤，導達因果。合境漁人，改惡從善，好生去殺。淵潮綿亙三百餘里，江谿簄梁合六十三所，同時永捨，俱成法池。一日所濟，巨億萬數，何止十千而已哉！方舟江上，講《流水品》，又散粳糧，爲財法二施。船出海口，望芙蓉山。聳峭叢起，若紅蓮之始開。橫石孤垂，似萎華之將落。師云：「昔夢遊海畔，正似於此。」沙門慧承、郡守錢玄智，皆著書嗟詠，文繁不載。詡後還都，別坐餘事，因繫廷尉。臨當伏法，遙想先師，願申一救。其夜夢群魚巨億，不可稱計，皆吐沫濡詡。明旦降勑，特原詡罪。當於午時，忽起瑞雲，黃紫赤白，狀如月暈，凝於虛空，遙蓋寺頂。又黃雀群飛，翾動嘈嗻，棲集簷宇，半日方去。師云：「江魚化爲黃雀，來此謝恩耳。」師遣門人慧拔，金陵表聞。降陳宣帝勑云：「嚴禁采捕，永爲放生之池。」陳東宮問徐陵曰：「天台功德，誰爲製碑？」答云：「願神筆玉著。」會宣帝崩，不復得就。勑國子祭酒徐孝克，以樹高碑。碑今在山，覽者墮淚。

陳文皇太子永陽王，出撫甌越，累信殷勤。仍赴禹穴，躬行「方等」，眷屬同稟淨戒。晝飡講說，夜習坐禪。先師謂門人智越云：「吾欲勸王修福禳禍可乎？」越對云：「府僚無舊，必稱寒熱。」師云：「息世譏嫌，亦復爲善。」王後出遊，墜馬將絕。越乃感悔，憂愧若傷。先師躬自帥眾，作「觀音懺法」，整心專志。王覺小醒，憑機而坐。王見一梵僧，擎香爐直進，問王曰：「疾勢何如？」王汗流無答。僧乃遶王一帀，香氣徘徊右旋，即覺撘然痛惱都釋。戒慧先染其心，靈驗次悅其目，不欲生信，詎可得乎？其願文云：「仰惟天台闍黎，德侔安、遠，道邁光、猷，邇邇傾心，振錫雲聚。紹像法之將墜，以救昏蒙。顯慧日之重光，用拯澆俗。加以遊浪法門，貫通禪苑。有爲之結已離，無生之忍現前。弟子飂飂業風，沈淪愛水。雖飡法喜，弗袪蒙蔽之心。徒仰禪悅，終懷散動之慮。日輪馳鶩，羲和之轡不停。月鏡廻軒，嫦娥之影難駐。有離有會，歎息奚言？愛法敬法，淳淳無已。願生生世世值天台闍黎，恒修供養。如智積奉智勝如來，若藥王覩雷音正覺。安養、兜率，俱蕩一乘。」

　　先師雖復懷寶窮岫，聲振都邑；藏形幽壑，德慧昭彰。陳少主顧問群臣：
「釋門誰爲名勝？」徐陵對曰：「瓦官禪師，德邁風霜，禪鑒淵海。昔遠游京
邑，群賢所宗。今高步天台，法雲東靄。永陽王北面親承。願陛下詔之，還
都弘法，使道俗咸荷。」陳主初遣傳宣左右趙君卿，再遣主書朱雷，三傳遣
詔，四遣道人法昇，皆帝自手書。悉稱疾不當。陳主遂杖三使，更勑州敦請。
永陽王諫曰：「主上虛己，朝廷思敬。一言利益，則四生有賴。若高讓深山，
則慈悲有隔。弟子微弱，尚賜迂屈。不赴臺旨，將何自安？」答曰：「自省無
德，出處又幽，過則身當，豈令枉濫？業緣如水，隆去窳留。志不可滿，任
之而已。」仍出金陵。路逢兩使，初遣應勑左右黃吉寶，次遣主書陳建宗，
延上東堂，四事供養，禮遇殷勤。立禪眾於靈耀，開《釋論》於太極。又講
《仁王般若》，百座居左，五等在右，陳主親筵聽法。僧正慧暅、僧都慧曠、
長干慧辯，皆奉勑激揚。難似冬冰，峨峨共結。解猶夏日，赫赫能消。天子
欣然，百僚盡敬。講竟，慧暅擎香爐賀席曰：「國十餘齋，身當四講，分文析
理，謂得其門。今日出星收，見巧知陋。由來諍競不止，即座肅穆有餘，七
夜恬靜，千枝華耀，皆法王之力也。」陳主於廣德殿謝云：「非但佛法仰委，
亦願示諸不逮。」陳世所檢僧尼無貫者萬人，朝議策經不合者休道。先師諫
曰：「調達日誦萬言，不免地獄。槃特誦一行偈，獲羅漢果。篤論唯道，豈關
多誦？」陳主大悅，即停搜揀。

　　然居靈耀，過爲褊隘，更求閑靜，立眾安禪。忽夢一人，翼從嚴整，稱
名「冠達」，請住三橋。師云：「冠達，梁武法名。三橋，豈非光宅？」遂移
居之。其年四月，陳主幸寺，捨身大施。又講《仁王般若》。敘經才訖，陳主
於大眾內，起禮三拜，俯仰殷勤，以彰敬重。太子已下，並託舟航，咸宗戒
範，以崇津導。先師虛己亡受，能安寵辱，故澹無驚喜。皇太子《請戒文》
云：「淵和南。仰惟化導無方，隨機濟物。衛護國土，汲引人天。照燭光耀，
託跡師友。比丘入夢，符契之像久彰。和尚來儀，高座之德斯秉。是以翹心
十地，渴仰四依。大小二乘，內外兩教，尊師重道，由來尚矣。伏希俯提，
從其所請，世世結緣，遂其本願，日夜增長。今二月五日，於崇正殿設千僧
法會，奉請爲菩薩戒師。謹遣主書劉璠奉迎。」（云云）。于時傳香在手，而臉
下垂淚。既字爲善萌，反言成晚。後大隋吞陳，方悟前旨。

　　金陵既敗，策杖荊湘，路次盆城，忽夢老僧曰：「陶侃瑞像，敬屈守護。」
於是往憩匡山，見惠遠圖像，驗雁門法師之靈也。俄而潯陽反叛，寺宇焚燒，

獨有茲山全無侵擾，護像之功其在此矣。秦孝王聞風延屈，先師對使而言：「雖欲相見，終恐緣差。」既而王人催促，迫不得止。將欲解纜，忽值大風。累旬之間，妖賊卒起，水陸壅隔，遂不成行。

至尊昔管淮海，萬里廓清，慕義崇賢，歸身如舍。遣使招引，束鉢赴期。師云：「我與大王，深有因緣。」順水背風，不日而至。菩薩律儀，即從稟受。先師初陳寡德，次讓名僧，後舉同學，三辭不免。仍求四願：「一、雖好學禪，行不稱法，年既西夕，遠守繩床。撫臆論心，假名而已。吹噓在彼，惡聞過實，願勿以禪法見期。二、生在邊表，長逢離亂，身闇庠序，口拙暄涼。方外虛玄，久非其分。域間撙節，一無可取。雖欲自慎，終恐樸直忤人，願不責其規矩。三、微欲傳燈，以報法恩。若身當戒範，應重去就。去就若重，傳燈則闕。去就若輕，則來嫌誚。避嫌安身，未若通法，願許為法勿嫌輕重。四、三十餘年，水石之間，因以成性。今王塗既一，佛法再興，謬承人汎，沐此恩化，內竭朽力，仰酬外護。若丘壑念起，願放其飲啄，以卒殘生。許此四心，乃赴優旨。」大王方希淨戒，故妙願唯諾。《請戒文》曰：「弟子基承積善，生在皇家。庭訓早趨，彝教夙漸。福履攸臻，妙機須悟。恥崎嶇于小徑，希優游於大乘。笑止息於化城，誓舟航於彼岸。開士萬行，戒善為先。菩薩十受，專持最上。喻造宮室，必先基址。徒架虛空，終不能成。孔、老、釋門，咸資熔鑄。不有軌儀，孰將安仰？誠復能仁本為和尚，文殊冥作闍黎。而必藉人師，顯傳聖授。自近之遠，感而遂通。波崙罄髓於無竭，善財忘身於法界。經有明文，非從臆說。深信佛語，幸遵明導。禪師佛法龍象，戒珠圓淨，定水淵澄。因靜發慧，安無礙辯。先物後己，謙挹成風。名稱遠聞，眾所知識。弟子所以虔誠遙注，命楫遠延，每畏緣差，值諸留難。亦既至止，心路豁然。及披雲霧，即消煩惱。以今開皇十一年十一月二十三日，於總管金城殿設千僧會，敬屈授菩薩戒。戒名為孝，亦名制止。方便智度，歸宗奉極。以此勝福，奉資至尊、皇后，作大莊嚴。同如來慈，普諸佛愛。等視四生，猶如一子。」師云：「大王紆遵聖禁，名曰總持。」王曰：「大師傳佛法燈，稱為智者。」所獲檀嚫，各六十種，一時迴施悲敬兩田，使福德增多，以資家國。

香火事訖，汎舸衡峽。大王麾駕貴州，臨江奉送，供給隆重，轉倍於前。既值便風，朝發夕還。而諸宮道俗，延頸候望，扶老攜幼，相趨戒場。垂黑戴白，雲屯講座，聽眾五千餘人。旋鄉答地，荊襄未聞。既慧日已明，福庭

將建，於當陽縣玉泉山，而立精舍。蒙勑賜額，號為「一音」，重改為「玉泉」。其地本來荒險，神獸蛇暴，諺云「三毒之藪」，踐者寒心。創寺其間，決無憂慮。是春夏旱，百姓咸謂神怒。故智者躬至泉源，滅此邪見。口自咒願，手又撝罧。隨所指處，重雲靉靆，籠山而來；長虹煥爛，從泉而起。風雨衝溢，歌詠滿路。荊州總管上柱國宜陽公王積，到山禮拜，戰汗不安。出而言曰：「積屢經軍陣，臨危更勇，未嘗怖懼頓如今日。」其年王使奉迎，荊人違觀，向方遙禮，臨岐望絕。既而重履，江淮道俗，再馳欣戴。

大王尸波羅密先到彼岸，智波羅密今從稟受。請文云：「弟子多幸，謬稟師資。無量劫來，悉憑開悟。色心無作，昔年虔受，身雖疏漏，心護明珠。定品禪枝，併散歸靜。荷國鎮藩，為臣為子，豈藉四緣，能入三昧？電光斷結，其類實多。慧解脫人，厥朋不少。即日欲伏膺智斷，率先名教，永汎法流，兼用治國。未知底滯可開化否？師嚴道尊可降意否？宿世根淺可發萌否？菩薩應機可逗時否？《書》云：『人生在三，事之如一。』況談釋典，而不從師？今之悚言，備歷素款。成就事重，請棄飾辭。」答曰：「謬承人泛，擬跡師資。顧此膚疏，以非時許。況隆高命，彌匪克當。徒欲沉吟，必乖深寄。」重請云：「學貴承師，事推物論，歷求法界，措心有在。仰惟宿植善根，非一生得，初乃由學，俄逢聖境。南嶽記莂，說法第一，無以仰過。照禪師來，具述斯事。于時心喜，以域寸誠。智者昔入陳朝，彼國明試，瓦官大集，眾論鋒起。榮公強口，先被折角。兩瓊繼軌，纔獲交綏。忍師讚歎，嗟唱希有。弟子仰延之始，屈登無畏，釋難如流，親所聞見，眾咸瞻仰。承前荊楚，莫不歸伏。非禪不智，驗乎金口。比聞名僧所說，智者融會，甚有階差。譬若群流歸乎大海，此之包舉始得佛意。唯願未得令得，未度令度，樂說不窮，法施無盡。復使柳顧言，稽首虔拜。」（云云）。智者頻辭不免，乃著《淨名經疏》。河東柳顧言、東海徐陵，並才華族胄，應奉文義，緘封寶藏，王躬受持。

今王入朝，辭歸東嶺。吳民、越俗，掃巷淘溝。沿道令牧，旛華交候。寺舊所荒廢，凡一十二載，人蹤久斷，竹樹成林。還屆半山，忽見沙門，眉髮皓然，秉錫當路，眾共咸睹。行次漸近，逡巡韜祕。聖猶尚候，況人情乎！智者雅好泉石，負杖閑游，若吟歎曰：「雖在人間，弗忘山野。幽幽深谷，愉愉靜夜，澄神自照，豈不樂哉！」

後時一夜，皎月映林。獨坐說法，連綿良久，如人問難。侍者智晞，明旦啟曰：「未審昨夜見何因緣？」答曰：「吾初夢大風忽起，吹壞寶塔。次梵

僧謂我云:『機緣如薪,照用如火,傍助如風,三種備矣,化道即行。華頂之夜,許相影響。機用將盡,傍助亦息,故來相告耳。』又見南嶽師,共喜禪師,令吾說法。即自念言:『余法名義,皆曉自裁。唯三觀、三智,最初面受。』而便說。說竟,謂我云:『他方華整,相望甚久。緣必應往,吾等相送。』吾拜稱諾。此死相現也。吾憶小時之夢,當終此地,所以每欣歸山。今奉冥告,勢當不久。死後安厝西南峯所指之地,累石周屍,植松覆坎。立二白塔,使人見者發菩提心。」又經少時,語弟子云:「商行寄金,醫去留藥。吾雖不敏,狂子可悲。」仍口授《觀心論》,隨語疏成,不加點潤。《論》在別本。

其冬十月,皇上歸蕃,遣行參高孝信,入山奉迎,因散什物,用施貧無。標杙山下,處擬殿堂。又畫作寺圖,以為式樣。誡囑僧眾:「如此基陛,儼我目前。棟宇成就在我死後,我必不睹,汝等見之。後若造寺,一依此法。」弟子疑曰:「此處山澗險峙,有何緣力,能得成寺?」答云:「此非小緣,乃是王家所辦。」合眾同聞,互相推測。或言是姓王之王,或言是天王之王,或言是國王之王,喧喧成論,竟不能決。今事已驗,方知先旨乃說帝王之王。

標寺基已,隨信出山。行至石城,乃云有疾。謂智越云:「大王欲使吾來,吾不負言而來也。吾知命在此,故不須進前也。石城是天台西門,天佛是當來靈像。處所既好,宜最後用心。衣鉢道具分滿兩分,一分奉彌勒,一分充羯磨。」語已,右脇西向而臥,專稱彌陀、般若、觀音。奉請進藥,即云:「藥能遣病留殘年乎?病不與身合,藥何能遣?年不與心合,藥何所留?智晞往日復何所聞?《觀心論》中復何所道?紛紜醫藥,擾累於他。」又請進齋飯,報云:「非但步影為齋,能無緣無觀即真齋也。吾生勞毒器,死悅休歸,世相如是,不足多歎。」即口授遺書,並手書四十六字:「蓮華香爐、犀角如意,留別大王。願芳香不窮,永保如意。」書具別本。

封竟,索三衣鉢,命淨掃灑,唱二部經,為最後聞思。聽《法華》竟,讚云:「法門父母,慧解由生。本迹曠大,微妙難測。四十餘年蘊之,知誰可與?唯獨明瞭,餘人所不見,軽斤絕弦於今日矣。」聽《無量壽》竟,讚曰:「四十八願,莊嚴淨土。華池寶樹,易往無人。火車相現,能改悔者,尚復往生。況戒慧薰修,行道力故,實不唐捐。梵音聲相,實不誑人。」當唱經時,吳州侍官張達等伴五人,自見大佛倍大,石尊光明滿山,直入房內。諸僧或得瑞夢,或見奇相,雖復異處而同是。

　　此時唱經竟，索香湯漱口。說十如、四不生、十法界、三觀、四無量心、四悉檀、四諦、十二因緣、六波羅蜜：「一一法門，攝一切法，皆能通心，到清涼池。若能於病患境，達諸法門者。即二十五人，百金可寄。今我最後策觀談玄，最後善寂吾今當入。」智朗請云：「伏願慈留，賜釋餘疑。不審何位？歿此何生？誰可宗仰？」報曰：「汝等懶種善根，問他功德。如盲問乳，蹶者訪路，告實何益？由諸懼恨故，喜怒呵讚，既不自省，倒見譏嫌。吾今不久，當為此輩破除疑謗。《觀心論》已解，今更報汝。吾不領眾，必淨六根。為他損己，只是五品位耳。汝問何生者，吾諸師友，侍從觀音，皆來迎我。問誰可宗仰，豈不曾聞波羅提木叉是汝之師，吾常說四種三昧是汝明導。教汝捨重擔，教汝降三毒，教汝治四大，教汝解業縛，教汝破魔軍，教汝調禪味，教汝折慢幢，教汝遠邪濟，教汝出無為坑，教汝離大悲難。唯此大師，能作依止。我與汝等，因法相遇，以法為親，傳習佛燈，是為眷屬。若不能者，傳習魔燈，非吾徒也。」誠維那曰：「人命將終，聞鐘磬聲，增其正念。唯長唯久，氣盡為期。云何身冷，方復響磬？世間哭泣、著服，皆不應為。」言訖加趺，唱三寶名，如入三昧。以大隋開皇十七年歲次丁巳十一月二十四日未時入滅，春秋六十，僧夏四十。至于子時，頂上猶暖。雖復不許哀號，門人哽戀，心沒憂海，不能自喻。日隱舟沈，永無憑仰。

　　加趺安坐在外十日，道俗奔赴，燒香散華，號繞泣拜。過十日已，殮入禪龕之內。則流汗徧身，綿帛掩拭，沾濡若浣。既而歸佛隴，而連雨不休。弟子咒願，願賜威神。纔動泥洹之輿，應手雲開。風噪松悲，泉奔水咽。道俗弟子，侍從靈儀，還遺囑之地。龕墳雖掩，妙跡常通。謹書十條，繼於狀末：

　　其一，勅昔在蕃，寅覽別書，感對滯塞。向《淨名疏》而咒願曰：「昔親奉師顏，未敢諮決。今承遺旨，何由可悟？若尋文生解，願示神通。」夜仍感夢，群僧集閣，王自說義，釋難如流。見智者飛空而至，瀉七寶珊瑚於閣內，還更飛去。王後《答遺旨文》並《功德疏》、《慰山眾文》，並在別本。送經一藏，銅鐘二口，香艐委積，衣物豐華。王人降寺，歲月相望，每至忌辰，結齋不絕。司馬王弘，依圖造寺，山寺秀麗，方之釋宮。創寺已後，即登春坊。故知皇太子寺基，此瑞驗矣。王家造寺，斯又驗矣。三國成一，斯又驗矣。寺名國清，此又驗矣。靈瑞殷勤，聯翩四驗，古今可以為例焉。

　　其二，朱方天香寺沙門慧延，彼土名達。昔游光宅，早沾法潤。忽聞遷化，感咽彌辰。奉慕尊靈，為生何處？因寫《法華經》，以期冥示。潛思累旬，

夢見觀音，高七層塔，光焰赫奕，過經所稱。智者身從觀音，從西來至。延夢裏作禮。乃謂延日：「疑心遣否？」延密懷此相，口未曾言。後見灌頂，始知臨終觀音引導。事驗懸契，欣嗟無已。

其三，土人馬紹宗，居貧好施，刈稻百束，以供寺僧。執役疲勞，身如有疾。心作是念：「我由施故，而感斯患。未測幽冥，當有報否？」因極寢臥夢，見智者加趺坐一牀，燒香如霧，安慰紹宗：「汝家貧好施，何疑無福？」種種勸喻，辭繁不載。爾夜，宗兄及宗妻、母三人共夢，晨朝各說，異口同言。香氣盈家，經日不歇。宗親感歎，冥聖不遙。

其四，開皇十八年四月十六日，佛隴僧眾方就坐禪，師現常形，進堂按行。上座道修，良久瞻奉。其年十月十八日，有海州連水縣人丘彪，晝發誓於龕。夜見僧排戶，彪即起禮拜。云：「勿拜，安隱無慮也。」遶寺一帀。彪隨後奉，尋出門數步，奄然便失。當其月十二日，有海州沭陽縣人房伯奴、衛伯玉，于智者舊室，而見其形牀事相如在。

其五，開皇十九年十一月六日，土人張造，年邁腳躄。曳疾登龕拜日：「早蒙香火，願來世度脫。」仍聞龕內應聲，又聞彈指。造再請云：「若是冥力，重賜神異。」即復如初。造泣而拜，戀慕忘返。

其六，仁壽元年正月十九日，永嘉縣僧法曉，生聞勝德，歿傳妙瑞，悔不早親，追恨疚心。故來墳所，旋千帀，禮千拜。於昏夕間，龕戶自開，光明流出，照諸樹木，枝葉炳然。合寺賓士，所共瞻禮。

其七，仁壽二年八月十三日，沂州臨沂縣人孫抱長，午前於龕所奉見，信心殷重。後限滿被替，獨到龕所辭別，洒淚向僧說如此。

其八，大業元年二月二十日，土人張子達母俞氏，年登九十，患一脚短，凡十八年。自悲已老，到墳奉別，設齋專至。即覺短脚還申，行步平正，宛如少時。此嫗悲喜，見人即述。遙禮天台，以為常則。

其九，荆州弟子法偃，於江都造智者影像。還至江津，像身流汗，拭已更出。道俗瞻禮，如平生，汗痕尚在。

其十，荆州玉泉寺造石碑，未得鐫刻。智者像至，而碑上自然生脈成文曰：「天地玄用出生。」或有磨刮，其辭彌亮。一境觀讀，三日方失。

智者弘法三十餘年，不畜章疏，安無礙辯，契理符文，挺生天智，世間所伏。有大機感，乃為著文。奉勑撰《淨名經疏》，至《佛道品》，為二十八卷。《覺

意三昧》一卷。《六妙門》一卷。《法界次第》章門三百科，始著六十科，爲三卷。《小止觀》一卷。《法華三昧行法》一卷。又常在高座云：「若說《次第禪門》，一年一徧。若著章疏，可五十卷。若說《法華玄義》，並《圓頓止觀》，半年各一徧。若著章疏，各三十卷。」此三法門，皆無文疏，講授而已。大莊嚴寺法愼，私記《禪門》初分，得三十卷。尚未刪定，而法愼終。國清寺灌頂，私記《法華玄》初分，得十卷。《止觀》初分，得十卷。方希再聽畢，其首尾會。智者涅盤，鑽仰無所。髣髴龍章，未經要妙，深識者自尋得其門也。

學士法喜，凡事十七禪師。年登耳順，方逢智者。陳尙書毛喜，嘲之曰：「尊師猶少，弟子何老？」答云：「所事者德，豈在於年？」又問曰：「何者爲德？」答云：「善巧說法即後代富樓那，破魔除障即是優波毱多。」毛喜自善其辭，談之朝野，常爲口實。又常行「方等懺」。雉來索命，神王遮曰：「法喜當往西方，次生得道，豈償汝命耶？」仍於瓦官寺，端坐入滅。建業咸睹，天地共知。

又有慧瑤因聽法而發定，道勢因領語而觀開。淨辯強記，有瀉瓶之德，於佛隴燒身。慧普修懺，象王便現。法愼學禪，微發持力。此二三子不幸早亡。門人行解兼善，堪爲後進師者多矣，皆內祕珍寶，不令人識。今略書見聞如上。

梁晉安王中兵參軍陳鍼，即智者之長兄也。年在知命，張果相之，死在晦朔。師令行「方等懺」。鍼見天堂牌門：「此是陳鍼之堂，過十五年當生此地。」遂延十五年壽。果後見鍼，驚問：「君服何藥？」答：「但修懺耳。」果云：「若非道力，安能超死耶？」

梁方茂從師習坐，忽發身通，微能輕舉。智者呵云：「汝帶妻子，何須學此？宜急去之。」大中大夫蔣添玟、儀同公吳明徹，皆稟息法，腳氣獲除。法雲遠覃，例皆如此。

灌頂多幸，謬逢嘉運，濫齒輪下，十有三年，戴天履地，不測高深。以開皇二十一年遇見開府柳顧言，賜訪智者。俗家桑梓，入道緣由，皆不能識，克心自責，微知醒悟，仍問遠祖於故老，即詢受業于先達。瓦官前事，或親承音旨，天台後瑞，隨分憶持。然深禪博慧，妙本靈跡，皆非淺短能知，但戀慕玄風，無所宗仰，輒編聞見，若奉慈顏。披尋首軸，涕泗俱下，謹狀。

銑法師云：大師所造有爲功德，造寺三十六所，《大藏經》十五藏，親手度僧一萬四千餘人，造栴檀金銅素畫像八十萬軀，傳弟子三十二人，得法自行不可稱數。(《大正藏》卷五十)

自傳類

《飛燕外傳自序》　　漢伶玄撰

　　《飛燕外傳自序》，伶玄撰，《隋書・經籍志》、兩《唐志》均不見著錄。嚴可均《全漢文》言晁公武《郡齋讀書志》始錄，疑是唐人依託。伶玄，字子于，西漢潞水人，爵里詳見《自序》。

　　伶玄字子于，潞水人，學無不通，知音善屬文，簡率尚直朴，無所務式，揚雄獨知之。然雄貪名矯激，子于謝不與交，雄深慊毀之。子于由司空小吏，歷三署刺守州郡，爲淮南相，人有風情。哀帝時，子于老休，買妾樊通德，通德嬺之弟子，不周之子也。有才色，知書，慕司馬遷《史記》，頗能言趙飛燕姊弟故事。子于閑居命言，厭厭不倦。子于語通德曰：「斯人俱灰滅矣。」當時疲精力馳，騖嗜欲蠱惑之事，寧知終歸荒田野草乎。通德占袖，顧視燭影，以手擁髻，凄然泣下，不勝其悲，子于亦然。通德奏子于曰：「夫淫于色，非慧男子不至也。慧則通，通則流，流而不得其防，則百物變態，爲溝爲壑，無所不往焉。禮義成敗之說，不能止其流，惟感之以盛衰奄忽之變，可以防其壞。今婢子所道趙后姊弟事，盛之至也。主君愴然有荒田野草之悲，衰之至也。婢子拊形屬影，識夫盛之不可留，衰之不可推，俄然相緣奄忽。雖婕好聞此，不少遣乎。幸主君著其傳，使婢子執研削道所記。」于是撰趙后別傳。子于爲河東都尉，班躅爲決曹，得幸太守，多所以受。子于召躅，數其罪而捽辱之。躅從兄子彪，續司馬《史記》，絀子于，無所收錄。（《說郛》卷三十二）

《自序》 漢辛玄子撰

辛玄子《自序》，《隋書·經籍志》《新唐書·藝文志》著錄爲一卷，題爲《靈人辛玄子自序》。

玄子，字延期，隴西定谷人，漢明帝時諫議大夫，上洛、雲中、趙國三郡太守辛隱之子。

玄子少好道，遵奉法戒，至心苦行，日中茶食，鍊形守精，不遘外物。州府辟聘，一無降就，遊山林，棄世風塵，志願馮子晉於緱岑，侶陵陽於步玄，故改名爲玄子，而自字延期矣。不圖先世之多愆，殃流子孫。結訾刊於帝簡，運沉逮於後昆，享年不永，遂沒命於長梁之津。西王母見我苦行，酆都北帝愍我道心，告勑司命，傳檄三官，攝取形骸，還魂復眞，使我頤胎，位爲靈神，於今二百餘年矣。近得度名南宮，定策朱陵，藏精待時，方列爲仙，而大帝今且見差，領東海侯，代庾生，又見選禁元中郎將，爲吳越鬼神之司，王事靡盬，斯亦勞矣。

若夫冠晨佩青，蕭條羽袂，嗚錄仙階，轉軑瓊室者，雖實素心而卒日也。恨未便得與玄眞併羅，同晏琨墉，察鈞韶之遺音，掇靈芝乎幽峯，振翠衣於九霄，儛玄翮於十方耳。方當攝御羣鬼，領理是非，處衆穢之中間，聲交於邪魔之紛紜，事與道德爲闊，眼與盱眞爲踈。

孰比熙寂於玄境，逍遙於太初哉！夫同聲偕合，物亦類分，相聞邈矣。係景委積。是以名書上清，丹錄玄殖，有道之氣，與靈合德，託體高輝，故來相從。（《眞誥》卷十六《闡幽微第二》）

《自敘》 漢陰長生撰

陰長生《自敘》，陰長生撰，可見於《神仙傳》《太平廣記》《太平御覽》。陰長生，後漢新野（今屬河南新野）人，陰皇后族屬，師事馬鳴生，隱青城山中，或云仙去。《神仙傳》卷四有《陰長生傳》。

　　維〔一〕漢延光元年，新野山北，予受和〔二〕君神丹要訣，道成去世，付
之名山，如有得者，列爲眞人，行乎去來，何爲俗間，不死之要，道在神丹，
行氣導引，俯仰屈伸，服食草木，可得少延，不求未度，以至天仙〔三〕。子欲
聞道，此是要言。積學所致，無爲爲〔四〕神。上士聞〔五〕之，勉力加勤。下
士〔六〕大笑，以爲不然。能知神丹，久視長存〔七〕。於是陰君裂黃素，寫《丹
經》一通，封一文石之函，置嵩高山；一通黃櫃〔八〕之簡，漆書之，封以青
玉之函，置太華山；一通黃金之簡，刻而書之，封以白銀之函，置蜀經〔九〕
山；一封白書之〔一○〕，合爲十篇，付弟子，使世世當有所傳付。又著詩三篇，
以示將來。其一曰：唯余之先，佐命唐、虞。爰逮漢世，紫艾重紆。余〔一一〕
獨好道，而爲匹夫。高尚素志，不事〔一二〕王侯。貪生得生，亦又何求。超跡
蒼霄，乘龍駕浮。青腰〔一三〕承翼，與我爲仇。入火不灼，蹈水〔一四〕不濡。
消遙太極，何慮何憂。遨〔一五〕戲仙都，顧愍〔一六〕群愚。年命之逝，如彼川
流。奄忽未幾，泥土爲儔。賓士索死，不肯暫休。其二〔一七〕曰：余〔一一〕之
聖師，體道如貞〔一九〕。昇降變化，喬、松爲鄰。惟余同學，十有二人。寒苦
求道，歷二十春〔二○〕。中多怠慢〔二一〕，志行不勤〔二二〕。痛乎諸子，命也自
天。天不妄授，道必歸賢。身沒幽壤，何時可還。嗟爾將來，勤加精研。忽
爲流俗，富貴所牽。神道一成，昇彼九天。壽同三光，何但億千。其三〔二三〕
曰：惟余束髮，少好道德。棄家隨師，東西南北，委於〔二四〕五濁，避世自匿。
三十餘年，名山之側。寒不遑衣，飢不暇食。思不敢歸，勞不敢息，奉事聖
師，承顏〔二五〕悅色。面垢足胝，乃見哀識。遂受要訣，恩深不測。妻子延年，
咸享無極。黃金〔二六〕已成，貨財十〔二七〕千億。役使〔二八〕鬼神，玉女侍側。
余〔二九〕得度世，神丹之力。陰君留人〔三○〕間百七十年，色如童〔三一〕子，
白日昇天也〔三二〕。(《神仙傳》卷五　又見於《太平廣記》卷八　案：《太平御覽》
卷六百六十四爲節引，略而不錄。)

　　〔校記〕
　　〔一〕《太平廣記》無「維」字。
　　〔二〕和，《太平廣記》作「仙」。
　　〔三〕「少延不求未度以至天仙」十字，《太平廣記》作「延年，不能度世，以至乎仙」。
　　〔四〕爲，《太平廣記》作「合」。
　　〔五〕聞，《太平廣記》作「爲」。
　　〔六〕士，《太平廣記》作「愚」。
　　〔七〕存，《太平廣記》作「安」。
　　〔八〕櫃，《太平廣記》作「櫨」。

〔九〕經，《太平廣記》作「綏」。

〔一○〕白書之，《太平廣記》作「縑書」。

〔一一〕余，《太平廣記》作「予」。

〔一二〕事，《太平廣記》作「仕」。

〔一三〕腰，《太平廣記》作「雲」。

〔一四〕水，《太平廣記》作「波」。

〔一五〕遨，《太平廣記》作「傲」。

〔一六〕愍，《太平廣記》作「湣」。

〔一七〕《太平廣記》「二」下有「章」字。

〔一八〕余，《太平廣記》作「予」。

〔一九〕如貞，《太平廣記》作「之眞」。

〔二○〕春，《太平廣記》作「年」，前者合韻。

〔二一〕慢，《太平廣記》作「墮」。

〔二二〕勤，《太平廣記》作「堅」。

〔二三〕《太平廣記》「三」下有「章」字。

〔二四〕於，《太平廣記》作「放」。

〔二五〕顏，《太平廣記》作「歡」。

〔二六〕金，《太平廣記》作「白」。

〔二七〕十，《太平廣記》作「千」。

〔二八〕役使，《太平廣記》作「使役」。

〔二九〕余，《太平廣記》作「今」。

〔三○〕留人，《太平廣記》作「處民」。

〔三一〕童，《太平廣記》作「女」。

〔三二〕昇天也，《太平廣記》作「升天而去」。

《自敘》　漢馬融撰

　　《馬融自敘》，佚文見於《世說新語》注及《太平御覽》。馬融，字季長，東漢時人，經學大師，其事跡主要見於《後漢書》卷六十《馬融傳》。

　　融字季長，右扶風茂陵人。少而好問，學無常師。大將軍鄧騭召爲舍人，棄，遊武都。會羌虜起，自關以西道斷。融以謂古人有言：「左手據天下之圖，而右手刎其喉，愚夫不爲。」何則？生貴於天下也。豈以曲俗咫尺爲羞，滅無限之身哉？因往應之，爲校書郎，出爲南郡太守。（《世說新語·文學篇》注）

融性好音，能鼓琴吹笛。爲督郵，獨臥郿平陽塢中，有洛客舍逆旅，吹笛相和。融去京師逾年，覩聞甚悲而樂之。逆慕簫琴皆有頌，而笛獨無，乃作《笛賦》。（《太平御覽》卷五百八十　案：《初學記》卷十六謂「古之善吹笛者有馬融」，並言見諸於《融自敍》，則此句乃記馬融善吹笛事，不必是《融自敍》原文也。）

《自序》　漢鄭玄撰

鄭玄《自序》，各書所引佚文一條。鄭玄，字字康成，北海高密（今屬山東）人，東漢末年經學大師。事跡見於《後漢書》卷三十五《鄭玄傳》。

遭黨錮之事，逃難注《禮》。黨錮事解，注《古文尚書》《毛詩》《論語》。爲袁譚所逼，來至元城，乃注《周易》。（《周易鄭注》敍錄　又見於《唐會要》卷七十七《文苑英華》卷七百六十六）

《自敍》　漢仲長統撰

仲長統《自敍》，《後漢書》本傳引錄，然未云出《自敍》也。嚴可均《全後漢文》卷八十九考證云：「『統常以爲凡遊帝王者，俗以立身揚名耳，而名不常存，人生易滅，優遊偃仰，可以自娛，欲卜居清曠，以樂其志，論之曰』云云。據《文選·閑居賦》注引《昌言》曰：『溝池自周，竹木自環。』今此有『溝池環匝，竹木周布』二語，知即三十四篇之一，疑在《自敍篇》，或當以『卜居』名篇。胡維新《兩京遺篇》題爲《樂志論》，而出之《昌言》外，非也。」嚴氏所言頗可信，茲從之。

使居有良田廣宅背山臨流，溝池環匝，竹木周布，場圃築前，果園樹後。舟車足以代步涉之難，使令足以息四體之役。養親有兼珍之膳，妻孥無苦身之勞。良朋萃止，則陳酒肴以娛之；嘉時吉日，則烹羔豚以奉之。蹰躇畦苑，遊戲平林，濯清水，追涼風，釣遊鯉，弋高鴻。諷於舞雩之下，詠歸高堂之

上。安神閨房，思老氏之玄虛，呼吸精和，求至人之彷彿。與達者數子，論道講書，俯仰二儀，錯綜人物。彈《南風》之雅操，發清霜之妙曲。逍搖一世之上，睥睨天地之閒。不受當時之責，永保性命之期。如是則可以陵霄漢，出宇宙之外矣。豈羨夫入帝王之門哉！（《後漢書·仲長統傳》）

《大人先生傳》　三國阮籍撰

　　阮籍（210-263），字嗣宗，陳留尉氏（今河南開封）人。籍才藻艷逸，倜儻放蕩，行己寡欲，尤好老莊，本有濟世志，然觀天下多故，名士少有全者，由是口不臧否，不與世事，以酣飲爲常，曾官至步兵校尉，世稱阮步兵。與嵇康同爲「竹林七賢」之領袖人物，又係正始玄學代表。籍頗能屬文，以《詠懷詩》八十餘首爲世所重，《大人先生傳》乃其理想人格之建構。《隋書·經籍志》載其集十三卷，雖有佚失，大體尚存，明人張溥輯有《阮步兵集》，今人陳伯君《阮籍集校注》較完備習見，惜訛誤較多。

　　《大人先生傳》諸書多有徵引，中華書局一九七八年出版的李志鈞等校點的《阮籍集》，該本「以陳、范本爲底本，校以汪士賢本、張燮本、張溥本阮集……《全上古三代秦漢三國六朝文》中所收阮籍文以及《文選》《玉臺新詠》《北堂書鈔》《藝文類聚》《初學記》《太平御覽》等」（《阮籍集》「出版說明」），校勘頗爲詳盡。我們移錄了李志鈞等先生的校勘成果，特此說明。

　　大人先生蓋老人也，不知姓字。陳天地之始，言神農、黃帝之事，昭然也；莫知其生年之數。嘗居蘇門之山，故世或謂之閒。養性延壽，與自然齊光，其視堯舜之所事，若手中耳。以萬里爲一步，以千歲爲一朝。行不赴而居不處，求乎大道而無所寓。先生以應變順和，天地爲家；運去勢隤，魁然獨存，自以爲能足與造化推移，故默探道德，不與世同之〔一〕。自好者非之，無識者怪之，不知其變化神微也。而先生不以世之非怪而易其務也。先生以爲中區之在天下，曾不若蠅蚊之着帷，故終不以爲事，而極意乎異方奇域，遊覽觀樂非世所見，徘徊無所終極。遺其書於蘇門之山而去。天下莫知其所如往也。

　　或遺大人先生書曰：「天下之貴，莫貴於君子。服有常色，貌有常則，言有常度，行有常式。立則磬折，拱若（一作則）抱鼓，動靜有節，趨步商羽。進退周旋，咸有規矩。心若懷冰，戰戰慄慄；束身修行，日慎一日，擇地而行，唯恐遺失。誦周孔之遺訓〔二〕，嘆唐虞之道德。唯法是脩，唯禮是克。手執珪璧，足履繩墨，行欲爲目前檢，言欲爲無窮則。少稱鄉閭，長聞邦國〔三〕。上欲三公〔四〕，下不失九州牧。故挾金玉，垂文組，享尊位，取茅土，揚聲名於後世，齊功德于往古。奉事君上〔五〕，牧養百姓，退營私家，育長妻子。卜（缺）吉宅〔六〕，慮乃億祉；遠禍近福，永堅固己。此誠士君子之高致，古今不易之美行也。今先生乃被髮而居巨海之中，與若君子者遠，吾恐世之嘆（一作笑）先生而非之也。行爲世所笑，身無由自達，則可謂恥辱矣。身處困苦之地，而行爲世俗之所笑，吾爲先生不取也。」

　　於是，大人先生乃逌然而嘆，（一作笑）假雲霓而應之曰：「若之云尙何通哉？夫大人者，乃與造物同體，天地並生，逍遙浮世，與道俱成，變化散聚，不常其形。天地制域於內，而浮明開達於外。天地之永固，非世俗之取及也〔七〕。吾將爲汝言之：

　　往者天嘗在下，地嘗在上，反覆顛倒，未之安固，焉得不失度式而常之？天因地動，山陷川起，雲散震壞，六合失理，汝又焉得擇地而行，趨步商羽？往者群氣爭存，萬物死慮，支體不從，身爲泥土，根拔枝殊，咸失其所，汝又焉得束身修行〔八〕，磬折抱鼓？李牧功而身死，伯宗忠而世絕，進求利以喪身，營爵賞而家滅，汝又焉得挾金玉萬億，祇奉君上而全妻子乎？

　　且汝獨不見夫虱之處於褌之中乎！逃于深縫〔九〕，匿乎壞絮，自以爲吉宅也。行不敢離縫際，動不敢出褌襠，自以爲得繩墨也。饑則囓人，自以爲無窮食也。然炎丘火流，焦邑滅都，群虱死於褌中而不能出。汝君子之處寰區之內〔一〇〕，亦何異夫虱之處褌中乎？悲夫！而乃自以爲遠禍近福，堅無窮也〔一一〕。亦觀夫陽烏遊於塵外，而鷦鷯戲於蓬芰〔一二〕，小大固不相及，汝又何以爲若君子聞於余乎〔一三〕？且近者夏喪於商，周播之劉，耿、薄爲墟，豐、鎬成丘，至人來一顧，而世代相酬。厥居未定，他人也（一作己）有，汝之茅土，將誰與久？

　　是以至人不處而居〔一四〕，不修而治，日月爲正，陰陽爲期。豈希情乎世，繫累於一時？來東雲，駕西風，與陰守雌，據陽爲雄。志得欲從，物莫之窮，又何不能自達而畏夫世笑哉？

昔者天地開闢，萬物並生。大者恬其性，細者靜其形；陰藏其氣，陽發其精。害無所避，利無所爭。放之不失，收之不盈。亡不爲夭〔一五〕，存不爲壽。福無所得，禍無所咎。各從其命，以度相守。明者不以智勝，闇者不以愚敗，弱者不以迫畏，強者不以力盡。蓋無君而庶物定，無臣而萬事理，保身修性，不違其紀。惟茲若然，故能長久。今汝造音以亂聲，作色以詭形。外易其貌，內隱其情，懷欲以求多，詐僞以要名。君立而虐興，臣設而賊生。坐制禮法，束縛下民。欺愚誑拙，藏智自神。強者睽而凌暴〔一六〕，弱者憔悴而事人。假廉而成貪，內險而外仁。罪至不悔過，幸遇則自矜。馳此以奏除，故循（一作酒）滯而不振。

夫無貴則賤者不怨，無富則貧者不爭，各足於身而無所求也。恩澤無所歸，則死敗無所仇，奇聲不作則耳不易聽，淫色不顯則目不改視。耳目不相易改，則無以亂其神矣。此先世之所至止也。今汝尊賢以相高，競能以相尚，爭勢以相君〔一七〕，寵貴以相加，驅天下以趣之，此所以上下相殘也。竭天地萬物之至，以奉聲色無窮之欲，此非所以養百姓也。於是懼民之知其然，故重賞以喜之，嚴刑以威之，財匱而賞不供，刑盡而罰不行，乃始有亡國、戮君、潰散之禍。此非汝君子之爲乎？汝君子之禮法，誠天下殘賊、亂危、死亡之術耳〔一八〕；而乃目以爲美行不易之道，不亦過乎！

今吾乃飄颻於天地之外，與造化爲友，朝飧陽谷，夕飲西海，將變化遷易，與道周始。此之於萬物，豈不厚哉？故不通于自然者不足以言道，闇於昭昭者不足與達明，子之謂也。

先生既申若言，天下之喜奇者異之，忼愾者高之。其不知其體，不見其情，猜其道〔一九〕，虛僞之名。莫識其眞，弗達其情，雖異而高之，與響之非怪者蔑如也。至人者，不知乃貴，不見乃神，神貴之道存乎內，而萬物運於外矣。故天下終而不知其用也。

逌乎有宋扶搖之野〔二〇〕，有隱士焉，見之而喜，自以爲均志同行也。曰：「善哉，吾得之見而舒憤也。上占質樸淳厚之道已廢，而末枝遺葉並興〔二一〕，豺虎貪虐，群物無辜，以害爲利，殞性亡軀，吾不忍見也，故去而處茲。人不可與爲儔，不若與木石爲鄰。安期逃乎蓬山，角李潛乎丹水（一作山），鮑焦立以枯槁，萊維去而逌死，亦由茲夫！吾將抗志顯高，遂終於斯。禽生而獸死，埋形而遺骨，不復反余之生乎！夫志均者相求，好合者齊〔二二〕，與夫子同之。」

　　於是，先生乃舒虹霓以蕃塵，傾雪蓋以蔽明，倚瑤厢而徘徊，揔眾轡而安行，顧而謂之曰：「太初眞人，惟大之根〔二三〕。專氣一志，萬物以存。退不見後，進不覩先，發西北而造制，啓東南以爲門。微道德久娛〔二四〕，跨天地而處尊。夫然成吾體也，是以不避物而處，所覩則寧；不以物爲累，所迫則成。彷徉足以舒其意，浮騰足以逞其情。故至人無宅，天地爲客；至人無主，天地爲所；至人無事，天地爲故。無是非之別，無善惡之異，故天下被其澤，而萬物所以熾〔二五〕。若夫惡彼而好我，自是而非人，忿激以爭求，貴志而賤身，伊禽生而獸死，尚何顯而獲榮？悲夫，子之用心也！薄安利以忘生，要求名以喪體，誠與彼其無詭，何枯槁而遄死？子之所好，何足言哉？吾將去子矣。」

　　乃揚眉而蕩目，振袖而撫裳，令緩轡而縱笑，遂風起而雲翔。彼人者瞻之而垂泣，自痛其志；衣草木之皮，伏於巖石之下，懼不終夕而死。

　　先生過神宮而息，漱吾泉而行〔二六〕，迴乎逌而遊覽焉。見薪於阜者，嘆曰：「汝將焉以是終乎哉？」

　　薪者曰：「是終我乎？不以是終我乎？且聖人無懷，何其哀？夫盛衰變化，常不于茲。藏器於身，伏以俟時。孫臏足以擒龐，雎折脅而乃休。百里困而相嬴〔二七〕，牙既老而弼周。既顛倒而更來兮，固先窮而後收。秦破六國，並兼其地，夷滅諸侯，南面稱帝。姱盛色，崇靡麗，鑿南山以爲闕，表東海以爲門。門萬室而不絕，圖無窮而永存。美宮室而盛帷幬，擊鍾鼓而揚其章。廣苑囿而深池沼，興渭北而建咸陽。欓木曾未及成林〔二八〕，而荊棘已蘩乎阿房。時代存而迭處，故先得而後亡。山東之徒虜，遂起而王天下。由此視之，窮達詎可知耶？且聖人以道德爲心，不以富貴爲志；以無爲用，不以人物爲事。尊顯不加重，貧賤不自輕；失不自以爲辱，得不自以爲榮。木根挺而枝遠，葉繁茂而華零。無窮之死，猶一朝之生。身之多少，又何足營？」

　　因歎而歌曰：「日沒不周方（西方），月出丹淵中，陽精蔽不見，陰光大爲雄〔二九〕。亭亭在須臾，厭厭將復東。離合雲霧兮，往來如飄風。富貴俛仰間，貧賤何必終？留侯起亡虜，威武赫夷荒。召平封東陵，一旦爲布衣。枝葉托根柢，死生同盛衰。得志從命升，失勢與時隤。寒暑代征邁，變化更相推。禍福無常主，何憂身無歸？推茲由斯（缺）〔三〇〕，負薪又何哀！」

　　先生聞之，笑曰：「雖不及大，庶免小矣。」

乃歌曰:「天地解兮六合開,星辰霣兮日月隤,我騰而上將何懷〔三一〕?衣弗襲而服美,佩弗飾而自章,上下徘徊兮誰識吾常?」

遂去而遐浮,肆雲舉,興氣蓋,徜徉回翔兮潾瀗之外。建長星以爲旗兮,擊雷霆之礧磕。開不周而出車兮,出（一作步）九野之夷泰。坐中州而一顧兮,望崇山而迴邁。端余節而飛旃兮,縱心慮乎荒裔。擇（或作釋）前者而弗修兮,馳蒙間而遠逍。棄世務之眾爲兮,何細事之足賴。虛形體而輕舉兮,精微妙而神豐〔三二〕。命夷羿使寬日兮,召忻來使緩風。攀扶桑之長枝兮,登扶搖之隆崇。躍潛之昧兮〔三三〕,洗光曜之昭明〔三四〕。遺衣裳而弗服兮,服雲氣而遂行。朝造駕乎湯谷兮,夕息馬乎長泉。時崦嵫而易氣兮,輝若華以照冥。左朱陽以舉麾兮,右玄陰以建旗。變容飾而改度,遂騰竊以修征。

陰陽更而代邁,四時奔而相迫,惟仙化之候忽兮,心不樂乎久留。驚風奮而遺樂兮,雖雲起而亡憂。忽電消而神逍兮,歷寥廓而遐逍〔三五〕。佩日月以舒光兮,登徜徉而上浮。壓前進（一作逾）于彼逍兮,將步足乎盧州。掃紫宮而陳席兮,坐帝室而忽會酬。萃眾音而奏樂兮〔三六〕,聲驚渺而悠悠。五帝舞而再屬兮,六神歌而代周。樂啾啾蕭蕭,洞心達神,超遙茫茫,心往而忘反。

慮大而志矜局（或作粵）,大人微而弗復兮,揚雲氣而上陳。召大幽之玉女兮,接上王之美人。體雲氣之逍暢兮,服太清之淑貞。合歡情而微授兮,先豔溢其若神〔三七〕。華姿燁以俱發兮,采色煥其並振。傾玄髦而垂鬢兮,曜紅顏而自新〔三八〕。時曖曃而將逝兮,風飄飄而振衣。雲氣解而霧離兮,靄奔散而永歸。心惆惘而遙思兮,眇迴目而弗睎。

揚清風以爲旗兮,翼旋軫而反衍。騰炎陽而出彊兮,命祝融而使遣。驅玄冥以攝堅兮,蓐收秉而先戈。句芒奉轂,浮驚朝霞。寥廓茫茫而靡都兮,邈無儔而獨立。倚瑤廂而一顧兮,哀下土之憔悴。分是非以爲行兮,又何足與比類?霓旌飄兮雲旂靄,樂遊兮出天外。

大人先生被髮飛鬢,衣方離之衣,繞絨陽之帶。含奇芝,嚼甘華,噏浮霧,飧霄霞,興朝雲,颸春風,奮乎大極之東〔三九〕,遊乎崑崙之西,遺轡隳策,流盼乎唐虞之都,惘然而思,悵爾若忘,慨然而嘆曰:「嗚呼!時不若歲,歲不若天,天不若道,道不若神。神者,自然之根也。彼勾勾者自以爲貴夫世矣,而惡知夫世之賤乎茲哉!故與世爭貴,貴不足尊;與世爭富,富不足先。必超世而絕羣,遺俗而獨往。登乎太始之前,覽乎忽漠之初,慮周流於無外,志浩蕩而自舒。飄飄於四運,飜翱翔乎八隅。欲從肆而仿佛,浣瀗而

靡拘。細行不足以爲毀，聖賢不足以爲譽。變化移易，與神明扶。廓無外以爲宅，周宇宙以爲廬，強八維而處安，據制物以永居。夫如是，則可謂富貴矣。是故不與堯、舜齊德，不與湯、武並功。王、許不足以爲匹，陽、丘豈能與比縱？天地且不能越其壽，廣成子曾何足與並容？激八風以揚聲，躡元吉之高蹤。被九天以開除兮，來雲氣以馭飛龍。專上下以制統兮，殊古今而靡同。夫世之名利，胡足以累之哉？故提齊而踘楚，挈趙而蹈秦，不滿一朝而天下無人，東西南北莫之與鄰。悲夫！子之修飾〔四十〕，以余觀之，將焉存乎於茲？

先生乃去之，紛泆莽〔四一〕，軌泱洋，流衍溢，歷度重淵，跨青天，顧而迿覽焉。則有逍遙以永年，無存忽合，散而下臻。霍分離蕩，濭濭洋洋。飆涌（一作踴）雲浮，達於搖光。直馳騖乎太初之中〔四二〕，而休息乎無爲之宮。太初何如〔四三〕？無後無先。莫究其極，誰識其根？邈渺綿綿，乃反復乎大道之所存，莫暢其究，誰曉其根？闢九靈而求索，曾何足以自隆？登其萬天而通觀，浴太始之和風。瀰逍遙以遠迿，遵大路之無窮。遺太乙而弗使，陵天地而徑行。超蒙鴻而遠跡；左蕩莽而無涯，右幽悠而無方。上遙聽而無聲，下修視而無章。施無有而宅神，永太清乎敖翔。

崔巍高山勃玄雲，朔風橫厲白雪紛，積冰若陵寒傷人〔四四〕。陰陽失位日月隕，地坼石裂林木摧，大冷陽凝寒傷懷〔四五〕。陽和微弱隆陰竭，海凍不流綿絮折〔四六〕，呼噏不通寒傷裂。氣并代動變如神，寒倡熱隨害傷人，熙與眞人懷太清。精神專一用意平，寒暑勿傷莫不驚，憂患靡由素氣寧。浮霧凌天忿所經，往來微妙路無傾，好樂非世又何爭，人且皆死我獨生。

眞人遊，駕八龍，曜日月，載雲旗，徘徊迿，樂所之。眞人遊〔四十七〕，太階夷。原辟〔四八〕，天門開。雨濛濛，風霏霏。登黃山，出栖遲。江河清，洛無埃。雲氣消，眞人來〔四九〕。眞人來，惟樂哉。時世易，好樂隤，眞人去，與天回。反未央，延年壽。獨敖世。望我〔五〇〕，何時反？赳漫漫，路日遠。

先生從此去矣，天下莫知其所終極〔五一〕。蓋陵天地而與浮明遨遊無始終，自然之至眞也。鸒鴿不踰濟、洛，不渡汶，世之常人，亦由此矣。曾不通區域，又況四海之表、天地之外哉！若先生者，以天地爲卵耳。如小物細人欲論其長短〔五二〕，議其是非，豈不哀也哉！

〔校記〕

〔一〕同之，汪、嚴本同；變、張本無「之」字。

〔二〕周孔，原本誤作「周子」，據汪本改。

〔三〕少稱鄉閭，長聞邦國，各本同；《晉書·阮籍傳》引作「少稱鄉黨，長聞鄰國」。

〔四〕上欲三公，《晉書·阮籍傳》引及汪、變、張、嚴本「欲」下有「圖」字。

〔五〕奉事君上，原本及汪本誤作「奉事君土」，據變本改。張本作「奉事君王」。案，阮籍文中，于君主類稱君上，不稱君王（如《達莊論》「出媚君上」），且下文大人先生對此處所述各點，皆一一引據其原文而予以駁斥，其駁此條說：「汝又焉得挾金玉萬億、祗奉君上而全妻子乎？」此句自當作「奉事君上」，張本顯係臆改。

〔六〕卜缺吉宅，原本作「卜吉缺宅」。案，此處上下文皆四字句，此句當脫一字。然「吉宅」為古代常用名詞，下文大人先生駁斥此條，亦有「自以為吉宅」語，「吉」下當無缺文，所脫疑在「卜」字下，故予改易。

〔七〕取及，汪、變、張、嚴本皆作「所及」。

〔八〕束身修行，原本「身修」二字誤倒，據汪本改。

〔九〕逃于，原本及汪本無，據《太平御覽》六九六所引補，《晉書·阮籍傳》引作「逃乎」。

〔一○〕寰區之內，汪本同；《晉書·阮籍傳》引作「域內」，變本、張本作「區內」，嚴本作「區之內」。

〔一一〕窮也，汪本、嚴本同；變本、張本作「窮已」。

〔一二〕蓬艾，汪、變、張、嚴本皆作「蓬芰」，誤。芰生水中，鷦鷯非水禽，芰非其日常嬉遊之處。又，「蓬芰」連用，亦不習見，《詠懷詩》二十六有「下集蓬艾間」語，「蓬芰」疑為「蓬艾」之誤。

〔一三〕若君子，原本無「若」字，據汪本補。

〔一四〕至人不處而居，原本及汪、變、張、嚴本「至」作「主」，據文意改。

〔一五〕夭，原本誤作「天」，據汪本改。

〔一六〕強者暌而凌暴，汪、變、張、嚴本「暌」下有「眠」字，誤。「暌，違也」，見《玉篇》；「暌眠」不可通。

〔一七〕勢以相君，汪、變、張、嚴本「勢」上有「爭」字。

〔一八〕殘賤，汪、變、張、嚴本作「殘賊」。

〔一九〕猜其道，汪、變、張、嚴本「猜」下有「耳」字。

〔二○〕有宋，原本作「有宗」，「宗」下注「或作宋」。案，此句本于《莊子·在宥》，字當作「宋」，見陸德明《莊子音義》。今據改。

〔二一〕遺葉，汪本同；變本、張本、嚴本作「遺華」。

〔二二〕齊，汪本、嚴本同；變本、張本作「齊顏」。

〔二三〕大，汪、變、張本同；嚴本作「天」，誤。《太平御覽》一引作「太」，「大」「太」通。

〔二四〕微道德以久娛，原本及汪、變、張、嚴本皆作「微道而以德久娛樂」。案，大人先生所說，大抵本于老莊，老莊皆置「道」於「德」之上，此「泰初貞人」既以「道」為「微」，不當反珍視「德」而以之「久娛」，此句顯有譌誤。疑「德」字原在「而」字前，傳寫誤倒。且下句云「跨天地而處尊」，篇末云「以天地為卵」，核以老莊

哲學與阮籍思想，亦與「以德久娛樂」不相容，唯「微道德」者能之。又案，此段文字為駢偶句，此句與上下文「發西北而造制，啓東南以為門」、「跨天地而處尊」，當為同一句式，疑「以」、「樂」原皆為小字旁注，作「微道德而以久娛樂」，蓋「而」字一本作「以」，「娛」字一本作「樂」，故傳寫者分別以此二字注於「而」、「娛」下，後遂闌入正文。今據文意改正。

〔二五〕所以熾，汪本同；變、張、嚴本「熾」下有「也」字。

〔二六〕吾泉，汪、變、張、嚴本皆作「吳泉」。

〔二七〕相嬴，原本及汪本皆誤作「相嬴」，據變本、張本改。

〔二八〕□木，各本同。案，此謂驪山之木，「□□」當作「驪」或「酈」。

〔二九〕大為雄，汪、變、張本同。《古詩紀》、《漢魏詩乘》收此歌，「大」作「代」。

〔三〇〕推茲由斯缺，汪、變、張本《大人先生傳》、《漢魏詩乘》同。萬曆本《古詩紀》作「推茲由斯理」，張本《采薪者歌》作「推茲綵斯道」，皆出臆補，故所補各不相同。

〔三一〕天地解兮六合開，星辰霣兮日月隤，我騰而上將何懷」，《古詩紀》及《漢魏詩乘》皆收此三句，題作《大人先生歌》；張本亦以此三句，另題作《大人先生歌》；蓋皆以為大人先生所歌者僅此三句。案，下文云「誰識吾常」、「端余節而飛旃」，皆為大人先生語氣；其歌辭固不祇三句。《詩紀》等誤。

〔三二〕神豐，原本及汪本皆誤作「神豐」，據變本、張本改。

〔三三〕躍潛之昧兮，汪、變、張、嚴本皆作「躍潛飄之冥昧兮」。

〔三四〕光曜，原本及汪本誤作「光曜」，據變、張、嚴本改。

〔三五〕遐逌，汪本、嚴本同；變本、張本作「遐遊」。

〔三六〕奏樂，原本脫「奏」字，據汪本補。

〔三七〕而達神，汪本同；變本、張本、嚴本無「而」字。

〔三八〕曜，原本及汪本作「曜」，據變、張、嚴本改。

〔三九〕大極之東，汪、變、張、嚴本「大」作「太」，誤。「太極」為元氣混沌、天地未分之稱，無東西南北可言。

〔四〇〕子，原本脫，據汪本補。

〔四一〕泱，原本誤作「決」，據汪本改。

〔四二〕馳騖，原本及汪本、變本、張本皆誤作「馳騖」，據嚴本改。

〔四三〕何如，各本同，《太平御覽》一引作「何始」。

〔四四〕積水若陵，汪、張本同；「陵」通作「凌」，指冰凌。變、嚴本作「積冰若陵」。

〔四五〕大冷，汪本、嚴本同；變本、張本作「火冷」。

〔四六〕綿絮折，原本「折」作「拆」，據汪本及《初學記》六十所引改。

〔四七〕眞人遊，原本「眞」作「貞」，據汪本改。

〔四八〕原辟，汪本、變本、張本同；嚴本作「□原辟」。案，此段皆三字句，此句當脫去一字；然所脫之字在「原」字前抑「原」字後，則不可知。

〔四九〕眞人來，汪、變、張、嚴本於此句下重出「眞人來」三字。

〔五〇〕望我，汪、燮、張本同。案，此句當亦脫一字。又，嚴本以爲所脫之字在上句，作「□獨敖，世望我」，誤。「反未央，延年壽，獨敖世」，承上「衆人皆死我獨生」而言，義明文順，略無脫誤痕迹。

〔五一〕莫知，原本脫「知」字，據汪本補。

〔五二〕如小物，各本同；《太平御覽》九二八引無「如」字。

《自敘》　晉陸喜撰

　　《陸喜自敘》，佚文主要見於《晉書》。陸喜，字恭仲，魏晉之際時人，其事跡主要見於《晉書》卷五十四《陸喜傳》。

　　劉向省《新語》而作《新序》，桓譚詠《新序》而作《新論》。余不自量，感子雲之《法言》而作《言道》，覘賈子之美才而作《訪論》，觀子政《洪範》而作《古今曆》，覽將子通《萬機》而作《審機》，讀《幽通》《思玄》《四愁》而作《娛賓》《九思》，眞所謂忍愧者也。(《晉書·陸喜傳》　又見於《冊府元龜》卷七百七十)

《自敘》　晉袁準撰

　　《袁準自敘》，佚文僅見於《三國志》注。袁準，字孝尼，曹魏至西晉初人，其事跡見於《晉書》卷八十三《袁環傳》附列《袁準傳》。

　　準字孝尼，忠信公正，不恥下問，唯恐人之不勝己。以世事多險，故常恬退而不敢求進。著書十餘萬言，論治世之務，爲《易》、《周官》、《詩》傳，及論五經滯義，聖人之微言，以傳於世。(《三國志·魏志·袁渙傳》注　案：此乃陳壽注引《袁氏世紀》中之一段，末尾陳氏注曰「此準之自序也」，則此當爲袁準《自敘》無疑也。陳氏所引此段《袁氏世紀》中其他文字，則爲袁準三位兄長之小傳，其《自敘》是否述及此，則難以考證，茲錄之以備考：侃字公然，論議清當，柔而不犯，善與人交。在廢興之間，人之所趣務者，常謙退不爲也。時人以是稱之。歷位黃

門選部郎，號爲清平。稍遷至尚書，早卒。寓字宣厚，精辯有機理，好道家之言，少被病，未官而卒。奧字公榮，行足以屬俗，言約而理當，終於光祿勳。）

《序傳》　　晉司馬彪撰

《司馬彪序傳》，佚文僅見於《三國志》注、《太平御覽》，乃序司馬彪一族也。司馬彪（241？-305？），字紹統，史學家，河內溫縣（今屬河南）人。注《莊子》，作《九州春秋》，又有《續漢書》八十篇，皆散佚，唯《續漢書》八志因補入范曄《後漢書》而得以保存。又據《汲冢紀年》駁譙周《古史考》，其文行於世。司馬彪有集四卷，佚，今僅存文五篇，詩存有三首并殘句。

朗祖父儁，字元異，博學〔一〕好古，倜儻有大度。長八尺三寸，腰帶〔二〕十圍，儀狀魁岸，與眾有異，鄉黨宗族咸景附焉。〔三〕位至潁川太守。父防，字建公，性質直公方，雖閒居宴處，威儀不忒。雅好《漢書》名臣列傳，所諷誦者數十萬言。少仕州郡，歷官洛陽令、京兆尹，以年老轉拜騎都尉。養志閭巷，闔門自守。諸子雖冠成人，不命曰進不敢進，不命曰坐不敢坐，不指有所問不敢言，父子之間肅如也。年七十一，建安二十四年終。有子八人，朗最長，次即晉宣皇帝也。（《三國志‧魏志‧司馬朗傳》注　又見於《太平御覽》卷三百七十七）

〔校記〕
〔一〕博學，《太平御覽》作「愽學」，誤，當爲「博學」，形近而訛。
〔二〕帶，《太平御覽》無。
〔三〕《太平御覽》引文止此。

《自敘》　　晉趙至撰

《趙至自敘》，佚文見於《太平御覽》。趙至，字景眞，西晉初人，其事跡主要見於《晉書》卷九十二《趙至傳》。

嵇康謂至曰：「卿頭小銳，瞳子白黑分明，覘占停諦，有白起風。」（《太平御覽》卷三百六十六　案：近人戴明揚《嵇康集校注・事跡》認爲此條題作趙至《自敘》，未知何據，疑誤。此條與嵇紹《趙至敘》內容大部分相同。）

志長七尺四寸，潔白，黑髮明眉，赤唇，髭鬢不多。（《太平御覽》卷三百六十八）

《自敘》　　晉傅暢撰

傅暢，小傳見前《晉諸公贊》。《傅暢自敘》，佚文見於《北堂書鈔》《太平御覽》徵引，僅餘二事耳。

時請定〔一〕九品，以余爲中正〔二〕。余以祖考歷代掌州鄉之論，〔三〕又兄宣年三十五，立爲州都令，余以少年復爲此任，故至於上品。以宿年爲先，是以鄉里素滯屈者漸得敘也。（《太平御覽》卷二百六十五　又見於《北堂書鈔》卷七十三）

〔校記〕
〔一〕請定，《北堂書鈔》作「清定」。
〔二〕以余爲中正，《北堂書鈔》無。
〔三〕余，《北堂書鈔》無；且引文止此句止。

暢字洪迎，年四歲，散騎常侍扶風曾叔虎以德量，喜與余戲，常解衣褶被，脫余金環與侍者，謂余當吝惜之。而經數日不索。遂於此見名，言論甚重。（《太平御覽》卷三百八十五）

余年五歲，散騎常侍魯叔虎與先公甚友善。每來往，喜與余戲。嘗解余衣褶披其背，脫余金環與侍者，謂余恡惜，而余笑與之，經數日不索。（《太平御覽》卷六百九十五）

《自敘》　　晉傅咸撰

《傅咸自敘》，佚文僅見於《太平御覽》。傅咸，字長虞，西晉時人，

傅玄之子，其事跡主要見於《晉書》卷四十七《傅玄傳》附列《傅咸傳》。
今存佚文，似非是自傳，乃賦序也，然文字佚失已不可知，姑存之。

太始九年，自春不雨，涉夏節，聖皇勞慮，分使祈禱。余以太子洗馬兼
司徒菑事，三朝，雨大降，退作《喜雨賦》。（《太平御覽》卷十一）

《自敘》　晉杜預撰

《杜預自敘》，佚文僅見於《太平御覽》，敘述少時之事。杜預，字元
凱，西晉重臣、經學大師，其事跡主要見於《晉書》卷三十四《杜預傳》。

在有家則滋味經籍，居官則畢力理治。〔一〕公家之事，知無不爲。（《太平
御覽》卷四百三十一　又見於《太平御覽》卷六百一十四）

〔校記〕

〔一〕「有」字乃是衍文，當刪。此二句，《太平御覽》卷六百一十四作「少而好學，在官
　　則勤於吏治，在家則滋味典籍」，且引文止於此。

《自序》　晉皇甫謐撰

《皇甫謐自序》，佚文見於《太平御覽》。皇甫謐，見前述。

皇甫謐，年二十不學，遊蕩無度，或以爲癡。常得瓜果，輒進叔母任氏。
任氏曰：「孝經云：『三牲之養，猶爲不孝。』汝今年餘二十，目不存教，心
不入道，尾敖慰我。」（《太平御覽》卷九百七十八　案：此條《御覽》本引《晉
書》，小字注曰「皇甫謐《自敘》同」，故知此亦爲《自敘》原文也。）

士安每病，母輒推燥居濕，以復易單。（《太平御覽》卷七百三十九）

《自敘》 晉梅陶撰

　　《梅陶自敘》，佚文見於《初學記》《北堂書鈔》《太平御覽》，所記大致相同。梅陶，汝南人，生卒年月不詳，兩晉之際官吏，《晉書》無傳，其事跡主要見於《晉書》卷三十《刑法志》。

　　余居中丞，〔一〕曾以法〔二〕鞭皇太子傅，親友〔三〕莫不致諫，余笑而應之〔四〕：「堂高由陛，〔五〕皇太子所以崇於上，〔六〕由吾奉王者法，〔七〕吾其枉道曲媚？〔八〕」後皇太子將見延請，〔九〕賜以清讌，〔一〇〕於是太子禮敬之，如師。〔一一〕（《初學記》卷十二　又見於《北堂書鈔》卷三十七、卷六十二《太平御覽》卷二百二十六、卷六百四十九）

〔校記〕

〔一〕居，《北堂書鈔》作「爲」；中丞，《太平御覽》卷二百二十六作「丞」。

〔二〕曾以法，《北堂書鈔》卷三十七無，「法」，《太平御覽》卷六百四十九無。

〔三〕親友，《北堂書鈔》上有「令」字。

〔四〕應之，《北堂書鈔》、《太平御覽》卷六百四十九下有「曰」字。

〔五〕由，《北堂書鈔》卷三十七下有「於」字；陛，《北堂書鈔》卷三十七、《太平御覽》卷二百二十六下有「下」字，《太平御覽》卷六百四十九作「階」。

〔六〕皇太子，《太平御覽》卷二百二十六作「太子」；崇，《北堂書鈔》、《太平御覽》卷六百四十九上皆有「得」字。

〔七〕由吾奉王者法，《北堂書鈔》卷六十二「法」作「憲」，《北堂書鈔》卷三十七作「由吾奉正法」，《太平御覽》卷六百四十九作「由吾奉王憲於下也」。

〔八〕吾其枉道曲媚，《北堂書鈔》卷三十七作「豈其枉道曲媚家人」，《北堂書鈔》卷六十二「吾」作「豈」，《太平御覽》卷二百二十六「豈」作「其」

〔九〕皇太子，《北堂書鈔》卷三十七上有「後」字；將見，《北堂書鈔》卷三十七、《太平御覽》皆作「特見」；延請，《北堂書鈔》卷六十二作「延謁」，《太平御覽》卷六百四十九無「請」字。

〔一〇〕以，《北堂書鈔》卷三十七無；清讌，《北堂書鈔》卷三十七、《太平御覽》卷六百四十九作「清宴」，讌與宴通，且引文止於此，《太平御覽》卷二百二十六作「請讌」，當爲傳寫之誤。

〔一一〕於是太子禮敬之，如師，《太平御覽》卷二百二十六作「禮之如師」。

《五柳先生傳》　晉陶淵明撰

《五柳先生傳》,《隋書・經籍志》、兩《唐志》皆不著錄,今見於《陶淵明集》。五柳先生者,即陶淵明自寓也。陶潛,字淵明,兩晉之際時人,其事跡主要見於《宋書》卷九十三《陶潛傳》。

先生不知何許人也,亦不詳其姓字,宅邊有五柳樹,因以爲號焉。閑靖少言,不慕榮利。好讀書,不求甚解;每有會意,便欣然忘食。性嗜酒,家貧不能常得,親舊知其如此,或置酒而招之。造飲輒盡,期在必醉;既醉而退,曾不吝情去留。環堵蕭然,不蔽風日。短褐穿結,簞瓢屢空,晏如也。常著文章自娛,頗示己志。忘懷得失,以此自終。

贊曰:黔婁之妻有言:「不戚戚於貧賤,不汲汲於富貴。」极其言茲若人之儔乎?酣觴賦詩,以樂其志,無懷氏之民歟?葛天氏之民歟? (《陶淵明集》十卷本)

《自序》　梁江淹撰

《江淹自序》,《藝文類聚》卷五十五、梁本題作《自序傳》。今存於《本集》,又略見於《藝文類聚》,自序相對完整,具有較高的參考價值。江淹其人,見《袁友人傳》條。

淹字文通,濟陽考城人。幼傳家業,六歲能屬詩,十三而孤,邈過庭之訓,長遂博覽群書,不事章句之學,頗留精於文章。所誦詠者,蓋二十萬言。而愛奇尚異,深沉有遠識,常慕司馬長卿、梁伯鸞之徒,然未能悉行也。所與神遊者,唯陳留袁叔明而已。

弱冠,以五經授宋始安王劉子真,略傳大義。爲南徐州新安王從事〔二〕,奉朝請。始安之薨也,建平王劉景素,聞風而悅,待以布衣之禮。然少年嘗倜儻不俗,或爲世士所嫉,遂誣淹以受金者,將及抵罪,乃上書見意而免焉。尋舉南徐州桂陽王秀才,對策上第,轉巴陵王右常侍〔三〕,右軍建平王主簿。

賓待累年，雅以文章見遇；而宋末多阻，示室有憂生之難，王初欲羽檄徵天下兵，以求一旦之幸；淹嘗從容曉諫，言人事之成敗，每曰：「殿下不求宗廟之安，如信左右之計，則復見麋鹿霜棲露宿於姑蘇之臺矣。」終不以納，而更疑焉。及王移鎮朱方也，又爲鎮軍參軍事，領東海郡丞。於是王與不逞之徒，日夜構議，淹知禍機之將發，又賦詩十五首，略明性命之理，因以爲諷。王遂不悟，乃憑怒而黜之，爲建安吳興令，地在東南嶠外〔四〕，閩越之舊境也。爰有碧水丹山，珍木靈草，皆淹平生所至愛，不覺行路之遠矣。山中無事，與道書爲偶，乃悠然獨往，或日夕忘歸，放浪之際，頗著文章自娛。

在邑三載，朱方竟敗焉。復還京師，值世道已昏，守志閑居〔五〕，不交當軸之士。俄皇帝始有大功於四海，聞而訪召之，爲尚書駕部郎驃騎竟陵公參軍事。

當沈攸之起兵西楚也，人懷危懼，高帝嘗顧而問之曰：「天下紛紛若是，君謂如何？」淹對曰：「昔項強而劉弱，袁眾而曹寡。羽號令諸侯，竟受一劍之辱；紹跨蹋四州，終爲奔北之虜。此所謂在德不在鼎，公何疑焉？」帝曰：「聞此言者多矣，其試謂我言之〔六〕。」淹曰：「公雄武有奇略，一勝也；寬容而仁恕，二勝也；賢能畢力，三勝也；民望所歸，四勝也；奉天子而伐逆叛，五勝也。攸之志銳而器小，一敗也；有威而無恩，二敗也；士卒解體，三敗也；搢紳不懷，四敗也；懸兵數千里，而無同惡相濟，五敗也。故豺狼十萬，而終爲我獲焉。」帝笑曰：「君談過矣。」是時軍書表記，皆爲草具，逮東霸城府，猶掌筆翰。相府始置，仍爲記室參軍事。及讓齊王九錫備物及諸文表〔七〕，皆淹爲之。受禪之後，又爲驃騎豫章王記室參軍、鎮東武令，參掌詔冊，並典國史。既非雅好，辭不獲命。尋遷正員散騎侍郎、中書侍郎。

淹嘗云：「人生當適性爲樂，安能精意苦力，求身後之名哉！」故自少及長，未嘗著書，惟集十卷，謂如此足矣。重以學不爲人，交不苟合，又深信天竺緣果之文，偏好老氏清淨之術，仕，所望不過諸卿二千石，有耕織伏臘之資，則隱矣。常願幽居築宇〔八〕，絕棄人事，苑以丹林，池以綠水，左倚郊甸，右帶瀛澤〔九〕。青春爰謝，則接武平皋〔一○〕；素秋澄景，則獨酌虛室。侍姬三四，趙女數人。不則逍遙經紀，彈琴詠詩，朝露幾閑，忽忘老之將至〔一一〕。淹之所學〔一二〕，盡此而已矣。（《本集》，又略見《藝文類聚》五十五）

〔校記〕

〔一〕爲南徐州新安王從事，原作「爲南徐州王新安從事」，據梁本改。

〔二〕右，梁本作「左」。

〔三〕地，原作「弟」，據叢刊本、梁本改。
〔四〕志，叢刊本作「忠」。
〔五〕謂，叢刊本、梁本作「爲」。
〔六〕及，梁本作「凡」。
〔七〕幽，《藝文類聚》作「卜」。
〔八〕瀛，《藝文類聚》作「灑」。
〔九〕接武，《藝文類聚》作「梜弋」。
〔一〇〕老之將至，《藝文類聚》作「老之將至云爾」。
〔一一〕《藝文類聚》「學」上無所「字」。

《妙德先生傳》　　宋袁粲撰

《妙德先生傳》，見於《宋書》。妙德先生傳，史無其人，乃袁粲之自寓也。袁粲，字景倩，劉宋時人，其事跡主要見於《宋書》卷八十九《袁粲傳》。

　　有妙德先生，陳國人也。氣志淵虛，姿神清映，性孝履順，栖冲業簡，有舜之遺風。先生幼夙多疾，性疎嬾，無所營尚，然九流百氏之言，雕龍談天之藝，皆泛識其大歸，而不以成名。

　　家貧嘗仕，非其好也，混其聲迹，晦其心用，故深交或迕，俗察罔識。所處席門常掩，〔一〕三徑裁通，雖揚子寂漠，嚴叟沈冥，不是過也。修道遂志，終無得而稱焉。〔二〕

　　又嘗謂周旋人曰〔三〕：「昔有一國，國中一水，號曰狂泉。國人飲此水，無不狂，唯〔四〕國君穿井而汲，獨得無恙。國人既並狂，反謂國主之不狂爲狂，〔五〕於是聚謀，共執國主，療其狂疾，火艾針藥，莫不畢具。國主不任其苦，於是到泉所酌水飲之，飲畢便狂。君臣大小，其狂若一，眾乃歡然。我既不狂，難以獨立，比亦欲試飲此水〔六〕。（《宋書·袁粲傳》又見於《南史·袁粲傳》《建康實錄》卷十四《太平御覽》卷七百三十九《冊府元龜》卷七百七十、卷九百一十七《通志》卷一百六十六　張鉉《（至大）金陵新志》卷十四）

　　〔校記〕
　　〔一〕「故深交或迕」以下二句，《南史》、《冊府元龜》卷九百一十七、《通志》皆無。

〔二〕《冊府元龜》卷七百七十引文止此。

〔三〕又嘗謂周旋人曰，《建康實錄》、《（至大）金陵新志》皆作「嘗謂人曰」，且上有「有
　　　妙德先生，陳國人也」二句，《太平御覽》無「又」字。

〔四〕唯，《建康實錄》、《太平御覽》、《（至大）金陵新志》作「惟」。

〔五〕反謂國主之不狂爲狂，《太平御覽》作「謂主不狂爲狂」。

〔六〕水，《南史》、《通志》下有「矣」字。

《自序》　　梁蕭子顯撰

　　《蕭子顯自序》，見於《梁書》。蕭子顯，字景陽，蕭梁時人，其事跡主要見於《梁書》卷三十五《蕭子恪傳》附列《蕭子顯傳》、《南史》卷四十二《蕭子顯傳》。

　　余爲邵陵王友，乔還京師，遠思前比，即楚之唐、宋，梁之嚴、鄒。追尋平生，頗好辭藻，雖在名無成，求心已足。若乃登高目極，臨水送歸，風動春朝，月明秋夜，早雁初鷿，開花落葉，有來斯應，每不能已也。前世賈、傅、崔、馬、邯鄲、繆、路之徒，並以文章顯，所以屢上歌頌，自比古人。天監十六年，始預九日朝宴，稠人廣坐，獨受旨云：「今雲物甚美，卿得不斐然賦詩。」詩既成，又降帝旨曰：「可謂才子。」余退謂人曰：「一顧之恩，非望而至。遂方賈誼何如哉？未易當也。」每有製作，特寡思功，須其自來，不以力構。少來所爲詩賦，則《鴻序》一作，體兼眾制，文備多方，頗爲好事所傳，故虛聲易遠〔一〕。（《梁書·蕭子顯傳》又見於《冊府元龜》卷七百七十）

　　〔校記〕

　　〔一〕遠，《冊府元龜》下有「也」字。

《自序》　　梁王筠撰

　　《王筠自序》，見於《梁書》、《南史》。王筠，字元禮，蕭梁時人，《梁書》卷三十三《王筠傳》、《南史》卷二十二附列《王筠傳》。

余少好書〔一〕，老而彌篤，雖遇見瞥觀，皆即疏記，後重省覽，歡興彌深，習與性成，不覺筆倦。自年十三四，齊建武二年乙亥至梁大同六年，四十六載矣。幼年讀《五經》，皆七八十遍。愛《左氏春秋》，吟諷常爲口實，廣略去取，凡三過立抄。餘經及《周官》《儀禮》《國語》《爾雅》《山海經》《本草》並再抄。子史諸集皆一遍。未嘗倩人假手，並躬自抄錄，大小百餘卷。不足傳之好事，蓋以備遺忘而已。」又與諸兒書論家世集云：「史傳稱，安平崔氏及汝南應氏並累世有文才，所以范蔚宗『世擅雕龍』，然不過父子兩三世耳。非有七葉之中，名德重光，爵位相繼，人人有集，如吾門世者也。沈少傅約語人云：『吾少好百家之言，身爲四代之史，自開闢已來，未有爵位蟬聯，文才相繼，如王氏之盛者也。』汝等仰觀堂構，思各努力。(《梁書・王筠傳》又見於《南史・王筠傳》《冊府元龜》卷七百七十《事文類聚》別集卷二)

〔校記〕
〔一〕好書，《南史》、《事文類聚》別集皆作「好抄書」。

《自序》　　梁劉峻撰

《劉峻自序》，見於《梁書》、《文選》李善注。劉峻，字孝標，南朝梁時人，其事跡主要見於《梁書》卷五十《劉峻傳》、《南史》卷四十九《劉懷珍傳》附列有《劉峻傳》。

峻字孝標，平原人也。生於秣陵縣，朞月歸故鄉。八歲，遇桑梓顛覆，身充僕圉，齊永明四年二月，逃還京師。後爲崔豫州刑獄參軍。梁天監中，詔峻東掌石渠閣，以病乞骸骨。後隱東陽金華山。(《文選》劉孝標《重答劉秣陵書》李善注)

余自比馮敬通，而有同之者三，異之者四。何則？敬通雄才冠世，志剛金石；余雖不及之，而節亮慷慨，此一同也。敬通值中興明君，而終不試用；余逢命世英主，亦擯斥當年，此二同也。敬通有忌妻，至於身操井臼；余有悍室，亦令家道轗軻，此三同也。敬通當更始之世，手握兵符，躍馬食肉；余自少迄長，戚戚無歡，此一異也。敬通有一子仲文，官成名

立；余禍同伯道，永無血胤，此二異也。敬通膂力方剛，老而益壯；余有犬馬之疾，溘死無時，此三異也。敬通雖芝殘蕙焚，終填溝壑，而爲名賢所慕，其風流郁烈芬芳，久而彌盛；余聲塵寂漠，世不吾知，魂魄一去，將同秋草，此四異也。所以自力爲敘，遺之好事云。（《梁書・劉峻傳》 又見於《冊府元龜》卷七百七十）

《高才不遇傳》　　北齊劉晝撰

《高才不遇傳》，劉晝撰，《北史・劉晝傳》云其撰《高才不遇傳》三篇，《隋書・經籍志》、兩《唐志》並錄爲四卷。是書之撰，《北史・儒林傳》云，晝求秀才十年不得，發憤撰《高才不遇傳》，《廣弘明集》卷六亦云，「劉晝，渤海人，才術不能自給，齊不士之，著《高才不遇傳》以自況也」，劉晝（514-565），字孔昭，渤海阜城人，北齊文學家。

辰爲龍，巳爲蛇，歲至龍蛇賢人嗟，玄以讖合之。（《後漢書・鄭玄傳》注，此條上有「北齊劉晝《高才不遇傳》論玄曰」云云。）

《自序》　　陳江總撰

《江總自序》，見於《陳書》、《南史》。江總，字總持，南朝陳人，其事跡主要見於《陳書》卷二十七《江總傳》、《南史》卷三十六《江夷傳》附列《江總傳》。

歷升清顯，備位朝列，不邀世利，不涉權幸。嘗撫躬仰天太息曰，莊青翟位至丞相，無迹可紀；趙元叔爲上計吏，光乎列傳。官陳以來，未嘗逢迎一物，干預一事。悠悠風塵，流俗之士，頗致怨憎，榮枯寵辱，不以介意。太建之世，權移群小，諂嫉作威，屢被摧黜，奈何命也。後主昔在東朝，留意文藝，夙荷昭晉，恩紀契闊。嗣位之日，時寄謬隆，儀形天儲，釐正庶績，

八法六典，無所不統。昔晉武帝策荀公曾曰：「周之冢宰，今之尚書令也。」況復才未半古，尸素若茲。晉太尉陸玩云：「以我爲三公，知天下無人矣。」軒冕儻來之一物，豈是預要乎？

弱歲歸心釋教，年二十餘，入鍾山就靈曜寺則法師受菩薩戒。暮齒官陳，與攝山布上人遊款，深悟苦空，更復練戒，運善於心，行慈於物，頗知自勵，而不能蔬菲，尚染塵勞，以此負愧平生耳。（《陳書·江總傳》　又見於《冊府元龜》卷七百七十《南史·江總傳》）

《自狀自贊》　隋劉炫撰

劉炫字光伯，河間景城（今河北景縣）人。周建德末，爲州戶曹從事，後署禮曹從事。開皇中，除殿中將軍。坐事除名。後爲旅騎尉。大業中，射策高第，除太學博士。去職，凍餒死。門人諡曰宣德先生。有《尚書述義》二十卷，《毛詩述義》四十卷，《注詩序》一卷，《春秋左氏傳述義》四十卷，《春秋左氏傳杜預序集解》一卷，《春秋攻昧》十卷，《規過》三卷，《古文孝經述義》五卷，《論語述義》十卷，《五經正名》十二卷，《算術》一卷。事跡見於《隋書》卷七十五《劉炫傳》。劉炫《自狀自贊》當作於隋代，姑錄於此。

自狀：《周禮》《禮記》《毛詩》《尚書》《公羊》《左傳》《孝經》《論語》孔、鄭、王、何、服、杜等注，凡十三家，雖義有精粗，並堪講授。《周易》《儀禮》《穀梁》，用功差少。史子文集，嘉言美事，咸誦於心。天文律曆，窮核微妙。至於公私文翰，未嘗假手。（《隋書》卷七十五）

自讚：通人司馬相如、揚子雲、馬季長、鄭康成等，皆自敘風徽，傳芳來葉。余豈敢仰均先達，貽笑從昆。徒以日迫桑榆，大命將近，故友飄零，門徒雨散，溘死朝露，埋魂朔野，親故莫照其心，後人不見其迹，殆及餘喘，薄言胸臆，貽及行邁，傳示州里，使夫將來俊哲知余鄙志耳。余從縮髮以來，迄於白首，嬰孩爲慈親所恕，棰楚未嘗加，從學爲明師所矜，榎楚弗之及。暨乎敦敘邦族，交結等夷，重物輕身，先人後己。昔在幼弱，樂參長者，爰

及耆艾，數接後生。學則服而不厭，誨則勞而不倦，幽情寡適，心事方違。內省生平，顧循終始，其大幸有四，其深恨有一。性本愚蔽，家業貧寠，爲父兄所饒，廁縉紳之末，遂得博覽典誥，窺涉今古，小善著於丘園，虛名聞於邦國，其幸一也。隱顯人間，沈浮世俗，數忝徒勞之職，久執城旦之書，名不挂於白簡，事不染於丹筆，立身立行，慚恧實多，啓手啓足，庶幾可免，其幸二也。以此庸虛，屢動神眷，以此卑賤，每升天府，齊鑣驥騄，比翼鵷鴻，整緗素於鳳池，記言動於麟閣，參謁宰輔，造請群公，厚禮殊恩，增榮改價，其幸三也。畫漏方盡，大耋已嗟，退反初服，歸骸故里，玩文史以怡神，閱魚鳥以散慮，觀省野物，登臨園沼，緩步代車，無罪爲貴，其幸四也。仰休明之盛世，慨道教之陵遲，蹈先儒之逸軌，傷群言之蕪穢，馳騖墳典，釐改僻謬，修撰始畢，圖事適成，天違人願，途不我與。世路未夷，學校盡廢，道不備於當時，業不傳於身後。銜恨泉壤，實在茲乎？其深恨一也。(《隋書》卷七十五　又見於《北史》卷八十二)

附錄：漢魏六朝雜傳存目

《李固德行》　　漢趙承等撰

　　《李固德行》，一篇，固弟子趙承等撰，《隋書・經籍志》、兩《唐志》未著錄。《後漢書・李固傳》記載，李固被誣下獄而死，「弟子趙承等悲歎不已，乃共論固言迹，以爲《德行》一篇」。李賢等注引謝承《書》云：「固所授弟子潁川杜訪、汝南鄭遂、河內趙承等七十二人，相與哀歎悲憤，以爲眼不復瞻固形容，耳不復聞固嘉訓，乃共論集《德行》一篇。」

《巴蜀耆舊傳》　　漢鄭廑撰

　　《巴蜀耆舊傳》，卷數不詳，見《華陽國志》卷十一《後賢志》。《後賢志・陳壽傳》云：「益部自建武后，蜀郡鄭伯邑、太尉趙彥信及漢中陳申伯、祝元靈、廣漢王文表皆以博學洽聞，作《巴蜀耆舊傳》。」據此可知，鄭廑、趙謙、陳術、祝龜、王商並撰有《巴蜀耆舊傳》。鄭廑字伯邑，臨邛人，漢中太守，其事又見於《華陽國志・漢中志》及《蜀郡士女目錄》。范曄《後漢書・西羌傳》作「鄭勤」。

《漢中耆舊傳》　漢祝龜撰

《漢中耆舊傳》，卷數不詳，見《華陽國志》卷十下《漢中士女志》。《漢中士女志》云：「祝龜字元靈，南鄭人也。年十五遠學汝、潁及太學，通博蕩達，能屬文。太守張府君奇之，曰：『吾見海內士多矣，無如祝龜者也。』州牧劉焉辟之，不得已行，授葭萌長。撰《漢中耆舊傳》，以著述終。」

《巴蜀耆舊傳》　漢趙謙撰

《巴蜀耆舊傳》，卷數不詳，見《華陽國志》卷十一《後賢志》。謝承《後漢書》云：「謙字彥信，太尉趙戒之孫，蜀郡成都人也。」范曄《後漢書·趙典傳》附列有《趙謙傳》。

《巴蜀耆舊傳》　漢王商撰

《巴蜀耆舊傳》，卷數不詳，見《華陽國志》卷十一《後賢志》。《華陽國志·廣漢士女贊》云：王商字文表，廣漢人也。博學多聞，州牧劉璋辟爲治中，試守蜀郡太守。荆州牧劉表、大儒南陽宋仲子遠慕其名，皆與交好，許文休稱：「商中夏王景興輩也。」在官一十年而卒。又見於《三國志·蜀志·許靖傳》注引《益州耆舊傳》。

《益部耆舊傳》　三國陳術撰

《益部耆舊傳》，三國時陳術撰，卷數不詳。《三國志·蜀志·李譔傳》云：「時又有漢中陳術，字申伯，亦博學多聞，著《釋問》七篇、《益部耆舊傳》及志，位歷三郡太守。」又，《華陽國志·漢中士女志》云：「陳術字申伯，作《耆舊傳》者也，失其行事，歷新城、魏興、上庸三郡太守。」

《狀人紀》　　漢應劭編撰

　　《狀人紀》，卷數不詳，《隋書・經籍志》、兩《唐志》未見著錄，《後漢書・應劭傳》云：「初，父奉爲司隸時，並下諸官府郡國，各上前人像贊，劭乃連綴其名，錄爲《狀人紀》。」

《任城王舊事》

　　《任城王舊事》，不題撰人，三卷，見《拾遺記》卷七。

《賓友目》　　三國胡綜撰

　　《三國志・吳志・孫登傳》裴注引虞溥《江表傳》：「（孫）登使侍中胡綜作《賓友目》。」

《交州人物志》　　三國士燮撰

　　《史通・雜說篇》：「交趾遠居，……是知著述之功，其力大矣，豈與夫詩賦小技校其優劣者哉？」姚振宗《三國藝文志》據以士燮著述作品題爲《交州人物志》。茲從。

《毌丘儉記》

　　《毌丘儉記》，不題撰人，見《隋書・經籍志》《新唐書・藝文志》，皆著錄爲三卷。

《王朗王肅家傳》

《王朗王肅家傳》，不題撰人，一卷，見《隋書·經籍志》。章宗源《隋書經籍志考證》云，《三國志·魏志·王朗傳》注朗除會稽秦始皇舊祀，又與沛國名士劉陽交二事引《朗家傳》。

《諸國清賢傳》

《諸國清賢傳》，一卷，見《隋書·經籍志》。《舊唐書·經籍志》「清」作「先」。

《龐娥親傳》　　三國梁寬撰

《龐娥親傳》，梁寬撰，卷數不詳，《三國志·魏志·龐淯傳》注引晉皇甫謐《列女傳》云：「故黃門侍郎安定梁寬追述娥親，爲其作《傳》。」龐娥親者，即趙娥，東漢末龐淯之母也，《後漢書·列女傳》、皇甫謐《列女傳》皆有傳。

《貞潔記》　　三國諸葛亮撰

《貞潔記》，諸葛亮撰，《新唐書·藝文志》《玉海》《通志·藝文略》並錄爲一卷。疑即《女誡》也。

《呂布本事》　　三國毛範撰

《呂布本事》，毛範撰，《隋書·經籍志》著錄爲一卷，兩《唐志》不載。宋《史略》《冊府元龜》《通志》皆著錄爲一卷，則宋時或存。明焦竑《國史經籍志》卷三史類載爲一卷，不知其時仍存抑或僅錄前朝之文。佚文皆散佚。

呂布，字奉先，五原郡九原（今內蒙古包頭九原區）人，先後爲丁原、董卓部將，後占據徐州自成一方勢力，爲曹操所殺，事跡主要見於《三國志》卷七《呂布傳》及《張邈傳》。毛範，始末不詳。

《焦先傳》　　晉傅玄撰

《焦先傳》，傅玄撰，卷數不詳。《三國志·魏志·管寧傳》裴注引《魏氏春秋》云：「故梁州刺史耿黼，以先爲僊人也，北地傅玄謂之性同禽獸，並爲之傳。」

《王堪傳》　　晉謝朗撰

《世說新語·賞譽篇》記載曰：「謝胡兒作著作郎，嘗作《王堪傳》。不諳堪是何似人，諮謝公。」王堪，《晉諸公贊》曰：「堪字世冑，東平壽張人，少以高亮義正稱。爲尚書左丞，有準繩操。爲石勒所害，贈太尉。」謝胡兒撰《王堪傳》，當實有其事，其文或今已不存，或未成篇，已不可知曉，列此以見其時雜傳撰述之盛。謝胡兒，即謝朗（323-361），字長度，小名胡兒，陳郡陽夏（今河南周口太康）人，謝安兄謝據長子，官至東陽太守，《晉書》卷七十九有傳。

《韋氏家傳》　　晉皇甫謐撰

《韋氏家傳》，皇甫謐撰，《隋書·經籍志》著錄一卷，《舊唐書·經籍志》入譜牒類，《新唐書·藝文志》入傳記類，並錄爲三卷。

《三魏士人傳》　　晉束皙撰

《三魏士人傳》，束皙撰，卷數不詳，見《晉書·束皙傳》，亡佚於永嘉之亂。

《列女後傳》　晉王接撰

《列女後傳》，王接撰，卷數不詳，記載凡七十二人，見《晉書·王接傳》，亡佚於永嘉之亂。

《列女後傳》　晉王愆期撰

《列女後傳》，王愆期撰，卷數不詳，見《晉書·王接傳》，亡佚於永嘉之亂。

《諸虞傳》　晉虞預撰

《諸虞傳》，虞預撰，十二篇，見《晉書·虞預傳》。

《良吏傳》　晉葛洪撰

《良吏傳》，葛洪撰，十卷，見《晉書·葛洪傳》。

《隱逸傳》　晉葛洪撰

《隱逸傳》，葛洪撰，十卷，見《晉書·葛洪傳》《抱朴子·自序》。

《集異傳》　晉葛洪撰

《集異傳》，葛洪撰，十卷，見《晉書·葛洪傳》。

《列女傳》　　晉綦毋邃撰

《列女傳》，綦毋邃撰，七卷，見《隋書・經籍志》、兩《唐志》。

《樂廣傳》　　晉謝鯤撰

《樂廣傳》，謝鯤撰，卷數不詳。《三國志・魏志・裴潛傳》注引《晉諸公贊》云：「謝鯤爲《樂廣傳》，稱楷俊朗有識具，當時獨步。」

《郭文傳》　　晉葛洪撰

《郭文傳》，葛洪撰，卷數不詳。《晉書・隱逸・郭文傳》云：「葛洪、庾闡並爲作傳，讚頌其美云。」

《郭文傳》　　晉庾闡撰

《郭文傳》，庾闡撰，卷數不詳。《晉書・隱逸・郭文傳》云：「葛洪、庾闡並爲作傳，讚頌其美云。」

《范氏家傳》　　晉范汪撰

《范氏家傳》，范汪撰，一卷，見《隋書・經籍志》；《通志・藝文略》作《范氏世傳》，疑誤。范汪，見前述《范汪別傳》。

《紀氏家紀》　　晉紀友撰

《紀氏家紀》，紀友撰，一卷，見《隋書・經籍志》。紀友，事跡略見於《晉書・紀瞻傳》。

《孫登傳》　晉孫綽撰

《孫登傳》，孫綽撰，卷數不詳。《水經·洛水注》云綽曾作《孫登傳》，他書未著錄。

《齊王功臣格》

《齊王功臣格》，不題撰人，卷數不詳，見《晉書·顧榮傳》。

《梁益耆舊傳》　晉常寬撰

《梁益耆舊傳》，常寬撰，卷數不詳，《華陽國志》卷十二《後賢志》云：「（寬）續陳壽《耆舊》，作《梁益篇》。」即《梁益耆舊傳》也。丁辰《補晉書藝文志》云：「《續益部耆舊傳》二卷，常寬，謹按見《隋志》，舊脫撰人名。家大人曰：《華陽國志》言常寬續陳壽《耆舊傳》作《益梁篇》即此書。今為補名，列入新《唐志》，有《益州耆舊雜傳記》二卷，亦此書也。」

《蜀後賢傳》　晉常寬撰

《蜀後賢傳》，常寬撰，卷數不詳，《華陽國志》卷十二《後賢志》云：「（寬）撰《蜀後志》及《後賢傳》。」

《山陽先賢傳》　晉仲長穀撰

《山陽先賢傳》，仲長穀撰，一卷，見《元和姓纂》卷五。仲長穀，爵里未詳。

《功臣行狀》　晉王銓撰

《功臣行狀》，王銓撰，卷數不詳，見《晉書·王隱傳》。

《吳士人行狀名品》　晉虞尚撰

《吳士人行狀名品》，《舊唐書·經籍志》著錄爲虞尚撰，二卷；《新唐書·藝文志》著錄爲虞禹撰，二卷；《冊府元龜》著錄爲虞禹撰，三卷。

《晉永嘉流士》　晉衛禹撰

《晉永嘉流士》，衛禹撰，《舊唐書·經籍志》著錄爲十三卷，《新唐書·藝文志》著錄爲兩卷。

《孝友傳》　前秦申秀撰

《孝友傳》，八卷，申秀撰，見《新唐書·藝文志》。

《桓玄傳》　宋荀伯之撰

《桓玄傳》，兩《唐書》著錄爲二卷，不題撰人，《冊府元龜》卷五百五十五著錄二卷，荀伯之撰。

《薛常侍傳》　宋荀伯子撰

《薛常侍傳》，荀伯子撰，二卷，見《隋書·經籍志》、《冊府元龜》卷五百五十五。

《孝子傳》 宋徐廣撰

《孝子傳》，徐廣撰，三卷，見《史通・雜述》、《冊府元龜》卷五百五十五。

《后妃記》 宋虞通之撰

《后妃記》，虞通之撰，二卷，見《隋書・經籍志》、兩《唐志》。

《上古以來聖賢高士傳贊》 宋周續之撰

《上古以來聖賢高士傳贊》，周續之撰，三卷，見兩《唐志》。

《止足傳》

《止足傳》，《隋書・經籍志》著錄爲十卷，不題撰人。《舊唐書・經籍志》著錄蕭子良撰《止足傳》，十卷；《新唐書・藝文志》著錄宗躬與蕭子良各有《止足傳》十卷。姚振宗《隋書・經籍志考證》云：「諸史有《止足傳》，自魚豢《魏略》始其別爲一書。据唐《藝文》，惟宗躬及蕭子良二家，然考宗躬與蕭子良同時，其與王植同修永明律，子良爲監領，似亦嘗爲王府官屬，疑祇是一書，故舊《唐志》無宗躬《止足傳》之目，《新志》似重出也。子良本傳不言有是書，或編入四部要略一千卷中，此十卷大抵是子良書亦卽宗躬書也。」姚氏之說可備參考。

《續皇甫謐〈高士傳〉三卷》 齊宗測撰

《續皇甫謐高士傳》，宗測撰，三卷，見《南齊書・宗測傳》《南史・隱逸・宗測傳》。

《孝子傳》　齊宗躬撰

《孝子傳》，宗躬撰，二十卷，見《新唐書·藝文志》。

《三吳決錄》　齊孔逭撰

《三吳決錄》，孔逭撰，卷數不詳，見《南齊書·王秀之傳》《南史·丘巨源傳》。

《海岱志》　齊崔慰祖撰

《海岱志》，崔慰祖撰，二十卷，《南齊書·崔慰祖傳》云：「慰祖著海岱志，起太公迄西晉人物，爲四十卷，牛未成。」《隋書·經籍志》著錄爲二十卷，兩《唐志》著錄爲十卷，崔慰祖撰。

《孝子傳》　齊劉虯撰

《孝子傳》，劉虯撰，卷數不詳，見《南史·解叔謙傳》。

《江左文章錄序》　齊丘靈鞠撰

《江左文章錄序》，丘靈鞠撰，卷數不詳。《南史·丘靈鞠傳》云：「（靈鞠）著《江左文章錄序》，起太興，訖元熙。」

《能書人名》　齊劉繪撰

《能書人名》，劉繪撰，卷數不詳。《南齊書·劉繪傳》：「繪撰《能書人

名》，自云善飛白，言論之際，頗好矜知。」是書當與羊欣所撰《采古來能書人名》相類，乃記敘書法家之文也。

《訪來傳》　　來奧撰

《訪來傳》，來奧撰，十卷，見《隋書・經籍志》。姚振宗《隋書・經籍志考證》云：「此不與前諸家家傳爲類，而列於梁元帝《懷舊志》之前，似來氏集其知友之來訪者以爲之傳，猶交遊傳之類。」

《雜傳》　　齊陸澄撰

《雜傳》，陸澄撰，十九卷，見《隋書・經籍志》。

《雜傳》　　齊賀縱撰

《雜傳》，賀縱撰，四十卷，見《隋書・經籍志》。

《宗炳別傳》

《宗炳別傳》，不題撰人，卷數不詳，見《歷代名畫記》卷六。

《美婦人傳》

《美婦人傳》，不題撰人，六卷，見《隋書・經籍志》。姚振宗《隋書經籍志考證》云：「按《御覽》人事部有《美婦人》上下卷，似多本於是書。」

《戴逵別傳》

《戴逵別傳》，不題撰人，《歷代名畫記》卷五未著錄卷數，《（嘉定）剡錄》卷五著錄爲一卷。

《古婦人事》　　梁張率撰

《古婦人事》，梁張率撰，《梁書·張率傳》云：「使（率）撰婦人事二十餘條，勒成百卷，使工書人琅邪王深、吳郡范懷約、褚洵等繕寫，以給後宮。」

《續裴氏家傳》　　梁裴子野撰

《續裴氏家傳》，裴子野撰，三卷，見《梁書·裴子野傳》。

《貴儉傳》　　梁蕭子顯撰

《貴儉傳》，蕭子顯撰，《梁書·蕭子顯傳》著錄爲三十卷，《南史·蕭子顯傳》著錄爲三卷。

《孝子傳》　　梁蕭衍撰

《孝子傳》，蕭衍撰，三十卷，見《新唐書·藝文志》。

《昭明太子傳》　　梁蕭綱撰

《昭明太子傳》，蕭綱撰，見《梁書·簡文帝紀》。

《諸王傳》 梁蕭綱撰

《諸王傳》，蕭綱撰，見《梁書·簡文帝紀》。

《仙異傳》 梁蕭繹撰

《仙異傳》，蕭繹撰，見《金樓子·著書篇》

《孝友傳》 梁蕭繹撰

《孝友傳》，蕭繹撰，八卷，見《舊唐書·經籍志》。

《列女傳》 梁庾仲容撰

《列女傳》，庾仲容撰，三卷，見《南史·庾仲容傳》《梁書·庾仲容傳》。

《仁政傳》 梁柳恢撰

《仁政傳》，柳恢撰，見《南史·柳恢傳》《梁書·柳恢傳》。

《陸史》 梁陸煦撰

《陸史》，十五卷，陸煦撰，見《南史·陸杲傳》、《隋書·經籍志》、兩《唐志》。

《陸氏驪泉志》　　梁陸煦撰

《陸氏驪泉志》，陸煦撰，一卷，見《南史・陸杲傳》。

《高士傳》　　梁劉杳撰

《高士傳》，劉杳撰，二卷，見《南史・劉杳傳》。

《繁華傳》　　梁劉緩撰

《繁華傳》，劉緩撰，三卷，見《金樓子》。

《黃妳自序》　　梁蕭繹撰

《黃妳自序》，蕭繹撰，三卷，見《金樓子》。

《錢唐先賢傳》　　梁吳均撰

《錢唐先賢傳》，吳均撰，見兩《唐志》。

《明氏世錄》　　梁明粲撰

《明氏世錄》，六卷，梁信武記室明粲撰，《隋書・經籍志》著錄，兩《唐志》著錄爲六卷。

《趙廐傳》

《趙廐傳》，不題撰人，一卷，見《宋書·沮渠蒙遜傳》。

《七賢傳》　孟仲暉撰

《七賢傳》，《隋書·經籍志》著錄五卷，孟氏撰。《唐日本國見在書目》載《竹林七賢傳》五卷，孟氏撰，兩《唐志》載《七賢傳》七卷，孟仲暉撰。

《吳朝人士品秩狀》　胡沖撰

《吳朝人士品秩狀》，胡沖撰，八卷，《隋書·經籍志》未著錄，見兩《唐志》。

《晉過江人士目》

《晉過江人士目》，不題撰人，一卷，《隋書·經籍志》未著錄，見兩《唐志》。

《庾氏家傳》　庾斐撰

《庾氏家傳》，庾斐撰，一卷，見《隋書·經籍志》。庾斐，爵里未詳。

《古來能書人錄》

《古來能書人錄》，一卷，見《南史·虞龢傳》：「臣見衛恒《古來能書人錄》一卷，時有不通。」

《泰始先賢狀》

《泰始先賢狀》，見《通志·氏族略》東里氏注引。

《管帶錄》　　北魏張始均撰

《管帶錄》，張始均撰，見《北史·張彝傳》。

《宋氏別錄》　　北魏宋世良撰

《宋氏別錄》，宋世良撰，十卷，見《北史·宋世良傳》。

《封氏本錄》　　北魏封偉伯撰

《封氏本錄》，封偉伯撰，六卷，見《魏書·封軌傳》《北史·封軌傳》。

《顯忠錄》　　北魏元懌、李義徽撰

《顯忠錄》，元懌、李義徽撰，十二卷，見《魏書·元懌傳》《北史·元懌傳》《北史·李先傳》。

《古今名妃賢后錄》　　北魏元孚撰

《古今名妃賢后錄》，元孚撰，四卷，見《魏書·元譚傳》《北史·元譚傳》。

《孝友傳》 北魏韓顯宗撰

《孝友傳》，韓顯宗撰，卷數不詳，見《北史·韓麒麟傳》。

《儒林傳》 北魏常景撰

《儒林傳》，常景撰，卷數不詳。《魏書·常景傳》《北史·常景傳》云：「景所著述數百篇，見行於世，刪正晉司空張華《博物志》及撰《儒林》《列女傳》各數十篇云。」

《列女傳》 北魏常景撰

《儒林傳》，常景撰，卷數不詳。《魏書·常景傳》《北史·常景傳》云：「景所著述數百篇，見行於世，刪正晉司空張華《博物志》及撰《儒林》《列女傳》各數十篇云。」

《酬德傳》 北齊劉善經撰

《酬德傳》，劉善經撰，三十卷，見《隋書·劉善經傳》《北史·劉善經傳》。

《李士謙傳》 北齊崔廓撰

《李士謙傳》，崔廓撰，卷數不詳，《北史·崔廓傳》云：「（崔廓）與趙郡李士謙爲忘言友，時稱崔、李，士謙死，廓哭之慟，爲之作傳，輸之秘府。」

《幽州人物志》　北齊陽休之撰

《幽州人物志》，陽休之撰，卷數不詳，見《北齊書‧陽休之傳》《北史‧陽休之傳》。《舊唐書‧經籍志》載「陽休之《幽州古今人物志》十三卷」，《新唐書‧藝文志》載「陽休之《幽州古今人物志》三十卷」。

《中朝多士傳》　北齊宋繪撰

《中朝多士傳》，宋繪撰，十卷，見《北齊書‧宋繪傳》。

《王氏江左世家傳》　北周王褒撰

《王氏江左世家傳》，王褒撰，二十卷，見《隋書‧經籍志》，兩《唐志》未著錄。

《裴潛傳》　北周裴俠撰

《裴潛傳》，裴俠撰，卷數不詳，《周書‧裴俠傳》云：俠又撰九世伯祖貞侯潛傳，以爲裴氏清公，自此始也，欲使後生奉而行之，宗室中知名者，咸付一通。

《知己傳》　北周盧思道撰

《知己傳》，盧思道撰，《隋書‧經籍志》、兩《唐志》並錄爲一卷，《史通‧雜述篇》未言及卷數。

《顧氏譜傳》　　陳顧野王撰

《顧氏譜傳》，顧野王撰，十卷，見《南史·顧野王傳》《陳書·顧野王傳》。

《許先生傳》　　晉王羲之撰

《許先生傳》，王羲之撰，一卷，見兩《唐志》。

《儦人許遠遊傳》　　晉王羲之撰

《儦人許遠遊傳》，《隋書·經籍志》著錄爲一卷，不題撰人，《通志·藝文略》著錄一卷，王羲之撰。

《晉仙傳》　　梁顏協撰

《晉仙傳》，顏協撰，五卷，見《南史·顏協傳》。

《研神記》　　梁蕭繹撰

《研神記》，梁蕭繹撰，十卷，見《隋書·經籍志》《南史·阮孝緒傳》。

《鄧玄傳》　　梁周捨撰

《鄧玄傳》，周捨撰，卷數不詳，見《南史·鄧郁傳》。

《僊人馬君陰君內傳》　趙昇撰

《僊人馬君陰君內傳》，《隋書‧經籍志》一卷，不題撰人，《舊唐書‧經籍志》著錄一卷，趙昇撰，《新唐書‧藝文志》《通志‧藝文略》並錄爲一卷，趙昇等撰。《眞靈位業圖》有三天都護趙昇，未詳何時人。馬君者，馬明生也；陰君者，陰長生也。

《王喬傳》

《隋書‧經籍志》、兩《唐志》並著錄一卷。《太平御覽》卷三十三引蔡邕《王喬錄》云：「漢永和元年十二月脁夜，王喬墓上有哭聲。王伯聞但往視之，天大雪，見大鳥跡，並祭祀處。採薪者尹禿見人衣冠曰：『我王喬也，汝莫取吾墓樹。』忽不見。」章宗源《隋書經籍志考證》、侯康《補後漢書藝文志》認爲蔡邕《王喬錄》即《王喬傳》也。姚振宗《隋書經籍志考證》云：「章、侯兩家以蔡氏《王喬錄》謂即是傳，或當然，然亦竊疑後人取《列仙傳》、《搜神記》蔡氏《碑》、范氏《傳》諸說彙次成編焉。」

《元始上眞衆仙記》　晉葛洪撰

《元始上眞眾仙記》，葛洪撰，一卷，見《通志‧藝文志》。

《陰德傳》　宋范晏撰

《陰德傳》，范晏撰，《隋書‧經籍志》、兩《唐志》著錄爲二卷。

《上眞衆仙記》

《上眞眾仙記》，不題撰人，一卷，見《宋史‧藝文志》。

《侯眞人傳》　　盧播撰

《侯眞人傳》，盧播撰，一卷，見《通志・藝文略》。

《列仙傳》　　梁江祿撰

《列仙傳》，江祿撰，十卷，見《南史・江夷傳》。

《感應傳》　　晉王延秀撰

《感應傳》，王延秀撰，八卷，見《隋書・經籍志》。

《聖賢傳》　　晉浩像撰

《聖賢傳》，浩像撰，卷數不詳，見《法苑珠林》卷四十二《聖僧部第三》。

《竺法乘贊傳》　　晉李顒撰

《竺法乘贊傳》，李顒撰，卷數不詳，見《高僧傳》卷四《晉敦煌竺法乘傳》。

《竺法曠傳》　　晉顧愷之撰

《竺法曠傳》，卷數不詳，見《高僧傳》卷五《竺法曠傳》。

《比丘尼傳》　晉釋慧常譯

《比丘尼傳》，釋慧常譯，卷數不詳，見明釋覺岸《釋氏稽古略》卷二。

《東山僧傳》　晉郗超撰

《東山僧傳》，郗超撰，卷數不詳，見慧皎《高僧傳・序錄》。此爲最早之僧侶類傳，所蒐集者乃居於剡縣東面諸山之名僧事跡。郗超，東晉中書郎。

《道人單道開傳》　晉康泓撰

《道人單道開傳》，康泓撰，一卷，見《隋書・經籍志》，《高僧傳》卷九《單道開傳》《晉書・藝術傳》。

《徵應傳》　晉朱君臺撰

《徵應傳》，朱君臺撰，卷數不詳，見《高僧傳・序》。

《曇遇別傳》

《曇遇別傳》，不題撰人，卷數不詳，見《名僧傳鈔・法遇傳》。

《慧達別傳》

《慧達別傳》，不題撰人，卷數不詳，見《續高僧傳》卷三十三《慧達傳》。

《釋寶雲傳序》　　宋雷次宗撰

《釋寶雲傳序》，雷次宗撰，卷數不詳，見《出三藏記集》卷十五。

《竺道生傳》　　宋王微撰

《竺道生傳》，王微撰，卷數不詳，見《高僧傳》卷七《竺道生傳》曰：
「王微以生比郭林宗。乃為之立傳，旌其遺德。」

《曇鑒傳贊》　　宋張辯撰

《曇鑒傳贊》，張辯撰，卷數不詳，見《高僧傳》卷七《釋曇鑒傳》

《僧瑜傳贊》　　宋張辯撰

《僧瑜傳贊，》張辯，撰卷數不詳，見《高僧傳》卷十二《釋僧瑜傳》

《沙門傳》　　宋陸杲撰

《沙門傳》，陸杲撰，卷數不詳，見慧皎《高僧傳·錄》。

《法盛尼傳》　　宋張辯撰

見釋寶唱《比丘尼傳》卷二。

《三寶記傳》　　齊蕭子良撰

《三寶記傳》，卷數不詳，見《高僧傳·序錄》。

《志節傳》　　齊釋法安撰

《法橋比丘現感妙聲記》第七齣《志節傳》（釋僧祐《出三藏記集》雜錄卷十二《高僧傳》卷八），文已散佚。釋法安，南齊沙門。

《鍾山定林上寺絕跡京邑五僧傳》　　梁僧祐撰

《鍾山定林上寺絕跡京邑五僧傳》，僧祐撰，卷數不詳，《出三藏記集》卷十二著錄。

《薩婆多部師資記》　　梁釋僧佑撰

《薩婆多部師資記》，五卷，目錄見於《出三藏記集》卷十二，記薩婆多部十誦律師資相承九十餘人之事跡。《隋書·經籍志》著錄爲《薩婆多部師資傳》五卷，《舊唐書·經籍志》著錄爲《薩婆多部傳》四卷，《新唐書·藝文志》著錄《薩婆多師資傳》四卷。

《法師傳》　　梁王巾撰

《法師傳》，王巾撰，十卷，見《隋書·經籍志》。《文選·頭陀寺碑文》注引《姓氏英賢錄》云：王巾字簡棲，琅邪臨沂人也。有學業，爲《頭陀寺碑文》，詞巧麗，爲世所重，起家郢州從事、征南記室。天監四年卒。

《眾僧行狀》 　　梁僧祐撰

《眾僧行狀》，釋僧祐撰，四十卷，見《隋書·經籍志》。

《江東名德傳》 　　齊釋法進撰

《江東名德傳》，南齊沙門釋法進撰，卷數不詳，《慧皎傳·序錄》「沙門法進，乃通撰傳論」，當指是書。所傳乃江南名僧，且有通論性質。

《遊方沙門傳》 　　齊釋僧寶撰

《遊方沙門傳》，釋僧寶撰，卷數不詳，見《高僧傳·序錄》。

《僧史》 　　梁王巾撰

《僧史》，南齊竟陵王記室王巾撰，又名《法師傳》，見《歷代三寶記》卷十一，卷數不詳。慧皎《高僧傳·序錄》認為「意似該綜，而文體不足」，則《僧史》中當雜有僧人傳記。

《梁故草堂法師傳》 　　梁陶弘景撰

《隋書·經籍志》著錄《梁故草堂法師傳》一卷，不題撰人，兩《唐志》著錄《草堂法師傳》一卷，陶弘景撰。

《草堂法師傳》 　　梁蕭回理撰

《舊唐書·經籍志》著錄《草堂法師傳》一卷，蕭理撰，《新唐書·藝文志》《通志·藝文略》著錄《草堂法師傳》一卷，蕭回理撰。

《廬山僧傳》　　梁張孝秀撰

《廬山僧傳》，張孝秀撰，卷數不詳，見慧皎《高僧傳・序錄》。

《眾僧傳》　　梁裴子野撰

《隋書・經籍志》著錄《眾僧傳》二十卷，《內典錄》卷十著錄裴子野《沙門傳》三十卷，並注云其十卷劉璆撰，卷數與《隋書》相合，文已散佚。

《名僧錄》　　梁裴子野撰

《名僧錄》，裴子野撰，十五卷，見兩《唐志》。

《高僧傳》　　梁虞孝敬撰

《隋書・經籍志》著錄為六卷。近人湯用彤《漢魏兩晉南北朝佛教史》有雲：《郡齋讀書志》著錄《高僧傳》六卷，梁釋惠敏撰，分譯經、義解兩門云云。按《珠林》末卷謂虞出家，名慧命。《郡齋》所見即此書。

《稠禪師傳》

《稠禪師傳》，不題撰人，《舊唐書・經籍志》著錄為一卷，記西隴雲門寺沙門僧稠。

《龍樹菩薩傳》　　後秦鳩摩羅什撰

《龍樹菩薩傳》，鳩摩羅什撰，一卷，見《法苑珠林・傳記篇》。

《馬鳴菩薩傳》　後秦鳩摩羅什撰

《馬鳴菩薩傳》，鳩摩羅什撰，一卷，見《法苑珠林・傳記篇》。

《提婆菩薩傳》　後秦鳩摩羅什撰

《提婆菩薩傳》，鳩摩羅什撰，一卷，見《法苑珠林・傳記篇》。

《續名僧記》　北齊明克讓撰

《續名僧記》，一作《續名僧傳》。《北史》卷八十三《明克讓傳》云：「所著《孝經義疏》一部，《古今帝代記》一卷，《文類》四卷，《續名僧記》一卷，集二十卷。」又見於《隋書》卷五十八《明克讓傳》，是書已散佚。

《智湛別傳》

《智湛別傳》，不題撰人，卷數不詳。見《續高僧傳》卷三十三《僧意傳》。

《惠始傳》　北魏高允撰

《惠始傳》，高允撰，卷數不詳，見《魏書・釋老志》。

《僧崖菩薩傳》　北周釋亡名撰

《僧崖菩薩傳》，釋亡名撰，一卷，見《大唐內典錄》卷五

《韶法師傳》　　北周釋亡名撰

《韶法師傳》，釋亡名撰，一卷，見《大唐內典錄》卷五

《僧崖菩薩傳》　　北周釋亡名撰

《僧崖菩薩傳》，釋亡名撰，見《歷代三寶記》卷十一，卷數不詳，記載益州沙門僧崖。

《韶法師傳》　　北周釋亡名撰

見《歷代三寶記》卷十一，北周渭濱沙門釋亡名撰，卷數不詳，記載蜀郡龍淵寺沙門慧韶，文已散佚。

《眞諦傳》　　陳曹毗撰

《眞諦傳》，曹毗撰，一卷，見《歷代三寶紀》卷十一。

雜傳輯校引用參考書目

古代文獻（按經史子集順序排列）

1. 《十三經註疏》，〔清〕阮元校刻，北京：中華書局，1980 年版。
2. 《韓詩外傳集釋》，〔西漢〕韓嬰撰，許維遹注，北京：中華書局，1980 年版。
3. 《匡謬正俗》，〔唐〕顏師古撰，叢書集成初編本，上海：商務印書館，1936 年版。
4. 《名賢氏族言行類稿》，〔宋〕章定撰，上海：上海古籍出版社，1994 年版。
5. 《宋刻集韻》，〔宋〕丁度等編，北京：中華書局，2015 年版。
6. 《增修埤雅廣要》，〔宋〕陸佃撰，明萬曆三十八年（1610）孫弘範刻本。
7. 《廣韻校本》，〔宋〕陳彭年等編，周祖謨校，北京：中華書局，2004 年版。
8. 《五音集韻》，〔金〕韓道昭撰，文淵閣《四庫全書》影印本，臺北：臺灣商務印書館，1986 年版。
9. 《史記》，〔漢〕司馬遷撰，北京：中華書局，1959 年版。
10. 《漢書》，〔漢〕班固撰，北京：中華書局，1962 年版。
11. 《後漢書》，〔劉宋〕范曄撰，北京：中華書局，1965 年版。
12. 《三國志》，〔晉〕陳壽撰，北京：中華書局，1959 年版。
13. 《晉書》，〔唐〕房玄齡等撰，北京：中華書局，1974 年版。
14. 《宋書》，〔梁〕沈約撰，北京：中華書局，1974 年版。
15. 《魏書》，〔北齊〕魏收撰，北京：中華書局，1974 年版。
16. 《南齊書》，〔南齊〕蕭子顯撰，北京：中華書局，1972 年版。

17.《北齊書》，〔唐〕李百藥撰，北京：中華書局，1972 年版。

18.《周書》，〔唐〕令狐德棻等撰，北京：中華書局，1971 年版。

19.《隋書》，〔唐〕魏徵等撰，北京：中華書局，1973 年版。

20.《南史》，〔唐〕李延壽撰，北京：中華書局，19 年版。

21.《北史》，〔唐〕李延壽撰，北京：中華書局，1974 年版。

22.《舊唐書》，〔後晉〕劉昫等撰，北京：中華書局，1975 年版。

23.《新唐書》，〔宋〕歐陽修、宋祁等撰，北京：中華書局，1975 年版。

24.《國語正義》，〔先秦〕佚名撰，〔清〕董增齡正義，成都：巴蜀書社，1985 年版。

25.《戰國策集注匯考》，〔西漢〕劉向整理，諸祖耿集注匯考，南京：鳳凰出版社，2008 年版。

26.《兩漢紀》，〔漢〕荀悅撰，〔晉〕袁宏撰，張烈點校，北京：中華書局，2002 年版。

27.《東觀漢紀》，〔東漢〕劉珍等撰，北京：中華書局，2008 年版。

28.《續後漢書》，〔元〕郝經撰，上海：商務印書館，1958 年版。

29.《越絕書》，〔東漢〕趙曄撰，叢書集成初編本，上海：商務印書館，1936 年版。

30.《九家舊晉書輯本》，〔清〕湯球輯，上海：商務印書館，1936 年版。

31.《晉書斠注》，〔清〕吳士鑒、劉承幹注，北京：中華書局，2008 年版。

32.《十六國春秋纂錄校本》，〔北魏〕崔鴻撰，〔清〕湯球校，叢書集成初編本，上海：商務印書館，1936 年版。

33.《華陽國志》，〔晉〕常璩撰，劉琳校注，巴蜀書社，1984 年版。

34.《建康實錄》，〔唐〕許嵩撰，張忱石點校，北京：中華書局，1986 年版。

35.《建康實錄》，〔唐〕許嵩撰，南京：南京出版社，2010 年版。

36.《資治通鑒》，〔北宋〕司馬光撰，北京：中華書局，1956 年版。

37.《史通通釋》，〔唐〕劉知幾撰，〔清〕浦起龍通釋，上海：上海古籍出版社，1978 年版。

38.《路史》，〔宋〕羅泌撰，北京：書目文獻出版社，2002 年版。

39.《繹史》，〔清〕馬驌撰，濟南：齊魯書社，2001 年版。

40.《玉燭寶典》，〔隋〕杜臺卿撰，叢書集成初編本，上海：商務印書館，1939 年版。

41.《歲時廣記》，〔宋〕陳元靚撰，上海：商務印書館，1939 年版。

42.《三輔黃圖》，佚名撰，民國十八年（1929）涵芬樓影印本。

43.《三輔黃圖校釋》，佚名撰、何清谷校釋，北京：中華書局，2005 年版。

44. 《水經注》，〔北魏〕酈道元撰，陳橋驛點校，上海：上海古籍出版社，1990年版。

45. 《太平寰宇記》，〔宋〕史樂撰，北京：中華書局，1985年版。

46. 《元豐九域志》，〔宋〕王存撰，北京：中華書局，1986年版。

47. 《輿地紀勝》，〔宋〕王象之撰，北京：中華書局，1992年版。

48. 《方輿勝覽》，〔宋〕祝穆撰，北京：中華書局，2003年版。

49. 《會稽三賦》，〔宋〕王十朋撰，〔明〕南逢吉注，北京：中華書局，1991年版。

50. 《紹定吳郡志》，〔宋〕范成大纂修，文淵閣《四庫全書》影印本，臺北：臺灣商務印書館，1986年版。

51. 《寶慶四明志》，〔宋〕范成大纂修，文淵閣《四庫全書》影印本，臺北：臺灣商務印書館，1986年版。

52. 《寶慶會稽續志》，〔宋〕張淏纂修，文淵閣《四庫全書》影印本，臺北：臺灣商務印書館，1986年版。

53. 《淳熙新安志》，〔宋〕羅願纂修，文淵閣《四庫全書》影印本，臺北：臺灣商務印書館，1986年版。

54. 《長安志》，〔宋〕宋敏求撰，文淵閣《四庫全書》影印本，臺北：臺灣商務印書館，1986年版。

55. 《乾道四明圖經》，〔宋〕張津等纂修，文淵閣《四庫全書》影印本，臺北：臺灣商務印書館，1986年版。

56. 《嘉泰會稽志》，〔宋〕施宿纂修，文淵閣《四庫全書》影印本，臺北：臺灣商務印書館，1986年版。

57. 《景定建康志》，〔宋〕周應合纂修，文淵閣《四庫全書》影印本，臺北：臺灣商務印書館，1986年版。

58. 《嘉泰吳興志》，〔宋〕李景和等纂修，續修四庫全書本，上海：上海古籍出版社，1995年版。

59. 《寶祐壽昌乘》，〔宋〕佚名纂修，光緒二十三年（1879）刻本。

60. 《嘉定鎮江志》，〔宋〕盧憲纂修，道光二十二年（1842）丹徒包氏刻本。

61. 《延祐四明志》，〔元〕袁桷等纂修，文淵閣《四庫全書》影印本，臺北：臺灣商務印書館，1986年版。

62. 《（光緒）湖南通志》，〔清〕曾國荃、郭嵩燾等編纂，光緒十一年（1885）刻本。

63. 《漢唐地理書鈔》，〔清〕王謨輯，北京：中華書局，1961年版。

64. 《北戶錄》，〔唐〕段公路撰，十萬卷樓藏書本，光緒五年（1979）年刻本。

65. 《渚宮舊事》，〔唐〕余知古撰，叢書集成初編本，上海：商務印書館，1936年版。

66. 《六朝事蹟編類》，〔宋〕張敦頤撰，上海：上海古籍出版社，1995年版。

67. 《隸釋·隸續》，〔宋〕洪適撰，北京：中華書局，1985年版。

68. 《寶刻叢編》，〔宋〕陳思編，北京：中華書局，1985年版。

69. 《金石錄校證》，〔宋〕趙明誠撰，金文明校證，上海：上海書畫出版社，1985年版。

70. 《校注列女傳》，〔西漢〕劉向撰，梁端校注，臺北：廣文書局，1967年。

71. 《益部耆舊傳》，〔晉〕陳壽撰，四川成都存古書局1915年線裝刻本。

72. 《百越先賢志》，〔明〕歐大任撰，叢書集成初編本，上海：商務印書館，1937年版。

73. 《通典》，〔唐〕杜佑撰，王文錦等點校，北京：中華書局，1992年版。

74. 《通志》，〔宋〕鄭樵撰，王樹民點校，北京：中華書局，1995年版。

75. 《文獻通考》，〔元〕馬端臨撰，北京：中華書局，1986年版。

76. 《唐書合鈔》，〔清〕沈炳震撰，丁小鶴補正，北京：書目文獻出版社，1992年版。

77. 《崇文總目》，〔宋〕王堯臣等編次，〔清〕錢東垣等輯釋，上海：商務印書館，1937年版。

78. 《遂初堂書目》，〔宋〕尤袤撰，叢書集成初編本，上海：商務印書館，1936年版。

79. 《史略·子略》，〔宋〕高似孫撰，叢書集成初編本，上海：商務印書館，1939年版。

80. 《郡齋讀書志校正》，〔宋〕晁公武撰，孫猛校正，上海：商務印書館，1990年版。

81. 《直齋書錄解題》，〔宋〕陳振孫傳，徐小蠻、顧華美點校，上海：商務印書館，2006年版。

82. 《四庫全書總目》，〔清〕永瑢等撰，北京：中華書局，1965年版。

83. 《二十五史補編》，二十五史刊行委員會，北京：中華書局，1936年版。

84. 《後漢書補注》，〔清〕惠棟撰，叢書集成初編本，上海：商務印書館，1936年版。

85. 《補三國藝文志》，〔清〕侯康撰，叢書集成初編本，上海：商務印書館，1937年版。

86. 《隋經籍志考證》，〔清〕章宗源撰，湖北崇文書局光緒三年（1877）官刻本。

87. 《隋書經籍志考證》，〔清〕姚振宗撰，續修四庫全書本，上海：上海古籍出版社，1995 年版。

88. 《補晉書藝文志》，〔清〕丁國鈞撰，叢書集成初編本，上海：商務印書館，1939 年版。

89. 《孔子家語》，〔漢〕佚名撰，四部精要本，上海：商務印書館，1992 年版。

90. 《孔叢子校釋》，〔漢〕孔鮒撰，傅亞庶校釋，北京：中華書局，2011 年版。

91. 《焦氏類林》，〔明〕焦竑輯，叢書集成初編本，上海：商務印書館，1936 年版。

92. 《折獄龜鑒補譯註》，〔宋〕鄭克編撰，劉俊文譯註，上海：上海古籍出版社，1988 年版。

93. 《開元占經》，〔唐〕瞿曇悉達撰，文淵閣《四庫全書》影印本，臺北：臺灣商務印書館，1986 年版。

94. 《齊民要術》，〔北魏〕賈思勰撰，北京：中華書局，1956 年版。

95. 《歲華紀麗》，〔唐〕韓鄂撰，文淵閣《四庫全書》影印本，臺北：臺灣商務印書館，1986 年版。

96. 《茶經》，〔唐〕陸羽撰，北京：中華書局，1985 年版。

97. 《姓解》，〔宋〕邵思撰，叢書集成初編本，上海：商務印書館，1936 年版。

98. 《蟹譜》，〔宋〕傅肱撰，叢書集成初編本，上海：商務印書館，1939 年版。

99. 《香譜》，〔宋〕洪芻撰，叢書集成初編本，上海：商務印書館，1939 年版。

100. 《酒譜》，〔宋〕竇苹撰，文淵閣《四庫全書》影印本，臺北：臺灣商務印書館，1986 年版。

101. 《泉志》，〔宋〕洪遵撰，叢書集成初編本，上海：商務印書館，1939 年版。

102. 《書小史》，〔宋〕陳思撰，文淵閣《四庫全書》影印本，臺北：臺灣商務印書館，1986 年版。

103. 《書史會要》，〔元〕陶宗儀撰，上海：上海書店，1984 年版。

104. 《萬姓統譜》，〔明〕凌迪知撰，上海：上海古籍出版社，1994 年版。

105. 《酒概》，〔明〕沈沉撰，續修四庫全書本，上海：上海古籍出版社，1995 年版。

106. 《藝彀》，〔明〕鄧伯羔撰，文淵閣《四庫全書》影印本，臺北：臺灣商務印書館，1986 年版。

107. 《法書要錄》，〔唐〕張彥遠撰，北京：中華書局，1985年版。

108. 《衍極》，〔元〕鄭杓撰，北京：中華書局，1991年版。

109. 《養生類纂》，〔宋〕周守中撰，明成化十年（1474）刻本。

110. 《蘇沈良方》，〔宋〕蘇軾、沈括撰，北京：人民衛生出版社，1956年版。

111. 《古今注》，〔晉〕崔豹撰，北京：商務印書館，1956年版。

112. 《顏氏家訓集解》（增補本），〔齊〕顏之推撰，王利器集解，北京：中華書局，1993年版。

113. 《金樓子校箋》，〔梁〕蕭繹撰，許逸民校箋，北京：中華書局，2011年版。

114. 《風俗通義校注》，〔漢〕應劭撰，王利器校注，北京：中華書局，2011年版。

115. 《齊東野語》，〔宋〕周密撰，張茂鵬點校，北京：中華書局，2004年版。

116. 《芥隱筆記》，〔宋〕龔頤正撰，叢書集成初編本，上海：商務印書館，1937年版。

117. 《能改齋漫錄》，〔宋〕吳曾撰，上海：上海古籍出版社，1979年版。

118. 《古今姓氏書辯證》，〔宋〕鄧名世撰，文淵閣《四庫全書》影印本，臺北：臺灣商務印書館，1986年版。

119. 《演繁露·續演繁露》，〔宋〕程大昌撰，北京：中華書局，1991年版。

120. 《續博物志》，〔宋〕李石撰，叢書集成初編本，上海：商務印書館，1936年版。

121. 《東觀餘論》，〔宋〕黃伯思，北京：中華書局，1991年版。

122. 《容齋隨筆、續筆、三筆、四筆、五筆》，〔宋〕洪邁撰，康熙三十九年（1700）重修崇禎庚午馬元調刻本。

123. 《困學紀聞》，〔宋〕王應麟撰，〔清〕翁元圻注，上海：中華書局，1936年版。

124. 《野客叢談》，〔宋〕王楙撰，文淵閣《四庫全書》影印本，臺北：臺灣商務印書館，1986年版。

125. 《聞見後錄》，〔宋〕邵博撰，北京：中華書局，1983年版。

126. 《紺珠集》，〔宋〕朱勝非撰，文淵閣《四庫全書》影印本，臺北：臺灣商務印書館，1986年版。

127. 《續談助》，〔宋〕晁載之撰，北京：中華書局，1985年版。

128. 《說郛三種》，〔元〕陶宗儀等編，上海：上海古籍出版社，1988年版。

129. 《古今同姓名錄》，〔梁〕蕭繹撰，叢書集成初編本，上海：商務印書館，1936年版。

130. 《皇覽》，〔魏〕劉劭等編，孫馮翼輯，北京：中華書局，1985 年版。

131. 《編珠》，〔隋〕杜公瞻撰，文淵閣《四庫全書》影印本，臺北：臺灣商務印書館，1986 年版。

132. 《北堂書鈔》，〔隋〕虞世南撰，文淵閣《四庫全書》影印本，臺北：臺灣商務印書館，1986 年版。

133. 《北堂書鈔》，〔唐〕虞世南撰，孔廣陶校注，續修四庫全書本，上海：上海古籍出版社，1995 年版。

134. 《藝文類聚》，〔唐〕歐陽詢撰，文淵閣《四庫全書》影印本，臺北：臺灣商務印書館，1986 年版。

135. 《藝文類聚》，〔唐〕歐陽詢撰，汪紹楹校，上海：上海古籍出版社，1999 年版。

136. 《初學記》，〔唐〕徐堅等撰，文淵閣《四庫全書》影印本，臺北：臺灣商務印書館，1986 年版。

137. 《初學記》，〔唐〕徐堅等撰，北京：中華書局，1962 年版。

138. 《元和姓纂》，〔唐〕林寶撰；岑仲勉校記；郁賢皓、陶敏整理，北京：中華書局，1994 年版。

139. 《白氏六帖事類集》（全六冊），〔唐〕白居易編，北京：文物出版社，1987 年影印南宋刻本。

140. 《白孔六帖》，〔唐〕白居易原本，〔宋〕孔傳續撰，四部類書叢刊本，上海：上海古籍出版社，1992 年版。

141. 《蒙求集注》，〔唐〕李翰編，徐子光注，四部類書叢刊本，上海：上海古籍出版社，1992 年版。

142. 《類要》，〔宋〕晏殊撰，續修四庫全書本，上海：上海古籍出版社，1995 年版。

143. 《太平廣記》，〔北宋〕李昉等編，北京：中華書局，1981 年版。

144. 《太平御覽》，〔宋〕李昉等編，文淵閣《四庫全書》影印本，臺北：臺灣商務印書館，1986 年版。

145. 《太平御覽》，〔北宋〕李昉等編，北京：中華書局，1960 年版。

146. 《冊府元龜》，〔北宋〕王欽若等編，北京：中華書局，1960 年版。

147. 《事類賦注》，〔宋〕吳淑撰注，冀勤等校點，北京：中華書局，1989 年版。

148. 《玉海》，〔宋〕王應麟輯，南京：江蘇古籍出版社，1987 年版。

149. 《職官分紀》，〔宋〕孫逢吉撰，北京：中華書局，1988 年版。

150. 《海錄碎事》，〔宋〕杜庭撰，四部類書叢刊本，上海：上海古籍出版社，1991 年版。

151. 《記纂淵海》，〔宋〕潘自牧編纂，北京：中華書局，1988 年版。

152. 《古今事文類聚》，〔宋〕祝穆撰，文淵閣《四庫全書》影印本，臺北：臺灣商務印書館，1986 年版。

153. 《古今合璧事類備要》，〔宋〕謝維新撰，文淵閣《四庫全書》影印本，臺北：臺灣商務印書館，1986 年版。

154. 《事物紀原》，〔宋〕高承撰，北京：中華書局，1989 年版。

155. 《子略》，〔宋〕高似孫撰，上海：商務印書館，1939 年版。

156. 《全芳備祖集》〔宋〕陳景沂撰，四部類書叢刊本，上海：上海古籍出版社，1992 年版。

157. 《書敘指南》，〔宋〕任廣撰，上海：上海古籍出版社，1992 年版。

158. 《翰苑新書》，〔宋〕闕名撰，四部類書叢刊本，上海：上海古籍出版社，1991 年版。

159. 《錦繡萬花谷》，〔宋〕闕名撰，文淵閣《四庫全書》影印本，臺北：臺灣商務印書館，1986 年版。

160. 《類林雜說》，〔金〕王朋壽，北京：文物出版社，1982 年版。

161. 《古今事文類聚新集》，〔元〕富大用撰，文淵閣《四庫全書》影印本，臺北：臺灣商務印書館，1986 年版。

162. 《古今事文類聚遺集》，〔元〕祝淵撰，文淵閣《四庫全書》影印本，臺北：臺灣商務印書館，1986 年版。

163. 《韻府群玉》，〔元〕陰勁弦、陰復春編，四部類書叢刊本，上海：上海古籍出版社，1991 年版。

164. 《天中記》，〔明〕陳耀文撰，四部類書叢刊本，上海：上海古籍出版社，1991 年版。

165. 《駢志》，〔明〕陳禹謨撰，上海：上海古籍出版社，1982 年版。

166. 《廣博物志》，〔明〕董斯張撰，四部類書叢刊本，上海：上海古籍出版社，1992 年版。

167. 《蜀中廣記》，〔明〕曹學佺撰，文淵閣《四庫全書》影印本，臺北：臺灣商務印書館，1986 年版。

168. 《御定淵鑒類函》，〔清〕張英、王士禎等纂，北京：中國書店，1985 年版。

169. 《御定子史精華》，〔清〕吳士玉撰，文淵閣《四庫全書》影印本，臺北：臺灣商務印書館，1986 年版。

170. 《御定佩文韻府》，〔清〕張玉書等編，文淵閣《四庫全書》影印本，臺北：臺灣商務印書館，1986 年版。

171. 《格致鏡原》，〔清〕陳元龍撰，文淵閣《四庫全書》影印本，臺北：臺灣商務印書館，1986 年版。

172. 《姓氏急就篇》，〔宋〕王應麟撰，北京：國家圖書館出版社，2006 年版。

173. 《小學紺珠》，〔宋〕王應麟撰，叢書集成初編本，上海：商務印書館，1935 年版。

174. 《山海經廣注》，〔清〕吳任臣撰，乾隆五十一年（1786）金閶書業堂刊本。

175. 《搜神記》，〔晉〕干寶撰，汪紹楹校注，北京：中華書局，1979 年版。

176. 《楚漢春秋・西京雜記・漢武故事・漢武事略》，叢書集成初編本，上海：商務印書館，1937 年版。

177. 《新輯搜神記・新輯搜神後記》〔晉〕干寶撰，〔宋〕陶潛撰，李劍國輯校，北京：中華書局，2007 年版。

178. 《世說新語箋疏》，〔南朝宋〕劉義慶撰，余嘉錫箋疏，北京：中華書局，2007 年版。

179. 《世說新語校箋》（修訂本），〔南朝宋〕劉義慶撰，楊勇校箋，北京：中華書局，2006 年版。

180. 《長短經》，〔唐〕趙蕤撰，上海：上海古籍出版社，1992 年版。

181. 《捫虱新話》，〔宋〕陳善撰，上海：上海書店出版社，1990 年版。

182. 《雲麓漫鈔》，〔宋〕趙彥衛撰，傅根清點校，北京：中華書局，1998 年版。

183. 《緯略》，〔宋〕高似孫撰，文淵閣《四庫全書》影印本，臺北：臺灣商務印書館，1986 年版。

184. 《緯略》，〔宋〕高似孫撰，左洪濤校注，杭州：浙江大學出版社，2012 年版。

185. 《晉諸公別傳》，〔清〕湯球輯，廣雅叢書本。

186. 《東家雜記》，〔宋〕孔傳撰，文淵閣《四庫全書》影印本，臺北：臺灣商務印書館，1986 年版。

187. 《漢武帝內傳》，〔漢〕班固撰，錢熙祚校，上海：商務印書館，1937 年版。

188. 《獨異志》，〔唐〕李冗撰，叢書集成初編本，上海：商務印書館，1936 年版。

189. 《異苑・談藪》，〔宋〕劉敬叔、〔北齊〕陽松玠撰，北京：中華書局，1996 年版。

190. 《酉陽雜俎》，〔唐〕段成式撰，叢書集成初編本，上海：商務印書館，1937 年版。

191. 《新編分門古今類事》，〔宋〕佚名，北京：中華書局，1987 年版。

192. 《顧氏文房小說》，〔明〕顧元慶輯，上海：商務印書館，1925 年版。

193. 《五朝小說大觀》，〔明〕闕名輯，上海：上海藝文出版社，1991 年版。

194.《群書治要》,〔唐〕魏徵等編,四部叢刊初編本,上海:上海書店,1989年版。

195.《群書治要》,〔唐〕魏徵等編,叢書集成初編本,上海:商務印書館,1936年版。

196.《經典集林》,〔清〕洪頤煊輯,續修四庫全書本,上海:上海古籍出版社,1995年版。

197.《玉函山房輯佚書》,〔清〕馬國翰輯,揚州:廣陵書社,2004年版。

198.《玉函山房輯佚書續編三種》,〔清〕王仁俊輯,上海:上海古籍出版社,1989年版。

199.《黃氏逸書考》,〔清〕黃奭輯,續修四庫全書本,上海:上海古籍出版社,1995年版。

200.《古今僞書考》,〔清〕姚際恒撰,上海:商務印書館,1939年版。

201.《語林》,〔明〕何良俊撰,文淵閣《四庫全書》影印本,臺北:臺灣商務印書館,1986年版。

202.《類雋》,〔明〕鄭若庸輯,上海:上海辭書出版社,1991年版。

203.《續編珠》,〔清〕高士奇編,康熙三十七年(1698)刻本。

204.《歷代不知姓名錄》,〔清〕李清撰,北京:北京圖書出版社,2004年版。

205.《心齋十種》,〔清〕任兆麟輯,乾隆年間任氏刻本。

206.《十種古逸書》,〔清〕茆泮林輯,道光十四年(1834)刻本。

207.《二酉堂叢書》,〔清〕張澍輯,蘭州:蘭州古籍書店,1990年版。

208.《麓山精舍叢書》,〔清〕陳運溶輯,長沙:嶽麓書社,2008年版。

209.《讀書雜識》,〔清〕勞格,光緒四年(1878)刻本。

210.《增訂漢魏叢書》(《續齊諧記》《還冤志》),〔清〕王謨,光緒二十年(1894)藝文書局刻本。

211.《列仙傳·神仙傳》,〔西漢〕劉向撰,上海:上海古籍出版社,1990年版。

212.《眞誥》,〔南朝梁〕陶弘景撰,趙益點校,北京:中華書局,2011年版。

213.《眞誥校注》,〔南朝梁〕陶弘景撰,〔日本〕吉川忠夫、麥谷邦夫編,朱越利譯,北京:中國社會科學出版社,2006年版。

214.《隋天台智者大師別傳》,〔隋〕釋灌頂撰,日本大正新修大藏經本。

215.《上清道類事相》,〔唐〕王懸河撰,《正統道藏》本,上海:上海書店出版社,1988年版。

216.《上清道類事相》,〔唐〕王懸河撰,《中華道藏》本,北京:華夏出版社,2004年版。

217. 《三洞珠囊》，〔唐〕王懸河撰，《正統道藏》本，上海：上海書店出版社，1988 年版。

218. 《三洞珠囊》，〔唐〕王懸河撰，《中華道藏》本，北京：華夏出版社，2004 年版。

219. 《仙苑編珠》，〔唐〕王松年撰，《正統道藏》本，上海：上海書店出版社，1988 年版。

220. 《仙苑編珠》，〔唐〕王松年撰，《中華道藏》本，北京：華夏出版社，2004 年版。

221. 《一切道經音義妙門由起》，〔唐〕史崇玄等編撰，《正統道藏》本，上海：上海書店出版社，1988 年版。

222. 《一切道經音義妙門由起》，〔唐〕史崇玄等編撰，《中華道藏》本，北京：華夏出版社，2004 年版。

223. 《終南山說經臺歷代真仙碑記》，〔元〕朱象先編撰，《正統道藏》本，上海：上海書店出版社，1988 年版。

224. 《三洞群仙錄》，〔宋〕陳葆光撰，《正統道藏》本，上海：上海書店出版社，1988 年版。

225. 《三洞群仙錄》，〔宋〕陳葆光撰，《中華道藏》本，北京：華夏出版社，2004 年版。

226. 《雲笈七籤》，〔宋〕張君房編，李永晟點校，北京：中華書局，2003 年版。

227. 《歷代三寶紀》，〔隋〕費長房撰，續修四庫全書本，上海：上海古籍出版社，1995 年版。

228. 《開元釋教錄》〔唐〕釋智昇撰，文淵閣《四庫全書》影印本，臺北：臺灣商務印書館，1986 年版。

229. 《法顯傳校注》，〔晉〕法顯撰，章巽校注，上海：上海古籍出版社，1985 年版。

230. 《出三藏記集》，〔南朝梁〕釋僧祐撰，蘇晉仁等點校，北京：中華書局，1995 年版。

231. 《高僧傳》，〔南朝梁〕釋慧皎撰，湯用彤校注，北京：中華書局，1992 年版。

232. 《名僧傳鈔》，〔南朝梁〕釋寶唱撰，日本《續藏經》本。

233. 《比丘尼傳校注》，〔南朝梁〕釋寶唱撰，王孺童校注，北京：中華書局，2006 年版。

234. 《法苑珠林》，〔唐〕釋道世編，周叔迦、蘇晉仁校注，北京：中華書局，2003 年版。

235. 《續高僧傳》，〔唐〕釋道世撰，郭紹林點校，北京：中華書局，2014 年版。

236. 《辯正論》，〔唐〕釋法琳撰，大正新修大藏經本。

237. 《弘明集・廣弘明集》，〔南朝梁〕僧佑撰，〔唐〕道宣撰，上海：上海古籍出版社，1991 年版。

238. 《弘明集校箋》，〔南朝梁〕僧佑撰，李小榮校箋，上海：上海古籍出版社，2013 年版。

239. 《釋氏要覽校注》，〔宋〕釋道誠撰，富世平校注，北京：中華書局，2014 年版。

240. 《翻譯名義集》，〔宋〕釋法雲撰，四部叢刊本，臺北：商務印書館，1979 年版。

241. 《楚辭補注》，〔宋〕洪興祖補注，北京：中華書局，1983 年版。

242. 《嵇康集校注》〔三國〕嵇康撰，戴明揚校注，北京：中華書局，2014 年版。

243. 《阮籍集》，〔三國〕阮籍撰，李志鈞等校點，上海：上海古籍出版社，1978 年版。

244. 《阮籍集校注》〔三國〕阮籍撰，陳伯君校注，北京：中華書局，1987 年版。

245. 《陶淵明集注箋》，〔晉〕陶淵明撰，袁行霈箋注，北京：中華書局，2003 年版。

246. 《陶弘景集校注》，〔南朝梁〕陶弘景著，王京州校注，上海：上海古籍出版社，2009 年版。

247. 《沈約集校箋》，〔南朝梁〕沈約著，陳慶元校箋，杭州：浙江古籍出版社，1995 年版。

248. 《杜工部草堂詩箋》，〔唐〕杜甫撰，〔宋〕蔡夢弼會箋，上海：商務印書館，1937 年版。

249. 《分門集註杜工部詩》，〔唐〕杜甫撰，〔宋〕王洙，趙次公等注，四部叢刊本，四部叢刊初編本，上海：上海書店，1989 年版。

250. 《集千家注杜詩》，〔元〕高楚芳集注，北京：商務印書館，2013 年版。

251. 《九家集注杜詩》，〔宋〕郭知達編，臺北：大通書局，1974 年版。

252. 《補注杜詩》，〔宋〕黃希原注、黃鶴補注，文淵閣《四庫全書》影印本，臺北：臺灣商務印書館，1983 年版。

253. 《錢注杜詩》，〔清〕錢謙益注，上海：上海古籍出版社，1958 年版。

254. 《樊南文集詳注》，〔清〕馮浩注，臺北：台灣中華書局，1966 年版。

255. 《新刊經進詳注昌黎先生文集》，〔宋〕文讜注、王儔補注，上海：上海古籍出版社，1994 年版。

256. 《增補足本施顧注蘇詩》，〔宋〕施元之、顧景蕃注，鄭騫、嚴一萍編校，臺北：藝文印書館，1980 年版。

257. 《蘇平仲文集》，〔明〕蘇伯衡撰，叢書集成初編本，上海：商務印書館，1936 年版。

258. 《橘山四六》，〔宋〕李廷忠撰，〔明〕孫雲翼箋注，文淵閣《四庫全書》影印本，臺北：臺灣商務印書館，1986 年版。

259. 《橘山四六》，〔宋〕李廷忠編，文淵閣《四庫全書》影印本，臺北：臺灣商務印書館，1986 年版。

260. 《文選》，〔南朝梁〕蕭統編，〔唐〕李善注，北京：中華書局，1977 年版。

261. 《昭明文選》，〔南朝梁〕蕭統編，〔唐〕李善注，上海：上海古籍出版社，1986 年版。

262. 《六臣注文選》，〔南朝梁〕蕭統編，〔唐〕李善等注，北京：中華書局，2012 年版。

263. 《文選補遺》，〔宋〕陳仁子撰，上海：上海古籍出版社，1993 年版。

264. 《文苑英華》，〔宋〕李昉等編，北京：中華書局，1966 年版。

265. 《樂府詩集》，〔宋〕郭茂倩編，北京：中華書局，2014 年版。

266. 《攻媿集》，〔宋〕樓鑰撰，北京：中華書局，1985 年版。

267. 《會稽掇英總集》，〔宋〕孔延之編，叢書集成初編本，上海：商務印書館，1934 年版。

268. 《文章正宗》，〔宋〕真德秀輯，北京：北京圖書館出版社，2006 年版。

269. 《古文苑》，〔宋〕章樵注，叢書集成初編本，上海：商務印書館，1937 年版。

270. 《漢魏六朝百三家集》，〔明〕張溥輯，文淵閣《四庫全書》影印本，臺北：臺灣商務印書館，1986 年版。

271. 《詞林海錯》，〔明〕夏樹芳輯，明萬曆四十六年（1618）刻本。

272. 《東漢文紀》，〔明〕梅鼎祚編，文淵閣《四庫全書》影印本，臺北：臺灣商務印書館，1986 年版。

273. 《全蜀藝文志》，〔明〕楊慎編，劉林、王曉波點校，北京：線裝書局，2003 年版。

274. 《全上古三代秦漢三國六朝文》，〔清〕嚴可均輯，北京：中華書局，1958 年版。

275. 《陳檢討四六》，〔清〕陳維崧撰，文淵閣《四庫全書》影印本，臺北：臺灣商務印書館，1986 年版。

276. 《韻語陽秋》，〔宋〕葛立方撰，北京：中華書局，1985 年版。

277. 《苕溪漁隱叢話》前集，〔宋〕胡仔纂集，廖德明校點，北京：人民文學出版社，1962 年版。

278. 《苕溪漁隱叢話》後集，〔宋〕胡仔纂集，廖德明校點，北京：人民文學出版社，1984 年版。

279. 《梅磵詩話》，〔元〕韋居安撰，叢書集成初編本，上海：商務印書館，1936 年版。

280. 《瀛奎律髓匯評》，〔元〕方回選評，李慶甲集評校點，上海：上海古籍出版社，1986 年版。

近現代著作

1. 《三國志集解》盧弼撰，北京：中華書局，1982 年版。

2. 《後漢書辭典》，張舜徽主編，濟南：山東教育出版社，1994 年版。

3. 《三國志辭典》，張舜徽主編，濟南：山東教育出版社，1992 年版。

4. 《晉書辭典》，劉乃和主編，濟南：山東教育出版社，2001 年版。

5. 《南朝五史辭典》，袁英光主編，濟南：山東教育出版社。2005 年版。

6. 《北朝五史辭典》，簡修煒主編，濟南：山東教育出版社，2000 年版。

7. 《中華野史》（先秦至隋朝卷），孫家洲主編，濟南：泰山出版社，2000 年版。

8. 《金明館叢稿初編》，陳寅恪撰，北京：生活·讀書·新知三聯書店，2005 年版。

9. 《金明館叢稿二編》，陳寅恪撰，北京：生活·讀書·新知三聯書店，2005 年版。

10. 《陳寅恪魏晉南北朝史講義》，萬繩楠整理，貴陽：貴州人民出版社.2011 年版。

11. 《秦漢史》，呂思勉撰，上海：上海古籍出版社，2005 年版。

12. 《兩晉南北朝史》，呂思勉撰，上海：上海古籍出版社，2005 年版。

13. 《魏晉南北朝史論叢》，唐長孺撰，北京：商務印書館，2010 年版。

14. 《魏晉南北朝史論叢續編·魏晉南北朝史論拾遺》，唐長孺撰，北京：中華書局，2011 年版。

15. 《山居存稿續編》，唐長孺撰，北京：中華書局，2011 年版。

16. 《秦漢史》，錢穆撰，北京：三聯書店，2004 年版。

17. 《國史大綱》，錢穆撰，北京：商務印書館，1996 年版。

18. 《魏晉南北朝史論集》，周一良撰，北京：中華書局，1963 年版。

19. 《魏晉南北朝史論集續編》，周一良撰，北京：北京大學出版社，1991 年版。

20. 《漢唐間史學的發展》，胡寶國撰，北京：商務印書館，2005 年版。

21. 《諸子集成》，北京：中華書局，1953 年版。

22. 《舊小說》，吳曾祺編，上海：上海書店，1985 年版。

23. 《魯迅輯錄古籍叢編》，魯迅輯，北京：人民文學出版社，1999 年版。

24. 《襄陽耆舊記校注》，舒焚撰，武漢：荊楚書社，1986 年版。

25. 《漢唐方志輯佚》，劉緯毅輯，北京：北京圖書館出版社，1997 年版。

26. 《楚國先賢傳校注》，舒焚撰，武漢：湖北人民出版社，1999 年版。

27. 《魏晉南北朝文學論叢》，周勛初撰，南京：江蘇古籍出版社，1999 年版。

28. 《古籍佚書拾存》，殷夢霞、王冠選編輯，北京：北京圖書館出版社，2003 年版。

29. 《敦煌俗字典》，黃征撰，上海：上海教育出版社，2005 年版。

30. 《漢魏六朝碑刻異體字典》，毛遠明撰，北京：中華書局，2014 年版。

31. 《古書疑義舉例五種》，俞樾等撰，北京：中華書局，2005 年版。

32. 《史諱舉例》，陳垣撰，北京：中華書局，2004 年版。

33. 《偽書通考》，張心澂撰，上海：商務印書館，1939 年版。

34. 《四庫提要辨證》，余嘉錫，北京：中華書局，2007 年版。

35. 《中國古佚書輯本目錄解題》，孫啓治、陳建華編撰，上海：上海古籍出版社，2009 年版。

36. 《中國文學家大辭典》（先秦漢魏晉南北朝卷），曹道衡、沈玉成編撰，北京：中華書局，1996 年版。

37. 《中國古代小說總目》（文言卷），石昌渝主編，太原：山西教育出版社，2004 年版。

38. 《漢魏六朝筆記小說大觀》，上海古籍出版社編，王根林等校點，上海：上海古籍出版社，1999 年版。

39. 《唐前志怪小說史》，李劍國撰，天津：天津教育出版社，2005 年版。

40. 《唐前志怪小說輯釋》，李劍國輯釋，上海：上海古籍出版社，2011 年版。

41. 《漢魏六朝雜傳研究》，熊明撰，北京：中華書局，2014 年版。

42. 《道藏提要》（第三次修訂本），任繼愈主編，北京：中國社會科學出版社，1991 年版。

43. 《道藏源流考》（修訂版），陳國符撰，北京：中華書局，2014 年版。

44. 《漢魏晉南北朝佛教史》，湯用彤撰，北京：北京大學出版社，2011 年版。

45. 《中國佛教史》（三卷），任繼愈主編，北京：中國社會科學出版社，1981-1988 年版。

46. 《中國佛教文化史》（全五冊），孫昌武撰，北京：中華書局，2011 年版。

47. 《大藏經總目提要》（經藏），陳士強撰，上海：上海古籍出版社，2007年版。

48. 《大藏經總目提要》（文史藏），陳士強撰，上海：上海古籍出版社，2008年版。

49. 《釋家藝文提要》，周叔迦撰，北京：北京古籍出版社，2004 年版。

論文

1. 《〈竹林七賢論〉殘句輯注》，韓格平撰，《古籍整理研究》，1992 年第 6期。

2. 《劉向〈列士傳〉佚文輯校》，熊明撰，《文獻》，2003 年第 2 期。

3. 《陳壽〈益部耆舊傳〉輯錄與研究》，陳陽撰，四川大學 2006 年碩士論文。

4. 《劉向〈列士傳〉佚文輯校增補》，饒道慶撰，《文獻》2007 年第 1 期。

5. 《荀伯子〈荀氏家傳〉輯校》，李貴軍撰，《吉林廣播電視大學學報》，2007年第 4 期。

6. 《嵇康〈聖賢高士傳贊〉研究》，谷文彬撰，廣西師範大學 2009 年碩士論文。

7. 《漢魏六朝孝子傳研究》，王玉樓撰，暨南大學 2011 年碩士論文。

8. 《〈良吏傳〉輯考——以敦煌遺書與傳世類書爲中心》，陳光文撰，《中國典籍與文化》，2014 年第 3 期。

雜傳輯校後記

這本書終於殺青，要與讀者見面了，一項繁重而頗具意義的工作可以暫時告一段落。本書著手是在 2013 年初，而從想法的產生到具體的實施，中間經歷了更長的時間。厚厚的雜傳書稿中，收錄著一個又一個鮮活的人物，足以給人留下深刻的印象，也爲我們艱苦的工作平添了不少樂趣。

清人嚴可均輯錄《全上古三代秦漢三國六朝文》，厥功甚偉，然對雜傳卻頗爲輕視，《全晉文》卷一百四十六《左思別傳》條中，他認爲，「《別傳》失實……道聽途說，無足爲憑，《晉書》匯十八家舊書，兼取小說。獨棄別傳不採，斯史識也」。嚴可均所輯《全上古三代秦漢三國六朝文》中，大量的雜傳未被收錄，這是對雜傳認識不足造成的歷史遺憾。而今雜傳所具有的歷史文化意義逐漸被學界所重視，我們所整理的這四百多種雜傳，或許能爲本領域的研究貢獻一份力量。

基礎研究是學術研究中不可或缺的重要一環，也是極爲艱苦的一環，雜傳輯校要面臨的困難，超出我們的預想。雜傳的撰寫基本上持續盛行於東漢到南朝，作品繁盛，但許多可能被毀或散佚於南北朝末期的社會動亂之中。《隋書·經籍志》著錄了二百餘種，不少爲《世說新語》劉孝標注引的別傳，並沒有著錄。因而我們只能借助於史志目錄，從歷代史書、子書、類書、總集、別集等文獻中將雜傳的佚文一一輯錄而出，匯爲一帙。大量爬梳的勞動被轉化成一頁頁的書稿，而隻字片語、斷章殘句，也成了我們工作中的莫大安慰。

給予我們更大安慰的是學界同仁的熱情幫助。貴州師範大學文學院楊朝蕾副教授，承擔國家社科基金項目「魏晉南北朝釋家散文研究」，我們約請她點校整理日藏《名僧傳鈔》。兩萬餘字的書稿，楊朝蕾副教授在繁忙的教學科

研工作中，迅速幫我們完成，這份情誼和熱心，讓我們感動。南開大學古代文學博士生米臻，天資聰穎，知識淵博，又心細如髮，幫助整理和輯校了不少文獻資料，並時時給出富有建設性的意見，對我們裨益良多，又豈是一句感謝能道盡心中的情意。還有許多時時詢問請教的良師諍友，我們將這些感激和欣慰化爲動力，在雜傳的研究工作中不斷前行。

歷史渺遠，文獻浩繁，我們雖然盡力投入整理工作，然而限於時間和學識，錯誤和不足之處在所難免。希望學界同仁和廣大讀者不吝賜教，以便我們在今後的研究中不斷改進。

輯校者

2016 年 4 月